Morten Hübbe
Rochssare Neromand-Soma

PER ANHALTER
NACH INDIEN

W0194848

MORTEN HÜBBE
ROCHSSARE NEROMAND-SOMA

PER ANHALTER NACH INDIEN

Auf dem Landweg durch die Türkei,
den Iran und Pakistan

Mit 58 farbigen Fotos
und vier Karten

Mehr über unsere Autoren und Bücher:
www.malik.de

Die Namen der Menschen, von denen in diesem Buch erzählt wird,
wurden zu ihrem Schutz mitunter geändert.

Originalausgabe
ISBN 978-3-492-40484-6
März 2018
© Piper Verlag GmbH, München 2018
Redaktion: Antje Steinhäuser, München
Umschlaggestaltung: Dorkenwald Grafik-Design, München
Umschlagabbildungen: Morten Hübbe / Rochssare Neromand-Soma
Autorenfoto: Morten Hübbe / Rochssare Neromand-Soma
Fotos Bildteil: Morten Hübbe / Rochssare Neromand-Soma
Karten: Marlise Kunkel, München
Satz: Kösel Media GmbH, Krugzell
Litho: Lorenz & Zeller, Inning a.A.
Druck und Bindung: CPI books GmbH, Leck
Printed in Germany

Inhalt

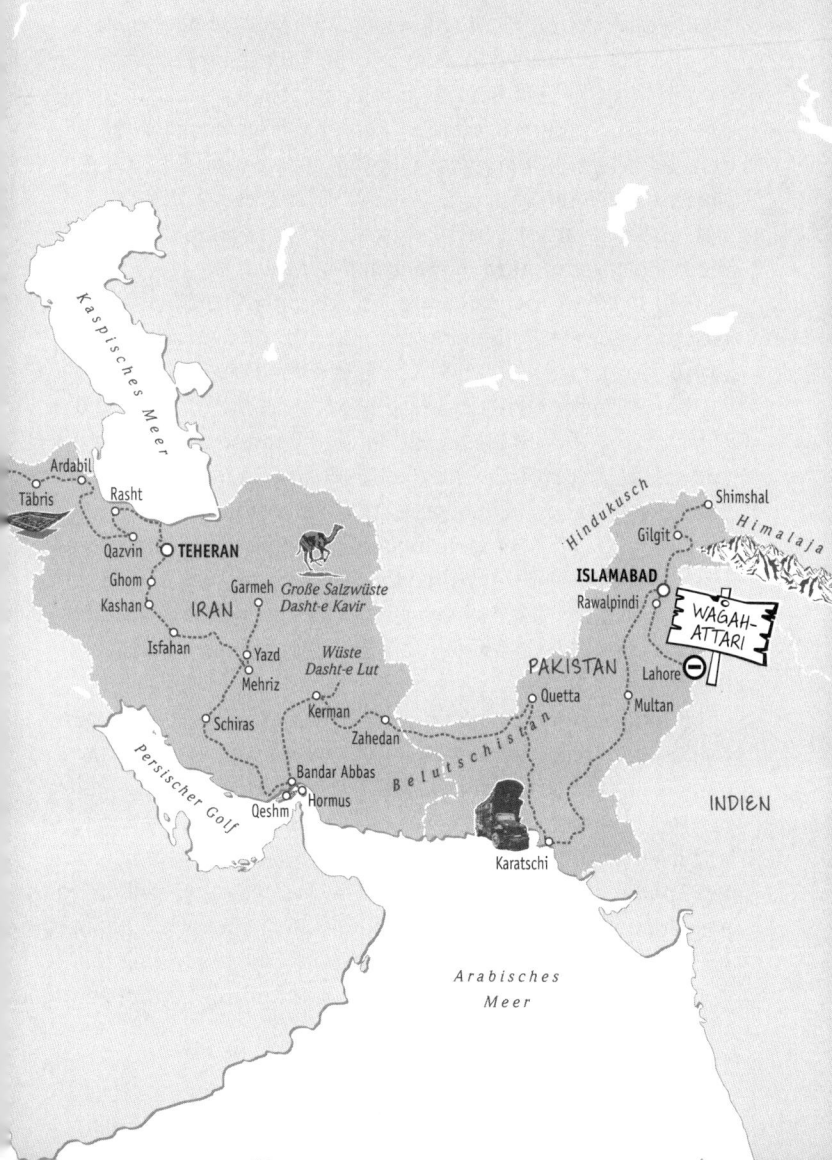

Kaspisches Meer

Ardabil
Täbris
Rasht
Qazvin
Ghom
Kashan
TEHERAN
Garmeh
Große Salzwüste
Dasht-e Kavir
IRAN
Isfahan
Yazd
Mehriz
Wüste
Dasht-e Lut
Schiras
Kerman
Persischer Golf
Zahedan
Bandar Abbas
Qeshm
Hormus
Belutschistan
Karatschi
Arabisches
Meer

Hindukusch
Shimshal
Gilgit
Himalaja
ISLAMABAD
Rawalpindi
WAGAH-
ATTARI
PAKISTAN
Quetta
Lahore
Multan
INDIEN

Prolog

Der Frühstückstisch ist an diesem letzten Morgen reich gedeckt. Mamas frisch gebackenes Brot und der Duft von schwarzem Tee locken uns aus dem Bett. Es gibt den guten iranischen Honig, Schafskäse, frischen Koriander, eine große Schale schwarze Oliven, eingelegt in würzigem Olivenöl und einer Menge Knoblauch, dazu Tomaten und Paprika. Wer kann es uns da verübeln, dass dieses Frühstück viel länger dauert als vorgesehen? Doch die Zeichen stehen unweigerlich auf Abschied.

In dieser Situation waren wir schon einmal. Damals stand uns das Abenteuer Südamerika bevor. Kreuz und quer trampten wir durch diesen faszinierenden Kontinent. Von Feuerland bis in die Karibik verliebten wir uns in die Länder, die Menschen und die Erlebnisse, die uns täglich widerfuhren. Wir waren glücklich am anderen Ende der Welt. Auf uns allein gestellt, dem Leben ausgeliefert. Wenig hatte uns gereicht. Und so soll es wieder sein. Diesmal schauen wir allerdings in die entgegengesetzte Richtung. Wir wollen per Anhalter von Deutschland nach Indien reisen. Einfach so, weil der Weg weit ist, weil wir über Land reisen können, weil wir das Unbekannte erforschen wollen, weil Reisen unsere große Liebe ist.

In Peru begegneten wir François, einem passionierten Anhalter aus Frankreich, der uns erzählte, wie er in nur vier Tagen von Paris nach Istanbul getrampt war und uns mit dieser Geschichte die Augen öffnete für das, was alles möglich ist. Doch warum nur nach Istanbul? Warum nicht einfach weiter der Straße folgen? Warum nicht bis in den Iran? Und wenn wir schon so weit kommen würden, warum dann nicht nach Indien? Die Idee klang magisch. Von Europa nach Indien: Der alte Hippietrail – ein Mythos – und wir mittendrin. 5600 Kilometer Luftlinie und so viele weitere Kilometer entlang der Straßen und Pisten, die wir bereisen würden.

Nun stehen wir tatsächlich am Beginn dieses Abenteuers. Ab jetzt führt uns jeder Schritt gen Osten näher heran an andere Wirklichkeiten. Wir wechseln die Perspektiven. Leben ist ein subjektives Empfinden, das durch äußere Einflüsse, durch gesellschaftliche Traditionen, politische Überzeugungen und vieles mehr definiert wird. Wir wollen mehr davon erfahren. Wir wollen mit eigenen Augen Wüsten, Meere und Gebirge sehen, wollen die Gerüche unbekannter Städte atmen, die süßen Früchte des Orients kosten, die Geschichten der Greise hören und den Legenden der Welt lauschen. Auf dem Weg nach Indien durchqueren wir den Nahen Osten, lassen Syrien im Süden liegen, wo gerade der Kampf um die kurdische Stadt Kobanê tobt, reisen durch den Iran, von dem wir außer Mythen kaum etwas wissen, und betreten Pakistan, obwohl uns Freunde und Familie flehentlich baten, darauf zu verzichten.

Doch wir wollen die Menschen kennenlernen, wollen uns ein eigenes Bild machen. Aber auch und vielleicht noch mehr geht es um Orte, um Kultur, Gesellschaft und Geschichte; wir wollen die Länder in ihrem Facettenreichtum erleben, ungeachtet der internationalen Wahrnehmung. Denn wir besuchen Länder und Menschen, keine Regierungen und Regime.

Wir glauben an Harmonie und Frieden als bedingungslose Grundfesten dessen, was sich Menschen überall auf der Welt wünschen. Niemand will Krieg erfahren, niemand will unterdrückt und stigmatisiert werden. Jeder Mensch verdient ein respektvolles Miteinander.

Wir reisen ohne überspitzte Erwartungshaltung. Wir sind unvoreingenommen und wissbegierig, wollen uns berauschen lassen von der Reise und den Erlebnissen. Unsere Reise knüpfen wir lediglich an eine Bedingung. Solange es Land und Straßen gibt, wollen wir diese auch nutzen. Wir wollen die Strecke erleben, die wir zurücklegen, wollen die Reise in ihrer Ganzheit erfahren und die Distanzen spüren. Uns treibt nichts zur Eile, und entschleunigt reist es sich sowieso viel gediegener. Es ist ein Privileg, einfach losziehen zu können, das wir sehr schätzen. Und ökologische Gründe gehören natürlich dazu. Wir trampen, denn Trampen ist nachhaltig. Unser ökologischer Fußabdruck ist beim Reisen kaum vorhanden. Wir nutzen nur den Verkehr, der sowieso schon unterwegs ist, und tragen so unseren Teil dazu bei, die Abgasemissionen nicht noch weiter zu erhöhen.

Dass das Reisen per Anhalter kostenlos ist, gehört ebenso zur Philosophie. Das Trampen bringt Menschen als Freunde zusammen und ist nicht als finanzielle Dienstleistung gedacht. Mit ausgestrecktem Daumen stehen wir wieder am Straßenrand. An Raststätten und Tankstellen erfragen wir Mitfahrgelegenheiten. Ein Permanentmarker und ein Schreibblock sind unsere einzigen Hilfsmittel. Mit ihnen zeigen wir dem entgegenkommenden Verkehr unser Ziel. Wo die gemeinsame Sprache versagt, ist es unsere einzige Möglichkeit, uns zu erklären.

Damit wir lange reisen können, beschränken wir uns auf das Notwendige. So reisen wir am liebsten. Mit nichts anderem als unseren Rucksäcken – und einer Menge Abenteuerlust. Wir wollen uns selbst beweisen, wie wenig wir zum Leben brauchen. Doch diesmal gehört auch ein Zelt zu unserer Ausrüstung. Es sind unsere eigenen vier Wände, unser Notfallzuhause und unser Retter bei Regen und Sturm. Einfach und authentisch, so wollen wir es. Darum reisen wir nicht nur per Anhalter, sondern nutzen auch die Internetcommunity Couchsurfing. Dieses weltweit genutzte Gastfreundschafts-Netzwerk bietet Reisenden ohne Bezahlung Unterkunft und Freunde (mindestens auf Zeit) an. Couchsurfing fußt auf dem Prinzip der internationalen Verständigung, des Austausches zwischen den Kulturen, dem Finden von Gemeinsamkeiten und Unterschieden. Es ist neben dem Trampen die vielleicht beste Möglichkeit, mit Einheimischen in Kontakt zu treten und die Lebensweisen in einem anderen Land hautnah zu erleben. So erfahren auch wir von unseren Gastgebern immer wieder Spannendes und Unerwartetes aus erster Hand. Sie geben uns Einblicke in ihren Alltag, lassen uns an Klatsch und Tratsch der Nachbarschaft teilhaben, erzählen von den kleinen und großen Ereignissen, die sie bewegen. Die Kontaktaufnahme über Couchsurfing funktioniert einfach, spontan und online. Unsere Stationen und Gastgeber organisieren wir jeweils wenige Tage im Voraus.

So starten wir an diesem Samstag im September unser nächstes Abenteuer. Unaufhaltsam unterhaltsam zieht es uns in seinen Bann und lässt uns nicht wieder los.

Kurz vor zwölf Uhr sitzen wir in einem Bus, der uns aus dem dörflichen Hamburger Umland zum Horner Kreisel im Stadtteil Eilbek bringt. Hier, so sagt unsere digitale Informationsquelle Hitchwiki, sei die Wahrscheinlichkeit am größten, eine Mitfahrt nach Berlin zu bekommen.

Wir trampen also gen Osten, machen Station in Dresden, Prag, Bratislava, Budapest, Belgrad und Sofia. Vier Wochen ziehen wir durch Europa, werden erneut zu Reisenden, Suchenden, Begegnenden, warten, staunen, beobachten, und dann sind wir kurz vor Istanbul, kurz vor dem Tor nach Asien.

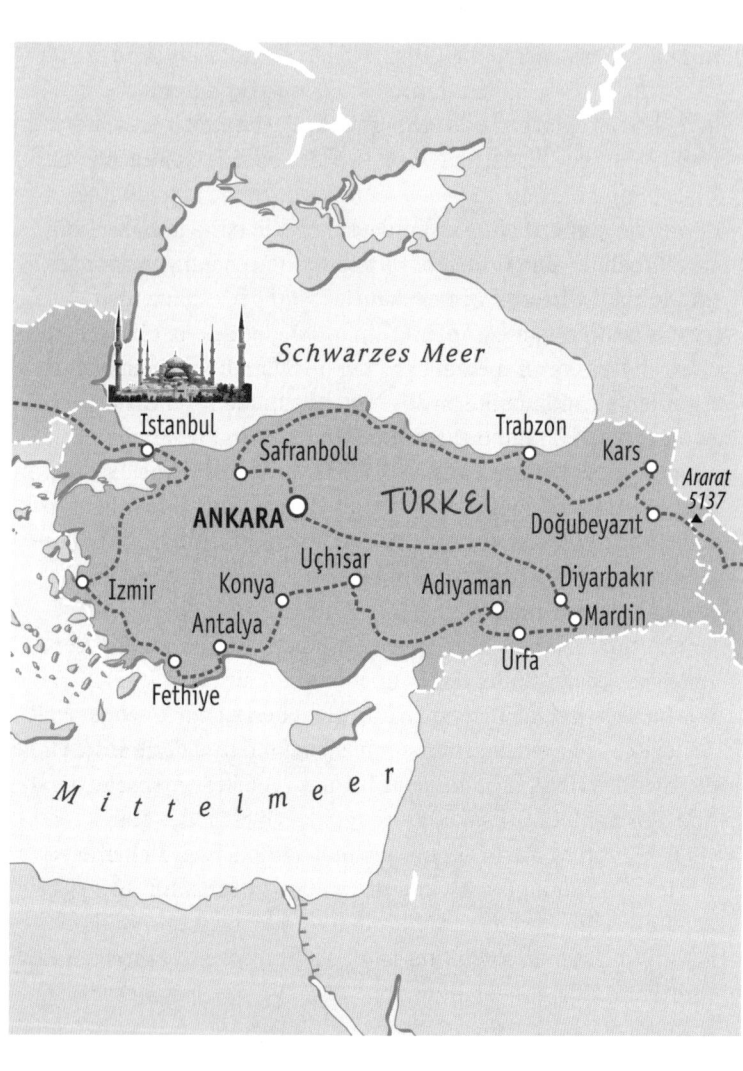

Schwarzes Meer

Istanbul
Safranbolu
Trabzon
Kars
Ararat
5137
ANKARA
TÜRKEI
Doğubeyazıt
Uçhisar
Izmir
Konya
Adıyaman
Diyarbakır
Antalya
Mardin
Urfa
Fethiye

M i t t e l m e e r

TÜRKEI

İstanbul'a hoş geldiniz – herzlich willkommen
in der historischen Altstadt

Deniz und Gilbert, Plug-in-Entwickler aus Albanien, haben uns 400 Kilometer durch den bulgarischen Osten mitgenommen. Die Sonne ist bereits hinter dem Horizont verschwunden, als wir nach der Begegnung mit einem freundlichen türkischen Grenzbeamten und abenteuerlicher Fahrt durch den weitgehend regelfreien türkischen Straßenverkehr die Metropole am Bosporus erreichen. Millionen und Abermillionen Lichter leuchten uns entgegen. Riesige Hochhäuser ziehen an uns vorbei, Wohnviertel, Konsumtempel. Mehr als 40 Minuten fahren wir bereits durch Istanbul, das etwa 15 Millionen Menschen ein Zuhause bietet. Dann bricht das Häusermeer um uns herum plötzlich ab. Wir überqueren den Bosporus auf einer von zwei Brücken (mittlerweile sind es drei), die Europa und Asien verbinden. Ein kurzer Moment der Stille, dann jubelt es in meinem Kopf. Asien. Wir haben soeben einen neuen Kontinent erreicht.

Auf der asiatischen Seite fahren wir weitere 20 Minuten durch die Stadt, bis wir uns von Deniz und Gilbert verabschieden und unserem Couchsurfing-Gastgeber Osman die Hand reichen. Osman wohnt in einem Gebäudekomplex mit Sicherheitsservice, Swimmingpool, Golfanlage und Tartanbahn. Er heißt uns mit einem Raki, dem türkischen Nationalgetränk, willkommen. Wir lassen uns den Anisschnaps schmecken, während unsere Vorfreude auf Istanbul mit jeder Minute des Gesprächs wächst.

Der Verkehr in Istanbul ist auch am nächsten Morgen chaotisch. Wir fahren von unserer Bleibe in Ümraniye zum Fähranleger nach Üsküdar und brauchen für die etwa zehn Kilometer lange Strecke 50 Minuten. Mit der Fähre überqueren wir den Bosporus und sind wieder zurück in Europa.

Zunächst lernen wir Istanbul mit den Augen der unzähligen Touristen kennen, die aus allen Teilen der Welt in die einstige osmanische Hauptstadt reisen. Wir befinden uns in Sultanahmet, der historischen Altstadt Istanbuls. Zwischen Blauer Moschee und Hagia Sophia herrscht den ganzen Tag über dichtes Gedränge. In die Menge der Touristen mischen sich Souvenirverkäufer, private Guides suchen nach Gutgläubigen, denen sie ihre Dienste anbieten können, Flötenspieler verdienen sich ein paar Lira. Dazwischen wird Çay, der stets griffbereite türkische Tee, in großen Mengen verkauft.

In der Blauen Moschee endet gerade eines von fünf täglichen Gebeten, und sofort bildet sich eine lange Schlange Schaulustiger, die das Gotteshaus von innen sehen möchten. Auch wir gehören dazu. Vor uns kichern einige ostasiatische Frauen verlegen, als man ihnen große Tücher in die Hände drückt, damit sie ihre Haare darunter verbergen. Hinter uns warten ein paar sonnenverbrannte und verschwitzte Briten.

Wie es muslimischer Brauch ist, entledigen wir uns vor dem Betreten der Moschee unserer Schuhe, die wir anschließend in kleinen Plastiktüten mit uns herumtragen. Dicker Teppich dämpft unsere Schritte. Istanbuls Hauptmoschee ist riesig. Unter einer weiten, mit Ornamenten reich verzierten Kuppel hängt ein ausladender Leuchter, der den hallengleichen Innenraum in ein warmes Licht taucht. Ein hölzernes Geländer trennt die Besucher von den Gläubigen. Hier ist der Andrang groß. Kameras werden in alle Richtungen gehalten, das monotone Klicken der Auslöser ist Teil der Erfahrung.

Ein britischer Opa mopst einem türkischen Opa den Pullover, der erst verdattert dreinschaut und dann dem vermeintlichen Dieb hinterherläuft. Es kommt zu einer kleinen Diskussion, die aufgrund der unterschiedlichen Sprachen zu keinem Ergebnis führt. Erst der Sohn des einen kann vermitteln, und plötzlich stellt der Brite fest, dass er versehentlich den falschen Pullover gegriffen hat. Beschämt lachend erkennt er seinen Irrtum und gibt das Diebesgut kleinlaut zurück. Doch auch der türkische Opa hat seinen Humor wiedergefunden und schüttelt dem Reumütigen eifrig die Hand.

Auf der Seite der Gläubigen geht es viel entspannter zu. Das Gebet ist seit einigen Minuten beendet, und noch immer liegen ein paar Männer ausgestreckt auf dem Teppich. Einen Plausch haltend, lässt sie das Treiben auf unserer Seite der Absperrung augenscheinlich völlig kalt. Ein kleiner Junge tollt in ihrer Nähe über den weichen Untergrund und schlägt einen Purzelbaum.

Draußen vor dem Gebäude wird uns bewusst, wie angenehm kühl es im Inneren der Moschee war. Die Sonne steht mittlerweile in ihrem Zenit. Gleißendes Licht brennt in den Augen. Die wuselige Menge der Touristen erstreckt sich von der Blauen Moschee über den Sultanahmet Park bis zur Hagia Sophia auf der anderen Seite. Wir fügen uns in den Strom, treiben vorbei an alten, rundlichen Frauen, die uns wortlos Blumenkränze entgegenstrecken, Männern, die wortreich Bootstouren auf dem Bosporus anbieten, und einem Sultan, der sich mit seinem rotgelben Gewand und dem hohen Turban für Fotos anbietet und zudem die passenden Accessoires dabeihat, damit er nicht lange alleine wie der Sultan aussehen muss.

Kurz darauf stehen wir vor der Hagia Sophia. Einst byzantinische Kirche, später Moschee und seit 1934 ein Museum, das Spuren beider Religionen ausstellt. Minarette zieren das Gebäude, ein riesiges Mosaik zeigt Jesus Christus, die heilige Maria und Johannes den Täufer in der früheren Moschee. Ein riesiges Medaillon mit der Inschrift Allah hängt neben der Jungfrau Maria und dem neugeborenen Jesus. Wie allumfassend hier zwei Religionen aufeinandertrafen und wie verschlungen sie in diesem Gebäude miteinander sind!

Direkt hinter der Hagia Sophia erstreckt sich der Topkapı-Palast, der einstige Herrschaftssitz des Osmanischen Reiches. Über Jahrhunderte lebten und regierten die Sultane hinter dicken Mauern in einem eigens für sie eingerichteten Paradies aus verschiedenen Gärten, Parks und Gebäudekomplexen. Von dort aus schlendern wir bis zum Großen Basar, dem Kapalı Çarşı. Seit dem 15. Jahrhundert wird unter dem Dach der riesigen Markthalle gefeilscht, gehandelt und geschachert. Angezogen von einer so langen Händlertradition betreten wir das Gebäude. Unsere Erwartungen werden aber sehr schnell enttäuscht. Statt lokaler Produkte finden wir vor allem Massenimporte aus China. Die Trikots von Messi, Ronaldo, Götze und Balotelli hängen an den Wänden. Orientalische Lampen und Keramik stapeln sich vor den kleinen Geschäften. Juweliere sitzen vor bruchsicherem Glas und warten auf Kundschaft. Die Gänge sind ausschließlich von Touristen bevölkert. Istanbuls Kapalı Çarşı hat nicht mehr viel mit einem Marktplatz zu tun. Es ist vielmehr eine Ansammlung von Souvenirshops auf 31 000 Quadratmetern.

Wir verlassen die Markthalle rasch wieder und verlieren uns in den umliegenden Straßen und Gassen. Hier wird alles verkauft. Nützliches, Brauchbares, Notwendiges, Leckeres. Wir quetschen uns durch die Menge und bleiben vor einem Mann stehen, der auf einem hölzernen Wagen Dutzende Granatäpfel aufgeschichtet hat. Vor ihm befindet sich eine Saftpresse, und für zwei Lira (etwa 70 Cent) trinken wir unseren ersten frisch gepressten Granatapfelsaft. Mit jedem Schluck saugen wir etwas mehr von dem Land auf, das für die nächste Zeit unser Zuhause sein wird. Zufrieden lächle ich den Trinkbecher in meiner rechten Hand an. *Hoş geldiniz!* Willkommen in der Türkei!

Das asiatische Istanbul – zwischen Çay und Heavy Metal

Istanbul ist weit mehr als eine Metropole. Die Stadt vereint. Hier treffen Europa und Asien aufeinander. Hier kommen muslimische Traditionen und moderner Fortschrittsglaube zusammen; hier koexistieren Hektik und Gelassenheit. Istanbul steckt voller Energie und voller Gegensätze.

Unser erstes Abenteuer nimmt auf der asiatischen Seite seinen Lauf. Ich spreche englisch. Mein Gegenüber türkisch. Ich suche nach einer Information. Er gibt mir eine Antwort, die ich nicht verstehe. Achselzuckend bin ich schon nach wenigen Augenblicken bereit, das Gespräch zu beenden, doch habe ich nicht mit der Entschlossenheit des Mannes gerechnet. Er bedeutet mir, einen Moment zu warten, eilt in sein Haus, holt die Schlüssel seines Autos, verfrachtet mich in selbiges, und schon brausen wir durch Istanbuls Straßen. Die Fahrzeit überbrückt er wortreich mit Geschichten, von denen ich nicht eine Silbe verstehe. Bald darauf halten wir vor einem kleinen Kiosk, mein Fahrer springt heraus, spricht mit dem Ladenbesitzer, und einen Moment später halte ich eine elektronische Karte für den öffentlichen Nahverkehr der Stadt in der Hand. Aufgeladen und einsatzbreit. Schon die ersten Augenblicke in Istanbul werden uns mit der hingebungsvollen türkischen Hilfsbereitschaft versüßt.

Dann sitzen wir im Bus. Etwa eine Stunde fahren wir durch die Stadtteile Ümraniye und Üsküdar. Aus dem Fenster sehend versuchen wir, so viel wie möglich von der großen, bezaubernden Stadt aufzusaugen. Doch irgendwie kommt uns ziemlich viel ziemlich bekannt vor. Die türkischen Supermärkte mit ihren üppigen Obst- und Gemüseabteilungen, die Dönerläden und Kebabbuden, die Bäcker und Süßwarenkonditoren, die älteren Frauen mit Kopftüchern und langen Gewändern. Dazu die türkischen Großväter mit grauen buschigen Schnurrbärten, dunklen Jacketts und Schiebermützen. In großen und kleinen Runden sitzen sie zusammen, rauchend und einen Çay nach dem anderen trinkend. Das alles sieht aus wie in unserer alten Nachbarschaft in Berlin-Neukölln. Während wir damals in unserer Einzimmerwohnung in der Leinestraße oft über Klein-Istanbul philosophierten, sprechen wir nun über Istanbul als Groß-Neukölln.

Am Ufer des Bosporus passieren wir ein paar herrschaftliche Villen. Reichtum und Eleganz sind von hohen Mauern und massiven Toren verdeckt. Lediglich vom Bosporus aus lassen sich die eindrucksvollen Villen bestaunen. Dann erreichen wir endlich den Fähranleger von Üsküdar. Den Blick auf Europa gerichtet, frühstücken wir zwischen den Anglern am Kai. Döner und Ayran zu Sonnenschein und einem fantastischen Blick über den Bosporus. Aus den Lautsprecherboxen der nahen Yeni-Valide-Moschee erklingt der Gesang des Muezzins. Vor etwa 200 Jahren war Üsküdar der Stadtteil Istanbuls, der Mekka am nächsten lag, was viele osmanische Würdenträger dazu brachte, hier ihre ganz persönlichen Gotteshäuser zu errichten.

Wir schlendern weiter durch Üsküdars Straßen und Gassen und treffen bald auf einen kleinen Wochenmarkt. Wir genehmigen uns einen frisch gepressten Granatapfelsaft und setzen uns auf einen kleinen Platz in der unmittelbaren Nähe des Marktes. Wie Dutzende türkische Opas. Ausgestattet mit Zeitungen, Çay und Zigaretten verbringen sie hier den Vormittag. Einige von ihnen beäugen uns interessiert, und wir schauen ebenso neugierig zurück.

Von Üsküdar setzen wir unseren Weg ins benachbarte Kadiköy fort. Von der eher konservativen Nachbarschaft geraten wir nun mitten in Istanbuls Kreuzberg. Tatsächlich präsentiert sich Kadiköy wesentlich hipper, wesentlich westlicher als Üsküdar. Hier tragen die wenigsten Frauen ein Kopftuch, dafür gibt es Pubs und Tätowierer. Auch in Kadiköy gelangen wir eher zufällig in die Gassen des Marktes. Unsere besondere Aufmerksamkeit weckt der Fleischer, in dessen Kühltheke ganze Schafsköpfe, enthäutet und in Frischhaltefolie verpackt, auf ihre Käufer warten. Für die Eiligen gibt es die Delikatesse auch bereits fertig zubereitet.

Beim Schlendern durch die Gassen Kadiköys treffen wir tatsächlich die ersten ausländischen Touristen im asiatischen Istanbul. Das asiatische Istanbul gilt noch als Geheimtipp. Hier, so heißt es, können Reisende das wirkliche Istanbul erleben. Doch Kadiköy ist nicht nur modern, es ist auch oppositionell. Die regierende AKP geht hier bei Wahlen immer wieder leer aus und muss sich stattdessen mit unliebsamen Demonstrationen auseinandersetzen. Oft kommt es zu Polizeigewalt. Auch uns weht ein Rest von Tränengas entgegen, das uns den Ausgang der kürzlich begonnenen Protestbewegung für die syrische Grenzstadt Kobanê erahnen lässt.

Doch die schmalen Straßen sind schon wieder voller Menschen. Der Alltag geht weiter. Wir treffen uns inmitten dieses Getümmels mit unserem Gastgeber Osman. Er führt uns zu einem kleinen Café. Hier, so berichtet Osman, gäbe es den besten türkischen Kaffee in ganz Istanbul. Es ist ein Lokal mit Tradition, war es doch das erste in der Gegend, das sich auf den Genuss des Heißgetränks spezialisierte.

Es dauert auch nicht lange, und drei kleine Tassen Kaffee stehen vor uns. Tatsächlich weckt der Mokka unsere ermüdeten Lebensgeister. Mit geschärften Sinnen beobachten wir unsere Umgebung und nehmen schnell etwas Eigenartiges an den anderen Tischen des Cafés wahr. Beinahe sämtliche Kaffeetassen stehen umgedreht auf ihren Untertassen. Als wir Osman darauf aufmerksam machen, grinst er breit. Wir werden gerade Zeugen des vielleicht größten türkischen Freizeitvergnügens: Lesen im Kaffeesatz. Begeistert wagen auch wir einen Blick in unsere vermeintliche Zukunft, stülpen die Tassen auf ihre Unterteller und erkunden dann das Chaos, das der Kaffeesatz in ihrem Inneren angerichtet hat. Unsere Zukunft ist düster. Vielleicht ein bisschen wild. Möglichweise ungeordnet. So genau ist das nicht zu erkennen …

Wir schlendern weiter. Nach einem großartigen Şiş-Kebab, gegrilltes Hühnchenfleisch mit Zwiebeln, scharfen Paprika, Rotkohl, Zitronen, Minze, Tomatenchutney, gegrillten Paprika und Tomaten, trinken wir ein paar Biere in einer Bar. Die Sonne ist mittlerweile hinter dem Horizont verschwunden, und eine leichte Brise weht vom Ufer hinauf in die Stadt. Den Abend wollen wir mit Livemusik ausklingen lassen. Doch es ist brachialer Heavy Metal, der da im Kellergewölbe eines Clubs geboten wird. Die Jungs von Crimeson Hill wirbeln ihr Haupthaar wuchtig durch die Luft und schmettern dem kleinen, aber enthusiastischen Publikum rohe Lyrik entgegen. Osman flieht nach wenigen Liedern ins Freie, und wir folgen ihm bald mit dröhnendem Kopf. Es ist bereits recht spät, als wir wieder auf Kadiköys Straßen stehen und zum Ufer des Bosporus hinunterschlendern. Osman, noch immer körperlich angeschlagen vom Auftritt der Band, braucht offensichtlich Beruhigung. So sitzen wir kurz vor Mitternacht in einem der vielen kleinen Cafés am Ufer des Bosporus, schlürfen Çay und warten, dass das Dröhnen in unseren Ohren nachlässt.

Das europäische Istanbul – frischer Fisch,
Menschenmassen und Katzengejammer

Sanft wippen wir auf den Wellen des Bosporus auf und ab. Die Sitzplätze auf dem Sonnendeck der Fähre sind schnell belegt. Çay wird herumgereicht. Im blau schimmernden Wasser unter uns schwimmen ein paar Fische. Dann dröhnen die Motoren, um das Heck herum beginnt das Wasser zu schäumen, und mit gleichmäßiger Kraft schiebt sich der stählerne Körper durch die Fluten. Etwa 20 Minuten dauert die Überfahrt von der asiatischen zur europäischen Seite Istanbuls. Von Üsküdar nach Eminönü, unterhalb der Altstadt Sultanahmet.

Schon beim Verlassen des Schiffes stecken wir mitten im eifrigen Treiben des europäischen Istanbuls. Fahrten auf dem Bosporus oder dem Goldenen Horn werden lautstark angeboten. Wir folgen einer Menschentraube hinein in die Stadt und lassen uns durch die Gassen und Straßen treiben. Bereits nach kurzer Zeit haben wir uns in dem Gewimmel verlaufen. Die einzige Orientierung: Bergab geht es zurück zum Bosporus, bergauf weiter hinein in die Stadt.

In den zahlreichen Läden gibt es Teppiche, Lampen, Süßwaren, Elektronikgeräte, Lederwaren und Juwelierarbeiten zu kaufen. An mobilen Ständen wird frisch gepresster Orangen- und Granatapfelsaft angeboten. Noch häufiger sehen wir die Simit-Verkäufer am Straßenrand. In großen gläsernen Kästen türmen sich die ringförmigen, mit Sesam bestreuten Brote aus Hefeteig. Sie gehören zur Grundversorgung der Öffentlichkeit. Çay-Verkäufer laufen mit großen Tabletts von Geschäft zu Geschäft und versorgen die Angestellten mit dem beliebten Heißgetränk. Auf der Kuppel des Hügels angekommen treffen wir uns erneut mit Osman. Er lädt uns zum gemeinsamen Çay ein, und zusammen erklimmen wir die schmale Treppe eines Cafés in unmittelbarer Nähe der Süleymaniye-Moschee. Wir steigen hinauf bis zur Dachterrasse, von wo sich uns ein berauschender Blick bis weit über den Bosporus bietet. Unter uns befinden sich die schmalen Gassen, durch die wir gerade noch schlenderten. Dahinter breitet sich der historische Stadtkern Istanbuls aus, die Blaue Moschee, die Hagia Sophia, der Topkapı-Palast.

Nachdem wir gemeinsam Çay getrunken haben, verlassen wir die Dachterrasse, und während Osman uns vom Osmanischen Reich, Großwesiren und Konkubinen erzählt, führt er uns in eine kühle Markthalle. Satte Rot- und Gelbtöne leuchten um uns, es riecht nach Kardamom, Curry, Zimt und hundert anderen Gerüchen, die wir nicht zuordnen können. Ein undurchdringliches Sprachgewirr erfüllt den Raum. Wir befinden uns im historischen Gewürzmarkt Istanbuls. Ein Ort wie herausgelöst aus einem orientalischen Märchen. Chili und Safran türmen sich bergeweise. Nüsse sowie getrocknete Feigen, Bananen und Aprikosen, türkische Zuckerwaren und Teesorten lassen uns das Wasser im Mund zusammenlaufen. Wir bestaunen traditionelle Teeservice, detailreich verzierte Kochtöpfe für den türkischen Kaffee, kunstvolle orientalische Lampen, Stoffe und Kleider. In meiner Fantasie reibe ich an einer Öllampe und befreie einen mächtigen Dschinn, der mich und meinen treuen Affen mit dem lustigen Hut bis ins Wildkatzengehege des Sultans befördert. Doch statt mächtigen Brüllens erklingt nur empörtes Miauen, und ich stolpere über einen kleinen flauschigen Körper zurück in die Realität.

Es ist kein Tiger, der mich verärgert anfaucht, sondern eine von Tausenden Straßenkatzen in Istanbul. Überall lungern sie herum. Stets elegant und grazil. Manchmal mauzt es fürstlich aus einem Müllcontainer, manchmal herrschaftlich von einem verwinkelten Mauerabschnitt. Die Katzen lassen sich hier und da ein wenig streicheln und wenden sich arrogant ab, sobald sie keine Lust mehr haben. Dann spazieren sie hinunter zur Galatabrücke und stibitzen Fisch aus den Eimern der vielen Angler, die hier dicht an dicht an der Brüstung stehen. Wir folgen den vornehmen Tieren und überqueren die Wasser des Goldenen Horns, einer lang gestreckten Bucht des Bosporus, an dessen Ufer sich das europäische Istanbul schmiegt. Unterhalb der Angler befinden sich die Terrassen einiger Restaurants und Bars. Touristen und Einheimische lassen sich hier kleine Snacks und kaltes Efes, das typische türkische Bier, schmecken. Ein Besuch lohnt sich besonders zum Sonnenuntergang, wenn der Feuerball rot glühend hinter der Silhouette Istanbuls versinkt und die Stadt in goldenes Licht taucht.

Auf der anderen Seite der Galatabrücke befinden wir uns jetzt im Stadtteil Beyoğlu. Über ein paar schmale Gassen steigen wir hinauf bis zum Galataturm und erreichen die İstiklal Caddesi, den berühmtesten Boulevard Istanbuls. Gesäumt von Jugendstilgebäuden ist sie eine der wichtigsten Einkaufsstraßen der Stadt. Jetzt, am Vormittag, ist die İstiklal Caddesi beinahe menschenleer. Doch am Nachmittag ist der breite Boulevard zu schmal für all die Menschen. Abertausende Besucher flanieren von Geschäft zu Geschäft, Musiker und Straßenkünstler scharen riesige Trauben Schaulustiger um sich, eine historische Straßenbahn rollt langsam durch die Menge. Es geht kaum vorwärts, so voll ist es. Eine Weile werden wir nun im Strom der Menschen dahingeschoben – ohnmächtig, uns entgegen der Masse zu bewegen. Doch dann erreichen wir das Ende der Straße und den Taksim-Platz. Stets ein Ort politischer Kundgebungen, erregte der Platz 2013 die Aufmerksamkeit der Weltöffentlichkeit. Von den regierungskritischen Demonstrationen gibt es heute jedoch kein Zeugnis mehr. Nur das weithin sichtbare Denkmal der Republik, das prominent auf dem Platz steht, versprüht noch etwas revolutionären Geist. Unmittelbar an den Taksim-Platz grenzt der Gezi-Park. Ausgangspunkt für die Protestbewegung, hat der Park heute sämtliche Strahlkraft verloren, wirkt unscheinbar, bedeutungslos. Es ist schwer vorstellbar, dass hier einmal ein Protestcamp mit brutaler Polizeigewalt aufgelöst wurde.

Wir schlendern hinab nach Karaköy, lassen den Bosporus zu unserer Rechten und machen uns auf den Weg nach Beşiktaş. Dorthin treibt uns weder der Dolmabahçe-Palast, der ab der zweiten Hälfte des 19. Jahrhunderts den Topkapı-Palast als Herrschaftssitz der osmanischen Sultane ablöste, noch der bekannte Fußballverein Beşiktaş. Ausschlaggebend für unseren Besuch ist etwas anderes: Balik Ekmek. In der unmittelbaren Nähe eines kleinen Fischmarktes lassen wir uns große und sehr leckere Makrelen-Fischbrötchen schmecken.

Als die Nacht über Istanbul hereinbricht, sind wir wieder in Karaköy. Der Tag endet, wie er begann – mit einem gemeinsamen Çay. Dazu gönnen wir uns eine Nargileh und geben uns einigen Partien Tavla hin. Erst Stunden später, als der Rauch unserer Wasserpfeife endgültig erlischt, kehren wir langsam zurück nach Hause.

Nachdem wir Istanbul verlassen haben, reisen wir zunächst über Gebze in das lebenswerte, junge Izmir, wo wir ein paar herrliche Mittelmeertage verbringen, mit anderen Couchsurfern freundlich untergebracht bei Tayfun und Rabia (die einen unvergessenen türkischen Kaffee zubereiten). Wir besuchen das antike griechische Pergamon und Ephesus, die einstmals bedeutendste kleinasiatische Stadt des Altertums, dann geht es weiter nach Denizli, wo wir eine fantastische Zeit mit Izzet verbringen, und von dort aus an den Golf von Fethiye.

In Fethiye gibt es eine Menge Briten, viel weiße Haut und noch weißere Jachten in der Marina. Der Tourismus brummt, und gelegentlich dringt der euphorische Schrei eines Paragliders über dem Nachbarort Ölüdeniz an unser Ohr.

Von hier wandern wir etwa zwei Wochen auf dem Lykischen Weg. Das blau schimmernde Mittelmeer zur rechten Hand, die Gipfel des Taurusgebirges über unseren Köpfen, dichte Wälder und blökende Ziegen, alte Trampelpfade, die die Dörfer der Teke-Halbinsel verbinden, Ruinen vergangener Kulturen, einsame Nächte im Zelt und jede Mittagspause an einem anderen Strand ins kühle Nass hüpfen – der Lykische Weg vereint auf über 500 Kilometern entlang der türkischen Mittelmeerküste alles, was eine mehrwöchige Wanderung braucht, um zu einem unvergesslichen Abenteuer zu werden. Auf dem beliebtesten Fernwanderweg der Türkei begegnen wir Wildschweinen und Skorpionen und werden nachts von knurrenden Wölfen eingekreist. Unser Ziel ist die 500 Kilometer entfernte Hafenstadt Antalya. Die Großstadt am Mittelmeer beginnt gerade, in den Winterschlaf zu fallen, als wir dort ankommen. Wir erleben ein paar Angler, gondeln durch die historische Altstadt und besuchen mit unserem Couchsurf-Gastgeber Burak ein türkisches Hammam.

Konya und die Derwische

Dschalal ad-Din Muhammad Rumi war ein tiefgläubiger Muslim und ein großer Gelehrter. In Konya wird er gefeiert. Er verstand es, die Menschen zu bewegen, sich selbst und anderen Ehre zu erweisen. Schon in frühen Jahren pilgerte Muhammad Rumi mit seiner Familie nach Mekka, studierte später Islamwissenschaften und ließ sich in den Sufismus einführen – eine Glaubensvariante des Islam, die sich der Mystik und der göttlichen Erkenntnis durch Meditation verschreibt. Muhammad Rumi wurde ein Sufi, ein Derwisch. Er lehrte die Liebe als universelle

Kraft und Weg zu Gott, lebte bescheiden und geachtet, schrieb viele gelobte Verse und Lebensweisheiten. Doch dann tauchte ein Fremder in Konya auf, Schemseddin Muhammed aus Täbris, einer Stadt im heutigen Iran, ebenfalls ein Sufi, ein Meister der Mystik.

Muhammad Rumi ist sehr angetan, fühlt sich auf einer höheren Ebene mit dem Neuankömmling verbunden und verschließt sich völlig seiner Umwelt, um so viel Zeit wie möglich mit seinem neuen Freund und spirituellen Begleiter zu verbringen. Währenddessen regen sich Neid und Missgunst in den erlauchten Kreisen der Stadt. »Wer ist dieser Neue, der uns unseren Rumi abspenstig macht?« Neid wird zu Hass, und plötzlich ist Schemseddin Muhammed ohne ein Wort des Abschieds verschwunden. Vielleicht den Anfeindungen entflohen, vielleicht ermordet. Muhammad Rumi verfällt in tiefe Trauer, in welcher er 25 000 Verse für seinen verschwundenen Freund verfasst, die noch heute als ein Meisterwerk des Sufismus gelten. Außerdem entwickelt er eine neue Form der Meditation, einen Tanz, eine sich ständig wiederholende Bewegung um die eigene Achse, die, bis zur Ekstase betrieben, eine Verbindung mit Gott herstellen soll.

Danach beginnt die Instrumentalisierung. Muhammad Rumi stirbt. Sein Sohn gründet den nach den Lehren seines Vaters ausgelegten Mevlevi-Orden in Konya, der sich bald weit über die Grenzen Anatoliens hinaus ausbreitet. Noch heute sind seine Anhänger als Drehende Derwische bekannt. Muhammad Rumis Mausoleum wird zum Zentrum des Mevlevi-Ordens und zur Pilgerstätte vieler gläubiger Muslime. Auch heute, mehr als 700 Jahre später, ist es noch immer das Wahrzeichen Konyas. Nicht von ungefähr gilt Konya in der Gegenwart als religiöseste, als konservativste Stadt der Türkei. Die Menschen hier seien voreingenommen und wenig offen für Neues, heißt es. Doch wie so oft gehören die meisten Geschichten, die uns zugetragen werden, eher ins Reich der Legenden. Wir halten uns dagegen ans selbst Erlebte. Dazu gehören die Mitfahrten auf der 340 Kilometer langen Strecke zwischen Antalya und Konya. Zunächst sitzen wir mit den Organisatoren eines psychedelischen Events in ihrem Kleinwagen zusammen, um dann im klapprigen Transporter zweier Kameldompteure mitsamt Kamel mitzufahren.

Konya erleben wir vor allem als Café-Stadt – und das nicht nur, weil unsere Couchsurfing-Gastgeber ein eigenes Lokal besitzen. Sondern auch wegen der vielen Studenten, denn Konya ist nicht nur bekannt für seine streng altmodischen Bürger, sondern auch für die größte Universität der Türkei. Es gibt 85 000 junge Akademiker, und sie alle sitzen früher oder später in einem der vielen Cafés. So treffen wir Faruk. Der junge Kommunikationsstudent mit einem Faible für die koreanische Sprache spricht uns eines Abends in einem Café nahe der Universität an, und da wir uns auf Anhieb gut verstehen, verbringen wir den nächsten Tag zusammen. Von ihm erfahren wir viel über die Befindlichkeiten der Stadt, die so konservativ daherkommt, dass wir außerhalb der studentischen Cafés kaum einer Frau ohne Kopftuch begegnen. Dem gegenüber stehen die vielen weltoffenen, aufgeschlossenen Hochschüler, die aus allen Teilen des Landes hierherkommen. Doch in der von Religion geprägten Stadt langweilen sich viele zu Tode. Es gibt nicht einen Nachtclub, keine Partyszene. Allein die vielen Cafés, oft in überdachten, mit Holzöfen geheizten Hinterhöfen untergebracht, bieten einen lebendigen studentischen Raum. Hier wird zu Çay, türkischem Kaffee und Wasserpfeife diskutiert und philosophiert, was das Zeug hält.

Doch zurück zu Muhammad Rumi und seinem Sufismus. Anders als bei anderen religiösen Praktiken, die meist auf eine Erlösung im Jenseits hoffen, streben die Sufis, die Derwische, nach einer göttlichen Erkenntnis noch während des irdischen Lebens. So propagieren sie den Tod vor dem Tod und meinen damit das Aufgeben sinnlicher Wahrnehmungen, das Ablegen individueller Eigenschaften und das Auslöschen des Egos. Am Ende steht weder ein Ich, Du oder Wir, sondern nur noch Gott, dem alles Existierende angehört. Muhammad Rumis Meditation, das fortwährende Drehen um die eigene Achse, beschreibt diese Auslöschung der Identität, der Wahrnehmung und Emotion – das Abstreifen alles Irdischen. Es ist die Aufgabe der eigenen Selbstbestimmtheit hin zu einer göttlichen Fügung. Seit 2005 gehört die Meditation, Sema genannt, zur UNESCO-Liste des mündlichen und immateriellen Kulturerbes der Menschheit. Jeden Samstag veranstalten Konyas Derwische eine öffentliche Vorführung in ihrem Kulturzentrum, und so wirbeln unter den staunenden Blicken der Zuschauer jede Menge weiße Röcke über das Parkett. Doch die Sema ist weit mehr. Es ist ein Ritual mit festen Regeln, in dem die Kreisbewegungen nur einen kleinen Teil ausmachen. Es wird gebetet, gesungen, musiziert. Jede Geste steckt voller Symbolik: So betreten die Derwische das Parkett in einen schwarzen Umhang gehüllt, der ihr eigenes Grab versinnbildlicht. Der hohe Filzhut ist ihr Grabstein. Sie sind gestorben, von der irdischen Welt entschwunden, um zu göttlicher Wahrheit und Erkenntnis zu gelangen. Unter dem schwarzen Umhang dann ein weißes Gewand. Die Derwische steigen aus dem Grab – auferstanden und bereit, die göttliche Botschaft zu empfangen.

Am Abend sitzen wir mit Faruk und Ferhan, einer Freundin Faruks, zusammen bei einer Wasserpfeife. Es ist das erste Mal, dass wir uns in der Türkei ernsthaft über die problematischen Auswirkungen konservativer Lebenseinstellungen austauschen können. Da gibt es verbotene Liebschaften, unterdrückte Gefühle, Lügen und Verheimlichungen. Der oberste Grundsatz:

Solange der Vater nichts weiß, ist alles in Ordnung. Das klingt alles nach Seifenoper und hat tatsächlich etwas Tragikomisches. Ein verkompliziertes Leben für den trügerischen Schein einer heilen Welt.

Kappadokien – Geschichten aus dem Tuff

Unser Weg von Konya nach Kappadokien führt entlang der berühmten Seidenstraße mitten durch die zentralanatolische Hochebene. Wir erfahren schnell ein weiteres Mal die türkische Gastfreundschaft. Noch während wir in Konya entlang der Schnellstraße einen Platz zum Trampen suchen, hält ein Pkw und bringt uns einige Kilometer aus der Stadt heraus. Mohammad, der Fahrer, ist so um uns bemüht, dass er am Stadtrand eigenhändig einen Lkw anhält und dessen Fahrer überredet, uns mitzunehmen. Doch erst, nachdem er mehrere Autos im Gegenverkehr stoppt und sich versichert, dass auf der Strecke nach Osten keine Polizeikontrollen stattfinden, entlässt er uns in die Obhut unseres neuen Reisegefährten Mehdi. Zusammen juckeln wir langsam über die Ebene. Flaches, steiniges Land in den unterschiedlichsten Brauntönen zieht an uns vorbei. Der Horizont verborgen hinter einem Dunstschleier. Unwirklich und etwas beängstigend. Ab und an zeichnet sich der Umriss eines Hauses ab, wird deutlich und verschwindet im Rückspiegel wieder in der grauen Masse.

In Sultanham verabschieden wir uns von Mehdi. Zwei Männer, Neffe und Onkel, sammeln uns kurz darauf vom Straßenrand auf und bringen uns bis nach Aksaray. Aus den Boxen im Inneren des Wagens schallt Folklore – orientalische Flöten- und Saitenklänge von Mey und Saz. Die Fenster sind mit kleinen Plüschvorhängen geschmückt, und es dauert nicht lange, bis uns aus einer Thermoskanne Çay angeboten wird. Von Aksaray nehmen uns Fatima und ihr Mann mit nach Nevşehir. Als Fatima erfährt, aus welchem Land wir kommen, ist sie ganz außer sich vor Freude. Bis zu ihrem 17. Lebensjahr, so erzählt sie, lebte sie in Frankfurt, um anschließend in die Heimat ihrer Eltern zurückzukehren. Mehr als 20 Jahre liegt der Umzug mittlerweile zurück, und umso glücklicher ist Fatima, ihre lange ungenutzten Deutschkenntnisse mit uns aufzufrischen. Als wir uns in Nevşehir Lebewohl sagen, erhalten wir zwei Bananen als Abschiedsgeschenk, die uns von irgendwoher aus dem Kofferraum gereicht werden. Auf den letzten Kilometern von Nevşehir nach Göreme ist es bereits Nacht. Wir schaukeln auf den abgenutzten Sitzen eines klapprigen, rostenden Pkws durch Kappadokien. Beleuchtete Tuffsteinhöhlen in skurrilen Felsformationen zeichnen sich vor uns aus der Dunkelheit ab. Es sind die ehemaligen Wohnhöhlen im Dorf Uçhisar, die nun, restauriert und herausgeputzt, als luxuriöse Hotels genutzt werden. Über ihnen ragt die 60 Meter hohe Felsenfestung von Uçhisar empor. Sie ist die höchste Erhebung in der kappadokischen Ebene um Göreme. Von hier aus blickt man bis weit hinein in die skurril geformte Tuffsteinlandschaft.

Etwa 20 Millionen Jahre ist es her, da eruptieren die beiden Vulkane Erciyes Dağı und Hasan Dağı. Jede Menge Staub und Asche setzt sich meterdick auf der Erde ab. Die Zeit vergeht, und der Druck nimmt zu. Staub und Asche verdichten sich zu weichem Tuffstein, der dann durch Erosion von Wind und Wasser wieder abgetragen wird. An den Stellen jedoch, wo sich feste Gesteinsschichten auf dem Tuff ablagern, bleibt das weiche Gestein darunter erhalten. Zack – ein paar Millionen Jahre später stehen riesige Spargel in der Gegend herum.

Bereits vor über 1000 Jahren siedeln Christen in Kappadokien, denen immer wieder feindliche, raubende, brandschatzende Horden aus den benachbarten Königreichen das Leben schwer machen. Doch die Christen sind clever, schlagen Höhlen in den weichen Tuff und verstecken sich, unsichtbar für ihre Gegner, im Gestein.

Mehrere Räume, aus dem weichen Gestein herausgearbeitet, befinden sich hier übereinander. Drinnen finden wir heute noch immer Spuren von längst erloschenem Kaminfeuer. Von außen hingegen ist nur der nackte Fels zu sehen – ein perfektes Versteck. Doch die fleißigen Christen von damals schlagen nicht nur Löcher in Spargelstangen. Sie schlagen Löcher in jede Wand, die sie finden können. So entstehen Höhlen und Gänge, die vor allem Kirchen beherbergen. Mehr als 3000 Stück, so heißt es, sind in Kappadokien bisher entdeckt. Zu den bekanntesten Stätten gehören die Kirchen im Open Air Museum von Göreme. Der kleine Ort ist heute das touristische Herz der Region. Hier befinden sich die berühmtesten frühchristlichen Kirchen Kappadokiens, die mittlerweile zum UNESCO-Weltkulturerbe gehören. Eine Höhle grenzt an die nächste, eine Auskerbung an die andere. Hinter beinahe jeder Türöffnung wartet eine Kirche. Seit Jahrhunderten von der zerstörerischen Kraft des Sonnenlichts abgeschirmt, leuchten im Inneren Fresken und Gemälde in kräftigen Farben. Die Jungfrau Maria, Jesus Christus, ein paar Heilige – die Abbilder sind so lebendig, als seien sie erst vor Kurzem an die Wände gepinselt worden. In der beinahe fensterlosen Karanlık Kilise, der »Dunklen Kirche«, befinden sich einige der besterhaltenen Fresken der Welt. Sie stammen aus dem 11. Jahrhundert; die Farben leuchten heute noch so intensiv wie vor 1000 Jahren.

Die Gesteinsschichten im kappadokischen Tuff werden aber auch zivil genutzt. Viele Hundert Generationen lebten in diesen Wänden. Zahlreiche Außenfassaden sind der Erosion zum Opfer gefallen, und der Blick in die einstigen Privatzimmer liegt frei.

Doch hier und da leben noch immer Menschen in mithilfe von Zement und Backsteinen restaurierten Höhlen. Bei so viel kultureller und landschaftlicher Extravaganz bleibt natürlich auch der Tourismus nicht aus. Kappadokien ist längst eines der beliebtesten Urlaubsziele der Türkei. Übernachtet wird stilecht in einem der vielen Höhlenhotels. Wo früher einmal Ziegen hausten oder Wein gelagert wurde, ziehen nun jedes Jahr mehr Touristen ein. Sie sitzen im Fels und erfreuen sich an Sauna und Hammam, Breitbandinternet und Flachbildfernseher. Luxus und Moderne haben Einzug gehalten in die Höhle und sind nun Bestandteil von Kappadokiens bröseliger Landschaft.

Leben im Untergrund – die Felsenburg von Uçhisar und die unterirdische Stadt in Derinkuyu

In der löchrigen Felsenfestung von Uçhisar, so heißt es, lebten zur Zeit der Byzantiner, im 12. Jahrhundert, bis zu 1000 Personen. Die Bauern von einst fanden im Tuff Schutz vor feindlichen Übergriffen und dem extremen Wetter. Im Inneren des Berges herrschen ganzjährig milde Temperaturen um 18 Grad. Heute thront die Burg wie ein Schweizer Käse über dem Plateau, auf dem sich Kappadokiens surreale Landschaften befinden. Das Dorf ist mittlerweile jedoch aus dem Berg herausgezogen und hat sich an seinen Hängen niedergelassen. Ein paar Höhlen werden aber noch immer von Einheimischen bewohnt.

Langsam schlendern wir durch die Gassen von Uçhisar, steigen Meter um Meter den Hang hinauf, als plötzlich aus einem Loch auf Bodenhöhe eine lange Nase hervorragt. Nur wenig später kommt der Kopf eines Esels zum Vorschein. Lustig wackeln die Ohren, während Nase und Maul zu unseren Füßen nach etwas Heu auf der Straße suchen. Wir schauen verwundert zu und wagen dann einen Blick in das Loch. Vor uns befindet sich eine unterirdische Stallung im Tuff. Es ist nicht die einzige in Uçhisar. Der Boden ist vielfach durchlöchert, überall in der Region. Kappadokiens Siedlungsgeschichte beruht auf einem beispiellosen Einsatz von Hammer und Meißel. So entstehen neben der Felsenburg und den Stallungen auch tief hinabführende Untergrundstädte. Bis zu zehn Stockwerke reichen sie hinunter ins Erdinnere und bieten Platz für Tausende Menschen. Es gibt Küchen, Lager und Schlafräume, sogar Ställe, Leichenhallen und Schulen, Weinpressen und ganze Klosterkomplexe, Lüftungsschächte führen bis in die entlegensten Winkel. Sie reichen bis hinab zum Grundwasser und dienen zugleich der Trinkwasserversorgung.

In Derinkuyu, etwa 30 Kilometer südlich von Uçhisar, befindet sich die bekannteste der touristisch zugänglichen unterirdischen Städte der Region. Es heißt, sie habe 600 verschiedene Eingänge. Etwa 10 000 Menschen sollen hier einst gelebt haben. Allerdings waren die Städte im kappadokischen Untergrund keine Dauerlösung. Sie galten der damaligen Bevölkerung als Zufluchtsort vor einfallenden Truppen. Rechtzeitig alarmiert verschwand sie mit Sack und Pack vom Erdboden. Mit entsprechenden Vorräten konnten es die Bewohner bis zu drei Monate unter der Erde aushalten. Zeit genug, um die Angriffe fremder Invasoren unbemerkt auszusitzen. Und sollten doch ein paar Verfolger auf das Versteck aufmerksam geworden sein, so versperrten riesige Rollsteintüren als unüberwindliche Hindernisse die Eingänge in die unterirdische Stadt.

Wir starten eine Entdeckungstour durch die Anlage, zwängen uns gebückt durch lange Tunnel, laufen Stufen hinauf und wieder hinab, bis wir plötzlich 50 Meter unter der Erdoberfläche in einer großen Halle stehen. Hier, im siebten Stock unter der Erde, befinden wir uns in der ehemaligen Kirche. Trotz der Tiefe ist es weder stickig noch heiß. Das alte Lüftungssystem funktioniert noch immer einwandfrei. Wir streunen weiter durch die unterirdische Stadt. Es ist aufregend, all die staubigen Korridore und Nischen zu erkunden. Wir tauchen in dunkle Gänge, zwängen uns durch schmale Öffnungen. Dieses unterirdische System fasziniert uns. So simpel und doch so eindrucksvoll.

Trampen in der Türkei – nereye sürüyorsun?

Eine dichte weiße Wolke kondensiert über unseren Nasenspitzen. Es ist kalt. Kappadokien ist über Nacht eingefroren. Wir brauchen eine Weile, um uns aus unseren Schlafsäcken und den drei darüberliegenden Wolldecken zu schälen. Wir schlurfen durch den wohl kältesten Schlafsaal der Türkei. An den Fenstern wachsen bereits kleine Eisblumen. Dahinter glitzern Göremes vom Schnee bedeckte Tuffsteinhöhlen. Wenig später stehen wir am Straßenrand. Eingepackt in alle warmen Klamotten, die unsere Rucksäcke hergeben, zittern wir vor uns hin. Es hilft nichts. Für eine derartige Kälte sind wir nicht ausgerüstet. Am schlimmsten erwischt es die rechte Hand, deren ausgestreckter Daumen dem Frost schutzlos ausgeliefert ist. Doch es dauert, bis wir genug Mitleid erregen und sich ein Autofahrer unser erbarmt. Ein betagtes Paar winkt uns freundlich in sein Gefährt, das wie die beiden mit dem Charme des Alters ausgestattet ist. Gemeinsam juckeln wir bis nach Nevşehir, wo wir uns an einer roten Ampel verabschieden. Noch bevor wir erneut den Daumen ausstrecken, hupt uns Erhan von der Seite an. Er ist auf dem Weg nach Niğde – genau in unsere Richtung. Die nächsten 100 Kilometer sind kurzweilig. Mit dem fülligen Strommastenkletterer plaudern wir über die Schönheiten der Türkei. Urfa und Mardin – das türkische Kurdistan und die Schwarzmeerküste legt er uns ans Herz. Dann sprechen wir über Fußball, vornehmlich Beşiktaş, und die letzte Weltmeisterschaft mit dem versöhnlichen Endergebnis. Kurz vor Niğde verlassen wir Erhan, dem wir uns schnell verbunden fühlten. Mittlerweile ist es nicht mehr ganz so bitterkalt, aber es weht ein unangenehmer Wind über die Fernstraße. Wir warten etwa eine halbe Stunde – für türkische Verhältnisse eine Ewigkeit –, bis wir ins nächste Auto einsteigen. Der Fahrer hat es nicht weit, bringt uns aber immerhin einige Kilometer hinter die Stadtgrenze von Niğde, wo er uns zu einem Çay in einem kleinen Straßenlokal einlädt. Kurz danach finden wir einen Van-Fahrer, dessen misstrauischer Begleiter uns zwar nicht aus den Augen lässt, bei dem wir aber bis zu einer Straße, die nach Adıyaman führt, mitfahren dürfen. Wir gelangen in höhere Regionen. Schnee türmt sich meterhoch am Straßenrand. Dichter Nebel nimmt uns gefangen. Die Sicht reicht gerade einmal bis zum nächsten Begrenzungspfahl.

Als wir das Fahrzeug verlassen, ist es empfindlich kalt, die Fahrbahn vereist und alles um uns herum in einen weiß-grauen Schleier gehüllt. Eine riesige Schneewehe versperrt uns den Weg und zwingt uns auf die Fahrbahn der Schnellstraße. Genau in diesem Moment löst sich ein Pkw ohne Beleuchtung aus der dichten Masse des Nebels und rast an uns vorbei. Alles geht so schnell, dass wir weder Zeit haben, zur Seite zu springen, noch der Fahrer durch Hupen auf sich aufmerksam machen kann. Wir verfehlen uns um wenige Zentimeter. Doch als wir uns nach dem Fahrzeug umschauen, ist es schon wieder im Nebel verschwunden. Dafür tanzt nun Adrenalin wild durch unsere Blutbahnen. Aber da tuckert schon ein Transporter langsam auf uns zu. Auf seiner Ladefläche stapeln sich Kartoffelsäcke und Orangenkisten meterhoch. Ganz oben auf diesen Lebensmittelbergen landen unsere Rucksäcke, und zu viert quetschen wir uns in die kleine Fahrerkabine. Mit seinen roten Wangen und dem glasigen

Blick macht der Fahrer nicht gerade einen nüchternen Eindruck, aber sein Fahrstil ist einigermaßen sicher, und die Aussicht, bald aus diesem unheilvollen Nebel heraus zu sein, ist uns Motivation genug. Zusammen fahren wir bis Ulukışla, essen gemeinsam Kebab und stehen gegen 14 Uhr erneut an der Straße. Bis nach Adıyaman ist es noch weit, und die Wahrscheinlichkeit, noch am gleichen Tag die ausstehenden 465 Kilometer zurückzulegen, schwindet mit jeder Minute.

Mit derlei Gedanken warten wir mit ausgestreckten Daumen, als ein weißer sportlicher Pkw kurz hinter uns mit quietschenden Reifen zur Vollbremsung ansetzt. Jede Menge Schotter spritzt durch die Gegend. Aus den Fenstern winken uns gleich mehrere Hände heran. Im Inneren sitzen vier Männer, zwei Jugendliche auf der Rückbank, der Fahrer, etwa Mitte 20, und ein etwa 40-jähriger Beifahrer. Vor allem die beiden Halbstarken auf der Rückbank sind aufgeregt und glucksen hysterisch.

Nach kurzem Zögern verfrachten wir jedoch unsere Rucksäcke in den Kofferraum und nehmen zu viert auf der Rückbank Platz. Schon nach wenigen Metern prasselt ein türkischer Redeschwall auf uns ein, der für die nächsten zwei Stunden nicht mehr enden soll. Euphorisch stellen unsere Nachbarn auf der Rückbank immer wieder die gleichen Fragen. Dass wir aufgrund von Sprachproblemen keine davon beantworten können, quittieren sie mit wildem Gelächter. Dazu dröhnt härtester Tempo-Techno aus den Boxen, und wir rasen mit durchschnittlich 180 Stundenkilometern über die Schnellstraße. Dass hier im Auto irgendwelche Drogenexperimente schiefgelaufen sind, steht für uns außer Frage. Auf dem Höhepunkt dieser denkwürdigen Fahrt überschreiten wir die 200-Stundenkilometer-Marke, was die beiden Rücksitzpiloten neben uns jauchzend als Handyvideo festhalten. Potenzielle Suchbegriffe bei YouTube: Türkei, 200, LSD, Rausch, Wahnsinn.

Für die 140 Kilometer lange Strecke bis nach Adana brauchen wir nicht einmal eine Stunde. Von dort aus nimmt uns ein älterer, rundlicher Lkw-Fahrer mit grauem Haarkranz mit. Die nächsten zwei Stunden verbringen wir mit einem Small Talk aus Türkisch, Englisch und Deutsch, ohne dass einer den anderen wirklich versteht. An einer Lagerhalle scheint unsere gemeinsame Fahrt zu enden. Wenig später werden wir von einem Kleintransporter aufgelesen, der uns an einer Tankstelle absetzt. Doch befinden wir uns hier am Ortseingang zu Osmaniye, einer Stadt mit knapp einer halben Million Einwohner. Jeder will nach Hause, niemand nach Adıyaman. Wir fürchten bereits, unser Zelt aufschlagen zu müssen, da lenkt das dröhnende Hupen eines 40-Tonners unsere Aufmerksamkeit auf sich. Hinter dem Steuer sitzt ein alter Bekannter, der ältere, rundliche Lkw-Fahrer, der uns bei Adana aufgelesen hat – diesmal jedoch ist er sichtlich schlecht gelaunt. Er gestikuliert, mahnt uns zur Eile und grummelt ein paar türkische Wortfetzen in sich hinein, als wir unsere Rucksäcke in Ermangelung einer Alternative wieder in die Fahrerkabine wuchten. Irgendwie scheint die Atmosphäre jedoch vergiftet. Schweigend fahren wir über die Schnellstraße, bis wir völlig überraschend unter einer Autobahnbrücke halten. Plötzlich ist der Mann am Steuer bewaffnet. Eine schwere Taschenlampe wuchtet er drohend von einer Hand in die andere und verlangt Geld von uns. Immer wieder ruft er: »Para! Para!« Unsere Reaktion ist instinktiv. »Para yok!« – »Kein Geld!«, antworten wir und versuchen, über die Beifahrertür den Lkw zu verlassen. Doch der parkt so nah an der Leitplanke, dass wir uns nur durch einen Spalt pressen können. Kaum ist es mir gelungen, den Lkw zu verlassen, hören wir auch schon Stimmen näher kommen. Drei Männer eilen die Böschung der Autobahnbrücke hinunter und rufen unserem Fahrer etwas zu. Sie scheinen diesen Hinterhalt geplant zu haben. Doch offenbar hatte keiner damit gerechnet, dass wir nicht kooperieren würden.

Während die Männer zögern, sind wir panisch. Wie verhält man sich, wenn man gerade unter einer Autobahnbrücke im Dunkeln ausgeraubt wird? Am Straßenrand beginnen wir, wild zu gestikulieren und laut zu schreien, um andere Autofahrer aufmerksam zu machen. Unser Gehabe verunsichert den Fahrer des Lkws, der mittlerweile auch auf der Fahrbahn steht, aber sich nicht traut, näher zu kommen. Während der Fahrer irritiert abwartet und die drei weiteren Männer sich auch nicht trauen, handgreiflich zu werden, sondern uns lediglich »Para, Para« ins Gesicht schreien, gelingt es uns, unsere Rucksäcke aus dem Lkw zu zerren. Der Fahrer, der uns eben noch mit seiner Taschenlampe bedrohte, kapituliert. Er braust einfach davon. Auch die drei Männer schleichen in die Dunkelheit. Wir hören sie lediglich ein letztes Mal von der Autobahnbrücke auf uns herabschimpfen, dann sind auch sie verschwunden. Wir stehen im Dunkeln auf dem Standstreifen einer Schnellstraße, und langsam weicht das Adrenalin aus unseren Körpern. Wir zittern – was zum Teufel war das gerade?

Ein paar Minuten stehen wir untätig in der Dunkelheit. Aber was bleibt uns anderes übrig, als in den Verkehr zu winken? Als erneut ein Lkw hält, haben wir erhebliche Skrupel, steigen aber ein – nicht, weil wir uns sicher fühlen, sondern weil wir mitten in der Nacht irgendwo auf der Schnellstraße notgelandet sind. Der Fahrer lächelt uns freundlich zu, und nach einer Weile fassen wir genug Mut und sprechen über das gerade Erlebte. Der Fahrer reagiert gelassen.

»So etwas passiert«, ist seine lapidare Antwort. »Schlechte Menschen gibt es überall.«

Eine Stunde später verabschieden wir uns an einer Tankstelle in Nurdağı, um eine Mitfahrgelegenheit weiter nach Adıyaman aufzutun. An der Tankstelle, es ist mittlerweile 21.30 Uhr, herrscht noch recht viel Betrieb. Und nachdem uns die sieben Servicemitarbeiter mit Çay und Keksen willkommen geheißen haben, tun sie einen Pkw-Fahrer auf, der nach Adıyaman fährt. Kurz nach Mitternacht kommen wir endlich an unser Ziel. Ereignisreiche 14 Stunden Trampen liegen hinter uns, als wir auf der gemütlichen Couch unseres Gastgebers Murat erschöpft in einen tiefen Schlaf fallen.

Ein paar Tagen verbringen wir bei Murat in Adıyaman. Ganz in der Nähe steigen wir auf den Mount Nemrut und bewundern das größenwahnsinnige Projekt des seit mehr als 2000 Jahren verstorbenen Königs Antiochos I. Jener ließ, ganz oben auf dem Mount Nemrut, riesige Statuen von antiken Göttern und sich selbst errichten. Anschließend machen wir uns auf den Weg nach Urfa, nahe der syrischen Grenze. Auf ins türkische Kurdistan!

Willkommen in Urfa! Willkommen in Kurdistan!

Der mürrische Blick lässt uns nicht los. Nicht als wir fragen, ob wir ein Stück mitfahren können, nicht als wir unsere Rucksäcke in die Fahrerkabine des Lkws hieven und auch nicht, als wir neben dem Fahrer Platz nehmen. Wir verlassen Adıyaman in Richtung Urfa und rollen hinaus in die felderreiche Weite der Südtürkei. Hier wird im Juli und August tonnenweise Weizen geerntet, doch nun liegt bis zum Horizont braunes Ackerland vor uns. Die Stimmung ist angespannt, der Fahrer verschlossen. Dann endlich bricht er sein Schweigen. Er streicht sich mehrfach über das Kinn, deutet dabei auf uns und schaut uns finster und fragend an. Ob wir auf dem Weg nach Syrien seien und uns dem IS anschließen möchten? Wir sind irritiert.

Doch natürlich, so unwahrscheinlich ist dieser Gedanke gar nicht. Wir wollen nach Urfa, lediglich 40 Kilometer von der syrischen Grenze entfernt; nur 40 Kilometer bis zum fundamentalistischen Krieg zwischen den Hardlinern des Islamischen Staates und den syrischen Kurden. Mein Bart, der wild wuchert, lässt uns in den Augen des Lkw-Fahrers wohl wie jene Europäer aussehen, die aus ihrer heilen Welt in den Dschihad ziehen, um zu kämpfen, um zu töten, um Köpfe von Körpern zu trennen. Wir geben uns große Mühe zu erklären, dass wir tatsächlich nur einfache Reisende sind. Doch völlig überzeugen können wir den alten Mann nicht. Und als wir an der Kreuzung nach Urfa aussteigen, lehnt der Fahrer es vehement ab, ein Foto mit uns zu machen, da er Angst hat, man könne ihm später Kontakte zum IS nachsagen. Als wir erneut am Straßenrand stehen, machen wir uns ernsthaft Gedanken über die Torheit unserer Reiseplanung. Ursprünglich war es nie vorgesehen, so weit in den Süden vorzudringen. Wir hatten Respekt vor dem Krieg im Nachbarland und wollten uns selbst keiner Gefahr aussetzen. Doch wen auch immer wir in der Türkei fragten: Jeder ermutigte uns, diese Region zu besuchen. Südostanatolien, das türkische Kurdistan, sei sicher, versprach man uns, und wir waren nur allzu gern bereit, das zu glauben.

Die nächste Mitfahrgelegenheit bietet uns ein junger Mann in seinem Pkw, den wir bis nach Bozova, 80 Kilometer vor Urfa, begleiten. Von Bozova fahren wir in einem Obst- und Gemüsetransporter nach Urfa, wo wir unsere Gastgeber Sinan und Birsen treffen. Die beiden Englischlehrer eines Sprachinstituts verpflichten uns sogleich als Konversationspartner für ihre Klasse, in der wir vor allem über die Lieblingsspeise der Schüler sprechen: Çiğ Köfte – rohes Lammhack durchmengt mit zermahlenem Bulgur, Zwiebeln, Nelken, Zimt, Salz und schwarzem Pfeffer. Ansonsten verläuft der Unterricht unstrukturiert und zäh.

Am Abend sind wir bei Birsens Eltern eingeladen. Es gibt – Çiğ Köfte. Hier, zusammen mit Sinan, Birsen und all den anderen Familienmitgliedern, ist es das erste Mal, dass wir auf dem Boden essen, weil das Möbelstück Esstisch gar nicht im Haushalt eingeplant ist. Die Mitte des Raumes bietet großzügigen Platz. Sessel und Sofas reihen sich entlang der Zimmerwände. Nichts stört die offene Fläche, auf der wir eine große Plastikdecke über dem dicken Wohnzimmerteppich ausbreiten. Es werden Salat, Kohl, Radieschen, Brot und natürlich selbst zubereitetes und mit Rührei verfeinertes Çiğ Köfte serviert. Dazu trinken wir erfrischenden Ayran. Wir essen in herzlicher Atmosphäre. Obwohl wir mit den meisten Anwesenden keine gemeinsame Sprache teilen, fühlen wir uns gut aufgehoben. Birsens Vater macht Witze über meinen Bart, sagt, ich sehe aus wie ein Muezzin. Als wir ihm die Geschichte vom misstrauischen Lkw-Fahrer erzählen, der nicht mit uns auf ein Foto wollte, bricht Birsens Vater in lautes Lachen aus. Für ihn ist es unvorstellbar, dass wir in den Dschihad ziehen würden. Es ist spät, als wir uns von Birsens Familie verabschieden.

Am nächsten Morgen gehen wir mit Halil, den wir über Sinan und Birsen kennengelernt haben, auf Urfas alten Markt, um dort zusammen mit den Ladenbesitzern kurz nach Sonnenaufgang zu frühstücken. In den engen Gassen des alten Marktes werden gerade die ersten Rollläden nach oben geschoben, die Auslagen positioniert, riesige Säcke voller Getreide und Reis auf den Gehweg geschoben und gemahlene Gewürze beinahe andächtig zu Pyramiden aufgetürmt. Wir nehmen auf einer niedrigen Holzbank Platz und lassen uns eine deftige, fette Suppe mit einer Einlage aus Fleisch, Kohl und Joghurt schmecken. Den dazugehörigen Çay trinken wir wenig später im Gümrük Hanı, einem wunderschönen Innenhof mitten im Markt.

Urfas Markt hat eine lange Tradition. Auf einer der wichtigsten Handelsrouten in den Süden gelegen werden hier bereits im 16. Jahrhundert in großem Stil Waren umgeschlagen. Auch heute noch ist der Markt lebendig. Çay-Verkäufer, eine Zigarette lässig im Mundwinkel, eilen die Gänge hinunter. Auf glänzenden Tabletts balancieren sie den süßen dunklen Tee. Mädchen und Jungen huschen lachend zwischen den Beinen der Erwachsenen hindurch, die hier und da vor den Geschäften stehen bleiben und die Ware begutachten.

Wir lassen uns treiben, geraten von einer Kreuzung zur nächsten. Hunderte Händler warten vor ihren kleinen Geschäften auf ihre Kunden. Einem Gang voller Teppiche folgt ein Gang voller Herrenanzüge, folgt ein Gang voller Metallarbeiten, folgt ein Gang voller Gewürze, und plötzlich stehen wir wieder zwischen den Teppichen.

In Urfa verändert sich das Gefühl, verändert sich die Türkei. Wir sind nicht mehr in der bekannten Moderne, die hier und da mit dem Orient verschmilzt und dabei auf angenehme Weise exotisch wirkt, ohne dabei zu aufregend, zu fremd zu werden. Stattdessen sinken wir langsam und unaufhörlich hinein in den Nahen Osten. In Urfa treten wir ein in die kurdische Gemeinschaft des Landes; in eine Kultur, die näher ist an Syrien, Irak und Iran als an Istanbul. Hier sehen wir zum ersten Mal Männer im Shalwar Kamiz, einer traditionell arabischen Tracht, bestehend aus einer weiten Pumphose und einem luftigen, langärmligen Oberteil, das bis zu den Knien reicht. Kufiyas, karierte arabische Kopftücher, schlingen sich um Häupter und Hälse. Auf manchen Köpfen sorgt ein Agal, eine Baumwollkordel, für einen besseren Halt. Lange weiße Bärte zieren von Falten zerfurchte Gesichter. Frauen verschleiern sich im langen dunklen Hidschāb. Die türkische Sprache macht Platz für das Kurdische und Arabische.

Auf den freien Plätzen zwischen den Gängen des Marktes spielen gealterte Herren Tavla. Begleitet vom Klacken ihrer Spielsteine diskutieren sie über Gesellschaft und Politik. Das von Kurden und dem IS umkämpfte Kobanê im nahen Syrien ist in diesen Tagen eines der wichtigsten Themen. Kobanê ist zu einem Symbol geworden. Hier kämpfen Kurden für ihre Freiheit. Vor allem die Jungen zeigen viel Empathie. Freiheit für Kobanê ist ein immer wieder geäußerter Slogan. Wie nah der Krieg im Nachbarland ist, erfahren wir von Halil. Auch er hat Freunde und Familienmitglieder, die auf die andere Seite der Grenze in den Kampf zogen. Sie kämpfen und sterben nicht nur für die Freiheit einer Stadt, sondern für eine gemeinsame Identität, die die Kurden über die Grenzen von Nationalstaaten hinweg verbindet.

Auch innerhalb der Türkei ist die kurdische Identität stark ausgeprägt. Nach Jahrzehnten politischer Repression ist man hier nicht gut auf die Türken zu sprechen. Es sind Kleinigkeiten, die diese Abneigung und gleichzeitig das kurdische Wir-Gefühl sichtbar machen. Sprachpurismus trägt einen Teil dazu bei. Die Türkei wird so gut es geht aus dem Alltag verdrängt. Auf dem Markt in Urfa heißt Çay jetzt plötzlich kurdischer Tee, während türkischer Kaffee selbstverständlich als kurdischer Kaffee angepriesen wird. Das ist beinahe amüsant, doch die Kurden meinen es ernst. Zu tief sitzt der Stachel der Unterdrückung durch eine türkische Zentralregierung, die in der Vergangenheit wenig Interesse an der größten ethnischen Minderheit des Landes zeigte.

Wir verlassen das wuselige Labyrinth des Marktes und begeben uns zum nahen Gölbaşı-Gelände. Von Rosengärten umgeben ist es wohl Urfas schönster und zugleich heiligster Ort – der Schauplatz einer Legende aus den frühen Anfängen unserer Zeitrechnung. Hier, so heißt es, kommt der tyrannische König Nimrod auf die Idee, alle Babys, die in seinem Königreich geboren werden, töten zu lassen, weil ihm irgendeine unheilvolle Prophezeiung nicht gefällt. Aber er vergisst den kleinen Abraham in einer Höhle. Der Junge wächst heran, lehnt die damals moderne Götzenanbetung ab und konvertiert zum Monotheismus. Der alte Nimrod ist nicht erfreut. Jugendliches Aufbegehren gegen autoritäre Altersmanie. Am Ende wirft Nimrod Abraham ins Feuer. Doch der Gott, an den Abraham glaubt, ist auf seiner Seite. Er verwandelt die Flammen in Wasser, die Holzscheite in Fische und lässt Abraham in ein nahes Rosenbeet fallen. So weit die unglaubliche Geschichte. Seitdem gilt Abraham als Prophet – sowohl in der Bibel als auch im Koran.

Das Wasser ist noch immer da und auch die Karpfen, die sich in einem lang gezogenen Becken tummeln. Die Fische gelten heute als heilig. Wer sie berührt, erblindet, so heißt es. Auch der Rosengarten nebenan, der einst Abrahams Sturz abfederte, wird noch immer gepflegt.

Halil lädt uns ein, mit ihm ins Umland zu fahren. Unser Ziel sind die Ruinen von Göbekli Tepe. Hier, etwa elf Kilometer von Urfa entfernt, beginnt der deutsche Archäologe Klaus Schmidt 1995 auf einem grasbewachsenen Hügel seine Ausgrabungen. Unter den Erdschichten befinden sich mehrere kreisförmig angeordnete Megalithen, behauene Steinblöcke aus der Vorzeit, wie sie in Stonehenge Weltruhm erlangten. Nur: Schmidts Fund ist viel zu alt. Weit mehr als 11 000 Jahre sind die sauber gearbeiteten und mit Tierschnitzereien versehenen Blöcke alt – 6500 Jahre älter als die grob gehauenen Brocken von Stonehenge. Schnell stellt sich heraus: Göbekli Tepe ist nicht nur der älteste bekannte Tempel der Welt; es ist das älteste Beispiel menschlicher Architektur, das in seiner Komplexität eine einfache Hütte übersteigt. Damals, mehr als 9000 Jahre vor unserer Zeitrechnung, streiften die meisten Menschen noch als Jäger und Sammler umher. Zu dieser Zeit ist es den Bauherren Göbekli Tepes bereits möglich,

Gestein zu bearbeiten und 16 Tonnen schwere, fünf Meter hohe Brocken ohne die Hilfe von Rädern oder Lasttieren zu bewegen. Wie konnten sie ein derartiges Monument errichten und instand halten? Es bleiben nur Vermutungen, doch eines ist sicher: Die Entdeckung Göbekli Tepes verändert die Sicht auf unsere frühesten Vorfahren grundlegend.

In der Gegenwart stehen wir auf einem hölzernen Steg, der um die freigelegten Megalithringe führt. Massive Balken stützen die teilweise zerbrochenen Steinsäulen. Auf ihren Oberflächen sind Skorpione und Füchse skizziert, Gazellen und etwas, das an Kängurus erinnert. Hier stehen wir vor dem uralten Zeugnis einer langen Kulturgeschichte der Menschheit. Dann heben wir den Blick, schauen hinaus in die weite Ebene, die einst den stolzen Namen Mesopotamien trug. Dort drüben liegt Syrien. Es herrscht Krieg.

Am Abend treffen wir uns mit Sinan und Birsen bei Barfin, eins von 13 Geschwistern Birsens, und ihrem Mann. Laila, Birsens jüngere Schwester, erwartet uns schon mit stolzgeschwellter Brust. Das Abendessen verdanken wir ihr. Im Angesicht der aufgetürmten Reis-, Fleisch- und Salatberge lassen wir uns auch nicht lange bitten, und gemeinsam langen wir ordentlich zu. Dann fasst Mohammad, Barfins Mann, einen abendfüllenden Entschluss. Wir sollen von der kurdischen Kultur nicht nur hören, wir sollen sie erleben. Er beginnt zu singen, Sinan stimmt mit ein, Birsen und Barfin ebenso. Laila lässt ihre Stimme trillern; und ehe wir uns versehen, tanzen wir kurdische Folklore mitten im Wohnzimmer. Nachdem wir kurdisch gegessen, gesungen und getanzt haben, fehlt uns noch das entsprechende Outfit. Mohammad und Barfin reichen uns ein wunderschönes, mit goldenen Blumen verziertes Kleid und eine weite, luftige Hose. Als sie unsere Kopftücher binden, strahlen die beiden vor Freude. Auch Sinan, Birsen und Laila sind entzückt, was in einem nicht enden wollenden Fotomarathon mündet. Wir sind angekommen. Willkommen in Kurdistan!

Die Vielvölkerstadt Mardin und das Leben der Kurden

Wuusch! Zwei Kampfflugzeuge sausen über unsere Köpfe hinweg, ziehen am bewölkten Himmel Südostanatoliens weiße Kondensstreifen hinter sich her. Zu dritt sitzen wir auf den breiten Sitzen eines türkischen Lkws. Der Fahrer, der uns in Urfa in sein Gefährt aufnahm, blickt ob der eindeutigen Zeichen des Krieges genauso erschrocken gen Himmel wie wir.

Die Kampfflugzeuge mit ihren grimmigen, konisch geformten Nasen erzählen vom Krieg in Syrien, der nur einen Steinwurf von uns entfernt wütet. Sie erzählen von einem Feldzug, der Städten wie Damaskus, deren Namen einst nach 1001 Nacht schmeckten, den magischen Glanz rauben wird. Genauso wie das zerstörte Bagdad im benachbarten Irak jetzt niemanden mehr daran erinnert, dass einst Aladin mit seinem fliegenden Teppich durch die Gassen der Stadt glitt, schmeckt Syrien heute nicht mehr nach Datteln und Sesampaste, Minze und Kichererbsen, Granatäpfeln und Kreuzkümmel, süßem Tee und Anis. Dafür riecht es nach verbrannter Erde, Schweiß und Blut. Gewehrsalven und Explosionen erfüllen die Luft, und wenn die Waffen schweigen, tönt leidvolles Wehklagen durch die Straßen.

Wir sind auf dem Weg von Urfa nach Mardin. Nur etwa 40 Kilometer südwestlich von uns liegt die umkämpfte Stadt Kobanê. Es ist Winter 2014. Seit etwa drei Jahren herrscht Krieg in Syrien. Es ist schwer zu sagen, wer die Kampfflugzeuge, die soeben über uns hinwegfegten, geschickt hat. Allein in Kobanê gab es in der seit fünf Monaten andauernden Schlacht um die Stadt Luftschläge durch die USA, Saudi-Arabien, Katar, Bahrain, die Vereinigten Arabischen Emirate und Jordanien. Während dieser Zeit flüchteten 300 000 Menschen aus Kobanê über die türkische Grenze.

Von Kiziltepe, wo wir uns von unserem Fahrer, einem bulligen, glatzköpfigen Türken, verabschieden, bis nach Mardin sind es nur noch gut 20 Kilometer. Wir haben den kleinen Vorrat an Orangen noch nicht verputzt, den wir als Abschiedsgeschenk in die Hand gedrückt bekommen haben, als zwei junge, schnieke Araber anhalten und uns in ihr flottes Gefährt winken. Zügig erreichen wir Mardin.

In 1000 Metern Höhe schmiegt sich das Bergstädtchen Mardin an einen der letzten charakteristischen Ausläufer des Kalksteingebirges Tur Abdin. Die aramäische Bezeichnung bedeutet »Berg der Knechte« und lässt die lange und facettenreiche Geschichte der Stadt nur erahnen. Es ist bereits dunkel. Wir treffen unseren Gastgeber, den Wirtschaftsstudenten Seyhmus, vor dem kleinen Restaurant seines Vaters. Eigentlich wohnt Seyhmus gemeinsam mit seinen Eltern und den elf Geschwistern in einem kleinen kurdischen Dorf wenige Hundert Kilometer von Mardin entfernt, erklärt er zwischen zwei großen Stücken Kebab. Doch er, sein Vater, ein Bruder und eine ältere Schwester leben seit geraumer Zeit in Mardin. Hier studieren die beiden Brüder, während ihr Vater das Restaurant betreibt. Seyhmus' Schwester studiert weder, noch geht sie einer bezahlten Arbeit nach. Ihre Aufgabe ist es, sich um den Haushalt und um das leibliche Wohl der drei Männer zu kümmern. Seine Mutter wohnt mit den neun weiteren Geschwistern noch immer in ihrem Heimatdorf.

Nachdem der letzte Gast das Restaurant verlassen hat, spazieren wir gemeinsam mit Seyhmus und seinem Vater bis zu ihrer nahe gelegenen Wohnung und werden direkt ins geräumige Wohnzimmer geführt. Seyhmus' Schwester trägt unseretwegen ihr Kopftuch auch in der kleinen Küche, in der sie hantiert und aus der sie uns schüchtern, aus der Distanz, begrüßt. Der Fernseher wird eingeschaltet, und Seyhmus' wortkarger Vater, der einen stolzen Bauch und einen noch stolzeren Schnurrbart trägt, lässt sich auf einem breiten, bequemen Sessel nieder – der Stammplatz des Hausherrn. Er ist Teil des Arrangements aus weichen Polstermöbeln, die ringsum im großen Raum aufgereiht stehen. Es laufen ausschließlich kurdische Sender, und Seyhmus kommentiert für uns das Programm, während seine Schwester die erste Runde Çay serviert. Dampfend steht das dunkle Getränk vor uns. Kurdischer Çay, so erklärt uns Seyhmus, sei viel besser als sein türkisches Pendant, viel stärker, viel intensiver.

Seyhmus' Vater, der Herr des Hauses, genießt inzwischen seinen Feierabend in vollen Zügen und zappt zwischen zwei kurdischen Sendern hin und her. Das eine Programm zeigt fortlaufend Videos kurdischer Hochzeiten. In Dauerschleife. Kurdische Hochzeiten sind riesige Feste mit viel Tanz und Musik. Beim traditionellen Govend, einem offenen Kreistanz, halten sich Dutzende, manchmal Hunderte Menschen mit umschlungenen Armen an den Händen. Sein zweites Lieblingsprogramm zeigt Interviews mit kurdischen Freiheitskämpfern. Sie tragen ihre olivgrünen Uniformen, das AK-47-Sturmgewehr locker über die Schulter geschwungen. Was die Interviewten sagen, verstehen wir nicht, doch ihre Botschaft ist eindeutig, der Ton kämpferisch. Im Hintergrund liegen Kämpfer und Kämpferinnen bäuchlings im Sand. Sie schießen auf ein Ziel, das dem Zuschauer verborgen bleibt. Immer wieder werden Fotos von verstümmelten Leichen, toten und verletzten Frauen, Kindern und Männern gezeigt. Bildhübsche kurdische Frauen marschieren kämpferisch mit Kalaschnikow und Kampfuniform durch das Bild. Im Hintergrund weht die Trikolore in Rot, Weiß und Grün, versehen mit einer strahlend gelben Sonne im Zentrum – die Flagge des kurdischen Volkes.

Die Kurden sind mit fast 20 Prozent Bevölkerungsanteil die größte ethnische Minderheit im Land. Seit ihrer Gründung 1923 und unter Berufung auf den Vertrag von Lausanne, erkennt die Türkei die Kurden jedoch nicht als eigenständiges Volk mit eigener Kultur an. Vielmehr werden sie unter der Herrschaft Atatürks, des Staatsgründers der Türkei, gewaltsam assimiliert, der Gebrauch der kurdischen Sprache und Kultur verboten. Im türkischen Sprachgebrauch gelten die Kurden von nun an als »Bergtürken«, was sich einerseits auf die gebirgige Heimat der Kurden bezieht, andererseits aber auch die ethnische Zugehörigkeit zu den Türken impliziert. Die Forderung nach einem unabhängigen kurdischen Staat oder einem autonomen kurdischen Gebiet mit eigener Administration, wie es die PKK seit etwa 40 Jahren fordert, hat daher eine lange Tradition. Dass wir hier zusammen Fernsehprogramme in kurdischer Sprache gucken können, ist keine Selbstverständlichkeit, sondern ein Recht, das den Kurden in der Türkei erst 1991 zugesprochen wurde. Während im Propagandafilm auf dem Bildschirm Frauen und Männer gemeinsam in den Krieg ziehen, bringt Seyhmus' Schwester uns noch einen großartigen kurdischen Kaffee. Dann verabschieden wir uns ins Nebenzimmer, wo bereits mehrere weiche Matratzen für uns auf dem Boden bereitliegen.

Am nächsten Morgen trennen sich unsere Wege nach einem gemeinsamen Frühstück. Seyhmus geht zur Uni, und wir erkunden Mardins Altstadt. Sie ist ein ockerfarbenes Labyrinth, durch dessen schmale Gassen wir behutsam wandern. Es ist ein klarer Novembertag, und während in den Schatten noch immer klirrende Kälte hockt, fallen wärmende Sonnenstrahlen auf die Dächer der Gebäude. Mardin hat eine bewegte, 15 Jahrhunderte alte

Geschichte. Nacheinander fielen die Perser, die Römer, die Araber, die Seldschuken, aber auch die Kurden, Mongolen und Osmanen ein und ergriffen die Macht. Die Stadt ist nicht umsonst hart umkämpft gewesen. An der historischen Seidenstraße ist sie ein Knotenpunkt für den Handel. Hier kreuzen sich die Handelsstraßen vom Mittelmeer und aus Mesopotamien, hier halten die Karawanen vom Schwarzen Meer auf dem Weg nach Syrien. Mardin ist entlang der Seidenstraße berühmt für seine saftig-süßen Pflaumen, Galläpfel und Edelsteine, die von hier gen Osten bis nach China und gen Westen bis nach Konstantinopel, dem heutigen Istanbul, gelangen. Gegründet wurde die Stadt im 5. Jahrhundert von syrisch-orthodoxen Christen, den Aramäern, einer Volksgruppe, die bereits seit etwa 800 Jahren vor unserer Zeitrechnung in diesem Gebiet lebt. Mardin ist über Jahrhunderte hinweg bekannt für seine ethnische und religiöse Vielfalt. Noch im 19. Jahrhundert besteht die Bevölkerung hauptsächlich aus Muslimen und syrisch-orthodoxen Christen, aber auch Juden sind hier zu Hause. Sie alle leben friedlich miteinander. Doch das ändert sich nach dem Ersten Weltkrieg. Noch in den ersten Stunden der neu gegründeten türkischen Republik werden die Aramäer, zusammen mit den ebenfalls christlichen Armeniern, aus der Türkei vertrieben, und auch die Juden verschwinden in der Folgezeit.

Die Altstadt ist ein architektonisches Kleinod. Komplexe Ornamente zieren die Torbögen der Häuser. Ihre Wände, aus mächtigen honigfarbenen Steinblöcken gebaut, sind mit geometrischen Figuren versehen. Keramikkacheln mit arabischen Schriftzügen hängen über den Haustüren. Kleine Fenster liegen tief in den Steinwänden, umrahmt von aufwendigen Schnitzereien. Manchmal sind die Gassen so eng, dass wir mit ausgestreckten Armen die gegenüberliegenden Häuser berühren können. Hier geht es nur zu Fuß voran. Auf einer Dachterrasse steht eine stämmige Frau und klopft einen Teppich aus. Im langen weiten Rock und loser Bluse steht sie dort oben. Ihr buntes geblümtes Kopftuch locker im Nacken gebunden. Immer wieder schlägt sie das gewundene Ende ihres Teppichklopfers gegen das geknüpfte Schmuckstück, einen alten kurdischen Nomadenteppich.

Uns kommt der Sinn für die Zeit abhanden, doch wir verlieren uns nur allzu gerne in Mardins Altstadt. Schmale Gänge biegen von den Gassen ab. Stetig gehen wir voran, folgen den gewundenen Gassen, erklimmen weitläufige, lang gezogene Steintreppen. Katzen sonnen sich in Hauseingängen, beobachten uns aus Nischen heraus. Noch immer ist die ethnische und religiöse Vielfalt in Mardin enorm. Hier leben Kurden, wie unser Gastgeber Seyhmus, Aramäer, Syrer, Türken und Araber. Je höher wir in der Stadt hinaufsteigen, desto öfter geben die sandsteinfarbenen Gebäude den Blick in die Ferne frei. Und das heißt hier in Mardin: in die Unendlichkeit. Der Blick nach Süden verliert sich in der weiten Tiefebene Mesopotamiens. Das historische Zweistromland zwischen Euphrat und Tigris erstreckt sich über endlose Kilometer vor uns. Schon vor mehr als 7000 Jahren pflanzten die Bauern ihre Saat in die fruchtbare Erde der Region. Das Umland Mardins gilt auch heute noch als die Kornkammer des Landes.

Von einem kleinen Mauersims aus lassen wir unseren Blick weit über die Felder schweifen. Die fruchtbare Tiefebene zwischen Euphrat und Tigris gilt als eines der kulturellen Entwicklungszentren des alten Orients. Der Garten Eden soll sich hier befunden haben. Mesopotamien ist ein attraktives Land. Hier lassen sich die Menschen erstmals dauerhaft nieder, geben ihr bisheriges Nomadenleben auf. Hier entwickeln sich erste Stadtstaaten und Königreiche. Hier steigen die Sumerer bereits vor 5500 Jahren zur ersten Hochkultur der Menschheit auf. Ihre Keilschrift ist eines der ersten Schriftsysteme der Welt. Auf die Sumerer folgen die Assyrer und die Babylonier. Sie alle tragen in der fruchtbaren Ebene zur kulturellen Entwicklung der Menschheit bei. In Mesopotamien wird unter anderem die Sieben-Tage-Woche eingeführt, Tongefäße erstmals für den Alltagsgebrauch als Massenware produziert, der Kreis mit 360 Grad definiert und das erste Mal ein Maßsystem bestimmt. Meilensteine der Menschheitsgeschichte.

Wir steigen aus den Höhen der Altstadt herab und wollen Mardins alten Markt besuchen. Die Hauptstraße der Altstadt, die Cumhuriyet Caddesi, ist wieder breit genug, um Autos und diversen Geschäften Platz zu bieten. Mardin ist berühmt für seine handgesiedeten Naturseifen, die aus Olivenöl und dem Öl wilder Pistazien hergestellt werden. Ein Geschäft weiter verkaufen christliche Aramäer Rotwein aus der Region. Sie gehören zu den noch etwa 600 in Mardin lebenden Christen, die ihren Glauben in immerhin elf aktiven Kirchen praktizieren. Auf der gegenüberliegenden Straßenseite bearbeiten Handwerker in ihren Werkstätten Silber und Kupfer mit feinsten Werkzeugen in penibler Kleinstarbeit. In einem kleinen Straßenrestaurant träufeln wir Olivenöl und Zitronensaft auf Dolma, in Weinblätter eingeschlagenen, gewürzten Reis. Natürlich lassen wir auch unseren lieb gewonnenen Çay nicht aus. Besonders fallen uns die vielen kleinen Fotostudios auf. In den Schaufenstern hängen vor allem typisch türkische oder kurdische Hochzeitsfotos – die Kleider der Bräute sind pompös; schmächtige Bräutigame verschwinden fast gänzlich dahinter – und mit Patriotismus und Kampfeswillen aufgeladene Fotos junger Milizen: Kurdische Kämpfer und Kämpferinnen mit der Kalaschnikow in der Hand, furchtlosem Blick und Uniform. Es sind Söhne und Töchter, die hier als tapfere Kämpfer und furchtlose Kriegerinnen posieren, damit stolze Eltern die militanten Abbilder in heimische Familiengalerien hängen können.

Aus der Zeit der Seldschuken, die für 300 Jahre in Mardin die Macht innehaben und 1408 von den Osmanen besiegt werden, stammen viele Koranschulen in der Stadt sowie die antiken Badehäuser und Karawansereien. Genau wie die Ulu Camii, die große Moschee aus dem 12. Jahrhundert, sind sie alle in der Nähe der Cumhuriyet Caddesi angeordnet. Die riesige, mit breiten Rillen versehene Kuppel der Ulu Camii sowie ihr frei stehendes Minarett sind fast von überall in der Altstadt sichtbar. Wir verlassen die prächtige Hauptstraße, um in Richtung des zentralen Basars zu gehen. Das Emir Hammam aus dem 12. Jahrhundert taucht zu unserer Rechten auf, bevor die ersten Esel uns zeigen, dass wir uns auf dem richtigen Weg befinden. Angekettet stehen sie an Häuserwänden oder Treppenansätzen. Sie tragen weiche große Sättel in prächtigen Farben und Mustern auf den Rücken. Stoffbommel und Ketten aus verschiedenfarbigen Holzperlen schmücken Hals und Sattel. In den engen Gängen des Basars ist kein Platz für motorisierten Verkehr, also werden die Güter auf den Rücken der Esel transportiert. Ein Großteil des Basars ist überdacht. Hier werden vor allem Gebrauchsgegenstände feilgeboten. Ob Super-Power-Turbo-Staubsauger, Kleidung, Sonnenblumenöl, Reis, Tomatenmark oder sauer eingelegtes Gemüse. Alles wird in großen Quantitäten angeboten. Wir kaufen einige Sharonfrüchte, die wie eine Mischung aus Aprikosen und Birnen schmecken.

Im Markt vermischen sich die Düfte, die Geräusche und auch die Sprachen. Erst hier wird uns die kulturelle und religiöse Vielfalt Mardins richtig bewusst. Fetzen arabischer Sprache dringen zu uns, als wir gerade die Auslage eines Teppichverkäufers bestaunen. Darunter mischt sich der für uns ungewohnte Klang des Aramäischen, der drittältesten noch gesprochenen Sprache der Welt und Muttersprache Jesu. Klingt aus der einen Ecke noch Türkisch zu uns herüber, ist es im nächsten Augenblick Kurdisch. Aramäer, syrisch-orthodoxe Christen, die ihr Haupt mit einer Kappe bedecken, machen hier ihren Wocheneinkauf genauso wie dickbäuchige Araber, die Thawbs, weiße bis zum Boden reichende weite Gewänder, tragen und eine Kufiya, seit Arafat als Palästinensertuch bekannt, um den Kopf geschlungen haben. Kurdische Männer tragen ihre weiten Pumphosen, kurdische Frauen haben ihre bunten Kopftücher meist locker im Nacken verknotet, einige Frauen tragen neben einem strengen Kopftuch und einem schwarzen Gewand auch ein schwarzes Niqab und verdecken damit ihren ganzen Körper bis auf die Augen. Andere Frauen bedecken ihre Haare gar nicht. Wiederum andere lassen aus den kunstvoll bestickten Kopftüchern ein gutes Stück ihrer Haarpracht wallen. Es ist das kulturelle Miteinander, das Mardin ausmacht.

Wir sind mit Seyhmus verabredet und steigen den Hang, an dem die Altstadt liegt, bergab, bis wir eine breite Asphaltstraße erreichen, die die Grenze zwischen Alt- und Neustadt markiert. Blickt man von hier zurück zur Altstadt, sieht man die Festung, die hoch oben auf dem Berg über Mardin thront. Ihrer exponierten Lage verdankt sie ihren Namen: »Adlernest«. Heute sitzt hier das türkische Militär. Unterhalb der Festung befinden sich die Häuser der Altstadt. Erst der Blick vom unteren Altstadtrand nach oben eröffnet den Umfang der beeindruckenden städtebaulichen Anlage. Hinter- und nebeneinander angeordnet führen die Häuser beinahe lückenlos bis unter die Spitze des Berges. Darüber befindet sich nur noch das Adlernest.

Wir treffen Seyhmus vor der Universität. In wenigen Minuten beginnt sein Englischkurs, zu dem er uns eingeladen hat. Schon vor dem Unterricht sind wir eine Attraktion für seine Kommilitonen. Aufgeregt rufen sie durcheinander, jemand bestellt uns Çay. Bis der Tee eintrifft, haben wir viele neue Freunde und bereits

Dutzende Selfies geschossen. Der Englischunterricht ist dröge, das Sprachniveau der Klasse sehr niedrig. Ihr Lehrer ist Muttersprachler, und die Fragerunde an uns, die spontan zum Unterrichtsthema wird, endet flugs in einem Dialog zwischen uns dreien. Zwar richtet der Lehrer auch Fragen an die Klasse, doch schnellt fast ausschließlich Seyhmus' Arm aufgeregt in die Luft. In erzieherischem Ton richtet er sich mit seinen Antworten nicht an den Lehrer, sondern an die Studenten selbst und gibt in längeren Monologen Tipps, wie man sein Englisch verbessern könnte. Bald darauf ist der Unterricht vorbei, und zusammen mit Seyhmus besuchen wir erneut die Altstadt.

Unser erstes Ziel ist die Kirche der 40 Märtyrer aus dem 4. Jahrhundert. Kleine Fenster sind in das Gemäuer der Kirche eingelassen, die wie jedes andere Gebäude in der Altstadt, wie jede Mauer und jede Treppenstufe in den Gassen, aus großen Steinblöcken errichtet wurde. Über dem Torbogen im hohen Eingangsportal befinden sich feine, immer wiederkehrende Muster. Zwei pummelige Pferde mit hageren Reitern schließen die Verzierung zu beiden Seiten ab. Darüber sind aramäische Schriftzeichen in den Stein geschnitzt, die von floralen Motiven umrandet werden. Das Innere der Kirche ist bescheiden eingerichtet. Schmale Holzbänke stehen im Kirchenschiff, weisen auf einen niedrigen Altar in einer Nische. Ikonen zeigen den Sohn Gottes am Kreuz und Heilige der syrisch-orthodoxen Gemeinde. Es ist die mittelalterliche Kunst der Ostkirche, die wir hier sehen.

Anschließend besuchen wir Muhammed, einen Kommilitonen von Seyhmus. Zusammen mit Freunden lebt er in einer kleinen Wohnung in der Altstadt. Wir wärmen uns an einem rußigen Holzofen, genießen den Ausblick auf die mesopotamische Tiefebene und trinken starken türkischen Kaffee. Beim Blick über die Felder, auf die in einigen Kilometern Entfernung die Grenze nach Syrien folgt, kommen wir unweigerlich auf den

Krieg im Nachbarland zu sprechen. Viele Geflüchtete würden bis nach Mardin kommen, erzählt uns Muhammed. Hier in der Stadt nutzen viele Einwohner die Notlage der Bedürftigen aus und stellten sie als billige Arbeitskraft ein. Ein geflüchteter Syrer müsse sich mit einem erschreckenden Bruchteil des üblichen Lohnes, bei gleicher Arbeit, zufriedengeben. So wie es die Menschen hier mit den Neuankömmlingen aus Syrien machen, so macht es Ankara mit den Kurden. Natürlich, so erzählt Mohammed weiter, werden die kurdischen Gebiete von der türkischen Regierung benachteiligt. In Infrastruktur und Bildung werde kaum investiert. Doch der strukturelle Nachteil der kurdischen Provinzen hat auch andere Gründe. Die PKK, die ein autonomes kurdisches Gebiet fordert, lieferte sich über Jahre hinweg teils heftige bewaffnete Auseinandersetzungen mit den Polizei- und Militärkräften Ankaras. Das liegt nun schon weit über zehn Jahre zurück, dennoch hat sich das Bild von Gewalt und Terror in den kurdischen Provinzen bis heute in den Köpfen vieler Türken festgesetzt. Lehrer, Ärzte, aber auch öffentliche Bedienstete weigern sich häufig, eine Arbeitsstelle in der Region anzunehmen. Lange Zeit galten Mardin, Diyarbakır und die anderen Gebiete in Südostanatolien auch einheimischen Touristen als zu gefährlich. Doch langsam vollzieht sich ein Wandel. Auch wenn noch immer niemand hierherziehen mag, zu Besuch kommen immer mehr Gäste. Der Tourismus ist mittlerweile ein bedeutender Wirtschaftszweig in Mardin.

Am nächsten Morgen verlassen wir Mardin. Unser Abenteuer im kurdischen Teil der Türkei hat gerade erst begonnen. Unsere nächste Station heißt Diyarbakır, die kurdische Bastion und größte Metropole im Südosten der Türkei.

Rückblickend hält der Frieden in Mardin nicht mehr lange. Es ist November 2014, und wir sind zufällig in einer Phase der

Entspannung Gast in diesem Kleinod. Bald schon werden die Kämpfe zwischen den kurdischen Milizen und dem Militär wieder aufflammen. Autobomben werden Soldaten töten, Soldaten werden Kurden erschießen. 2014 regierte seit wenigen Monaten die syrisch-orthodoxe Christin Februniye Akyol-Akay gemeinsam mit dem muslimischen Kurden Ahmet Turk als Bürgermeisterin über den Großraum Mardin. Nach dem Putschversuch, der sich im Juli 2016 ereignete, wird sie, die einzige christliche Bürgermeisterin der Türkei, abgesetzt. Akyol-Akay werden Kontakte zur kurdischen PKK vorgeworfen. Eine von der Regierung eingesetzte Zwangsverwaltung steht Mardin seitdem vor. So wie den Bürgermeistern in Mardin ergeht es auch den Volksvertretern in den kurdischen Gebieten Diyarbakır und Van, die abgesetzt oder verhaftet werden. Ankara säubert gründlich. 28 Bürgermeister werden in den kurdischen Provinzen im Südosten der Türkei entmachtet, ihre Städte unter Zwangsverwaltung gestellt. Doch Mardin, seit Jahrhunderten ein Symbol für Weltoffenheit und friedliches Miteinander verschiedenster Religionen und Kulturen, wird auch diesen Konflikt überstehen. Mardins jahrhundertealte Geschichte schenkt uns Hoffnung.

Diyarbakır und die Kurden

Winzige Wassertropfen perlen an meinem Bierglas herunter. Kaltes Efes steht vor meiner Nase. An den Nachbartischen sitzen schöne Menschen. Auch vor ihnen stehen Biergläser, andere schlürfen Mischgetränke auf Kaffeebasis oder leuchtend bunte Cocktails. Das Café ist gut besucht. Man könnte sich hier wohlfühlen, aber wir sind unsicher. Denn dieses Café mit Zapfanlage, diese hippe Bar befindet sich nicht irgendwo. Sie liegt in Diyarbakır, einer Stadt im Osten der Türkei, in die wir niemals hätten reisen dürfen, wenn es nach dem Willen unserer Mitmenschen gegangen wäre.

Allen Warnungen zum Trotz sind wir nach Diyarbakır getrampt, der Hochburg, ja, der Hauptstadt der Kurden in der Türkei. Allen Warnungen zum Trotz sprießt auch mein Bart noch immer wild, wächst jeden Tag ein kleines Stückchen mehr. Das dürfe nicht sein, erklärten viele Türken und Kurden. Seit wir uns im südöstlichen Anatolien befinden, sorgen sich sehr viele Menschen um unser Erscheinungsbild. Einige meinen, dass man uns für ein extremistisches Paar aus dem Westen halten könnte, das über die Türkei auf dem Weg nach Syrien ist, um sich dem Islamischen Staat anzuschließen. Spätestens in Diyarbakır würde es für uns ernsthaft gefährlich werden. Die Kurden seien hier nicht gerade zu Späßen aufgelegt – schon gar nicht im Winter 2014/15, da der IS im türkisch-syrischen Grenzort Kobanê Kurden tötet. Je näher wir der türkisch-syrischen Grenze kamen, desto ernsthafter wurden wir gewarnt.

Als hätten wir das Schicksal herausgefordert, sitzen wir auf den letzten Kilometern nach Diyarbakır in einem Lkw, der von einem spindeldürren Mann mit funkelnden Augen gesteuert wird. Ahmed ist Kurde und zwar einer von der harten Sorte. Es dauert nicht lange, da flucht er schon über die Türken, die er alle hassen würde. Sie seien Besatzer, Vergewaltiger, ehrlose Hunde. Für meinen Bart, den ich immer noch trage, interessiert er sich allerdings nicht. Er hält uns auch nicht für Glaubenskrieger. Stattdessen schenkt er uns bei der Verabschiedung in Diyarbakır einen lilafarbenen Tasbih, eine Gebetskette, die uns auf unserer Weiterreise Glück bringen soll.

Kurz darauf treffen wir uns mit Ali in der kurdischen Metropole – mit einer Million Einwohner die zweitgrößte Stadt nach Gaziantep im Südosten der Türkei. Im modernen Stadtteil Ofis sitzen wir in einer dieser coolen Bars, die überall auf der Welt gleich aussehen, und trinken Bier. Keine Anspannung ist zu spüren. Die beschwörenden Warnungen der letzten Tage scheinen in diesem Moment völlig lachhaft. Wir sind umgeben von gut aussehenden jungen Menschen, die ausgelassen lachen und sich Cocktails und kalten Gerstensaft schmecken lassen. Elektronische Musik läuft im Hintergrund. Auf der Speisekarte stehen Nachos, Milchshakes und Kartoffelecken. Nichts erweckt hier den Eindruck, dass Diyarbakır ständigen politischen Spannungen ausgesetzt ist. Nur der immer wiederkehrende Stromausfall, der völlig unkommentiert hingenommen wird, hält die Bar davon ab, ein Klon jeder x-beliebigen Bar in Europa zu sein.

Ali, Lehrer an einer gehobenen Privatschule, bringt Kindern aus der Region die englische Sprache bei. Augenzwinkernd berichtet er, dass er vor seinen Schülern vorgibt, Alex zu heißen. Die Schulleitung wünscht es so. Seine Reputation als Englischlehrer sei mit dem international klingenden Namen wesentlich höher, so deren Argumentation. Am Tisch in der Bar lächelt Ali/Alex mal uns und dann wieder Hatice an, seine neueste Eroberung. Ali, gebürtiger Iraner, hat sich herausgeputzt, sein Dreitagebart ist penibel gepflegt, das Hemd sitzt einwandfrei. Vom Typ charmanter Schönling macht er sich zu Recht allerhand Hoffnungen, bald die schüchtern lächelnde Hatice gänzlich von sich überzeugt zu haben. Ali genießt die Freiheiten, die ihm seine Wahlheimat bietet. Freiheiten, die ihm im Iran verwehrt blieben.

Ali/Alex wohnt seit zwei Jahren in Diyarbakır, gemeinsam mit Hasan. Hasan ist mehr als doppelt so alt wie Ali. Seine Haare sind weiß, lockig und reichen ihm bis über die Schulter. Dazu prangt ein buschiger weißer Schnurrbart unter seiner großen, spitz zulaufenden Nase. Hasan sieht aus wie ein 68er oder ein ins Alter gekommener Pornodarsteller. Bis vor Kurzem war er Inhaber eines Cafés, in dem sich junge Menschen, bevorzugt Reisende aus dem Westen und gleichgesinnte Einheimische, trafen und zu Reggae und Chilloutklängen auf Sitzkissen kiffend in höhere Sphären schwebten. Das Wohnzimmer, in dem wir unsere Matratzen auf dem Boden ausbreiten dürfen, ist ein dunkles, vollgestelltes Sammelsurium aus Möbeln, Bildern, allerlei Krimskrams, Mitbringseln und Dingen, die man für gewöhnlich schon lange entsorgt hätte. Aber gewöhnlich scheint in dieser Wohngemeinschaft wenig zu sein. Noch am selben Abend landen wir im »Lime«, einem kleinen Club mit Tanzfläche und Bühne. Eine mittelmäßige Band präsentiert ihre Mischung aus Pop und Rock vor dem spärlichen Publikum, Ali ist mit Hatice beschäftigt, und auch Hasan wird heute nicht alleine nach Hause gehen. Zum Glück ist es stockduster. Nebel soll vertuschen, dass fast niemand da ist. Wir beginnen mit Bier und gehen doch bald zu Rum über, um das Beste aus der Situation zu machen.

Zu Hause erzählt uns Ali, nachdem er Hatice mit dem Taxi nach Hause zu ihren Eltern geschickt hat, von seiner Wahlheimat Diyarbakır. Ja, Diyarbakır sei die heimliche Hauptstadt der Kurden, in der die Spannungen zwischen den hier lebenden Kurden und der Regierung in Ankara immer wieder eskalierten, berichtet er. Diyarbakır gilt als Symbol der kurdischen Identität und Beharrlichkeit und seit den 1980er-Jahren als das Zentrum des kurdischen Widerstands. 2010 wurde hier das erste Musical in kurdischer Sprache aufgeführt. Bedenkt man, dass der Gebrauch der kurdischen Sprache bis vor einigen Jahren seitens der Zentralregierung verboten war, ist das eine enorme Errungenschaft. Gleichzeitig gilt Diyarbakır als Armenhaus der Türkei. Etwa jeder Vierte ist arbeitslos. Die Hälfte der hier lebenden Familien hat Anspruch auf die sogenannte grüne Karte und gilt damit nachweislich als bedürftig. Im modernen Ofis, wo wir gemeinsam den Abend verbringen, sieht man von alledem natürlich nichts. Moderne Wohnhäuser, schicke Cafés, Einkaufszentren und Restaurants. In Ofis wirkt Diyarbakır sauber, aufgeräumt und vor allem wohlhabend. Viele türkische Staatsbeamte und Sicherheitskräfte sind in Diyarbakır stationiert, die ihr Geld am liebsten in den Einkaufzentren und Ausgehmeilen in Ofis ausgeben. Schließlich befindet sich das Kommandozentrum der Militäroperationen gegen die PKK in Diyarbakır, und die Grenzsicherung zu den nahe gelegenen Nachbarstaaten Iran, Irak und Syrien wird von hier aus organisiert.

»Und außerdem«, lacht Ali, »muss das ganze Drogengeld ja auch irgendwo gewaschen werden.« Die organisierte Kriminalität boome in Diyarbakır. Das Dreiländereck Türkei-Iran-Irak sei die Hauptroute, um jede Art von Droge aus dem Osten nach Europa zu befördern. Ein beachtlicher Teil der Gewinne, bis zu 50 Milliarden Dollar im Jahr, werde in die Bauindustrie gesteckt. Das Diyarbakır, das wir jetzt sehen, existiert erst seit etwa 50 Jahren. Alles, was sich außerhalb des historischen Altstadtringes befindet – und das ist der überwiegende Teil der gesamten Stadt –, ist erst in den letzten Jahrzehnten aus dem Boden gestampft worden. Diyarbakır ist so etwas wie das Miami des Nahen Ostens. Ein modernes Stadtbild, das es so ohne das Drogengeld nicht geben würde.

Begleitet von derlei Vorstellungen machen wir uns am nächsten Morgen auf in Diyarbakırs Altstadt. Ist die Neustadt gerade erst errichtet, beginnt die Geschichte der Stadt hier bereits vor über 3000 Jahren. Die Aramäer, die Perser, die Römer, die Seldschuken, die Osmanen, die Araber. Sie alle waren hier, an der alten Schnittstelle der Karawanen- und Handelswege auf der Seidenstraße. Überdauert haben all das nur die Schwarzen Mauern von Amed, so der alte syrisch-aramäische Name für Diyarbakır, den die Kurden heute noch verwenden. Auf einer Länge von über fünf Kilometern umgibt die Altstadt von Diyarbakır eine der größten und besterhaltenen antiken Befestigungsanlagen der Welt. Die Wehrmauer Diyarbakırs ist nach der Chinesischen

Mauer die längste noch erhaltene Verteidigungsanlage der Welt. Aus byzantinischer Zeit stammend, ist sie mächtig, massiv, angsteinflößend und vor allem: schwarz.

Geografisch liegt Diyarbakır auf einem Basaltplateau am rechten Tigrisufer. Die Römer nutzten im 3. Jahrhundert den schwarzen Basalt als Baumaterial für ihren Schutzwall gegen das angrenzende Persische Reich. Errichtet mit gigantischen schwarzen Blöcken steht die Mauer da noch heute. Unangetastet, Ehrfurcht gebietend und bis zu zwölf Meter hoch und fünf Meter dick, mitsamt 82 Wachtürmen und einem Tor zu jeder Himmelsrichtung. Die grimmige schwarze Stadtmauer Diyarbakırs ist so beeindruckend, dass sie seit 2015 von der UNESCO als Weltkulturerbe gelistet wird.

Auf dem Weg in die Altstadt kommen uns die Worte des kurdischen Lkw-Fahrers wieder in den Sinn. Aufgeregt hatte er von den türkischen Besatzern gesprochen. Dass Spannungen zwischen der Regierung und den Kurden in Diyarbakır zum Alltag gehören, war uns bewusst. Doch was wir nun sehen, übersteigt unsere Erwartungen. Gepanzerte Polizeifahrzeuge und Wasserwerfer, alle mit Zeichen von äußerer Gewalteinwirkung durch Demonstranten übersät, parken an jeder Ecke. Vor jedem öffentlichen Gebäude sind Absperrgitter angebracht, bewaffnete Polizisten patrouillieren entlang aller wichtigen Straßen. Dennoch, das Leben geht seinen gewohnten Gang. Ein Mann balanciert ein Tablett mit liebevoll arrangierten Simits auf seinem Kopf, Bananen, Sharonfrüchte und Granatäpfel werden von Karren am Straßenrand angeboten. Hier gibt es Çiğ Köfte zu kaufen, dort drüben Künefe und Lahmacun; ein Junge schneidet gerade Streifen frischen Dönerfleisches in ein Brot und lacht uns an, als er unsere Blicke spürt. Kürbiskerne werden in entzückender Geschwindigkeit geknabbert, Tee geschlürft, Orangen und Auberginen lauthals angepriesen.

Wir biegen um die Ecke und sind erschlagen von dem schwarzen Monstrum, das meterhoch vor uns aus dem Boden ragt. Imposanz und Stärke demonstriert die massige Mauer. In ihrer Ausstrahlung nimmt es die antike Architektur locker mit den klobigen Bauten des Konstruktivismus auf. Vor uns erheben sich die Befestigungstürme des Dağ Kapisi, des nördlichen Eingangstors zur Altstadt. Rechteckige Zinnen bewehren ihr oberes Ende, geben den Türmen ein mittelalterliches Aussehen. Einst boten sie den Verteidigern Schutz vor feindlichen Angriffen, heute spazieren Einheimische und Touristen an ihnen entlang. Der schwarze Basalt verleiht der Altstadt Diyarbakırs etwas Altertümliches, ja gar etwas Endzeitliches. Denn nicht nur die Mauer, nein auch die meisten historischen Gebäude der Altstadt sind aus dem Stein gefertigt. Als liege eine dunkle Macht in der Luft, schwer und unnahbar, wirkt die Stimmung düster. Es ist kalt, beinahe eisig. Doch liegt das nicht nur an dem dunklen Baumaterial. Entlang der Stadtmauern befinden sich die Slums der Altstadt. Hier leben die Jungen und Mädchen, die draußen Pappe aus den Müllcontainern fischen, sie fein säuberlich auseinanderfalten und in schweren Schubkarren vor sich herschieben, Stifte und Papiertaschentücher verkaufen und um ein paar Lira betteln. Die Häuser in den Slums sind schlecht verputzte Rohbauten, die einer Menge Leute dasselbe Dach über dem Kopf bieten. Die roten Backsteingebäude erheben sich wie kleine, schwach leuchtende Punkte im Kontrast zum Schwarz der dahinterliegenden massiven Mauer. Die Familien, die hier leben, kamen in den 1990er-Jahren als Innerkriegsflüchtlinge aus den kurdischen Dörfern Südostanatoliens. Sie flüchteten aus ihrer Heimat, die von türkischen Soldaten angezündet und zerstört wurde. Damals befanden sich die gewalttätigen Auseinandersetzungen zwischen Armee und prokurdischer Miliz auf ihrem Höhepunkt.

Wir betreten die Altstadt, Sur genannt – Türkisch für Festungsmauer –, aus nördlicher Richtung. Die Stimmung in den engen Gassen ist rau. Barsche Stimmen klingen zu uns herüber. Für uns wirkt hier jede Bewegung, jedes Wort grimmig, angriffslustig. Sogar das Ausspucken der Kürbiskernhülsen wird hier missmutig zelebriert. Kinder, teilweise barfuß, jagen sich über die staubigen Straßen, Spiel und Streit sind kaum zu unterscheiden, bald schon sehen wir ein paar Knirpse, die sich gegenseitig mit Steinen bewerfen. Die vielen Wachtürme der Befestigungsanlage werden nachts als Toilette benutzt. Der Geruch von menschlichem Urin hängt starr in der Luft und vermischt sich mit dem Gestank von gammelndem Unrat. Die Wärme und Herzlichkeit, die wir so an der Türkei lieben, die einladenden Gesten, das freundliche Lächeln spüren wir hier nicht mehr. Um uns herum sehen wir die Häuser des Armenviertels. Mit Plastikplanen und Bretterverschlägen gesichert, sind sie nichts anderes als heruntergekommene Ruinen. Treppen führen auf die alte Stadtmauer. Hier und da bröckelt ihr Gestein, Kinder rennen lärmend über sie hinweg, jagen sich.

An der Hauptstraße, der Gezi Caddesi, die in die Nähe der Ulu Camii, der großen Moschee Diyarbakırs, führt, ändert sich das Bild. Die Fassaden sind gepflegt, vor teuren Geschäften stehen Polizeipanzer mit riesigen Rädern. Eine große Metallplatte ist vor dem Kühler eines Einsatzwagens befestigt. Sie gleicht einem Pflug, der mit Leichtigkeit durch Menschenmengen schneidet. In einer restaurierten Karawanserei aus dem 15. Jahrhundert, der Hasan Paşa Hani, gönnen wir uns einen Menengic Kahvesi, eine Art türkischen Kaffee aus wilden Pistazien mit unverwechselbarem Aroma. Das Getränk wird in kleinen Gläsern serviert, die in silbernen kunstvoll gearbeiteten und mit Blumenranken verzierten Hüllen stecken. Ein spitz zulaufendes silbernes Hütchen sorgt dafür, dass das Heißgetränk nicht zu schnell abkühlt.

Draußen schieben sich orangene Markisen aus dem schwarz-grau gestreiften Gebäude der Karawanserei. In zahllosen kleinen Geschäften wird meist nur ein einziges Produkt angeboten. In einem Raum lagern Eier bis fast unter die Decke, in einem anderen befinden sich aufgereiht auf kleinen Holzbänken etwa ein Dutzend blauer Plastikwannen. Verschiedene Sorten Weichkäse in verschiedenen Formen, mal zu einem Zopf geflochten, mal zu Kugeln geformt, liegen hier in ihrer Molke.

Wir betreten den Innenhof der Ulu Camii durch das große Hauptportal aus schwarzem Basalt, der sich wie ein Ungetüm vor uns erhebt. Einst eine Kirche, wurde sie im 6. Jahrhundert nach Einnahme der Stadt durch muslimische Eroberer zur Moschee umgebaut. Auf dem Hauptportal befinden sich feine, in den Basalt geschnitzte Reliefs. Ein Löwe erlegt ein Rind. Das Minarett wirkt eigentümlich, erwächst es doch erst ganz an der Spitze aus der Form des alten Glockenturms. Der Zugang zum Gebetssaal ist nur Männern erlaubt, doch schon am Eingang lassen sich die verschiedenen ornamentreichen Säulen und Kapitelle bewundern.

Es ist kalt, und wir trinken schon wieder Çay, wärmen unsere Hände an den kleinen Gläsern und beobachten das Treiben in der dunklen Altstadt. Die Luft riecht nach eisiger Kälte. Dann spricht uns ein junger Mann an. Eine akkurate Frisur und ein kurzer dichter Bart umrahmen ein freundliches Lächeln, dunkle Augen blitzen uns an. Eine mächtige Nase prangt in der Mitte des Gesichtes. Der ausgeprägte amerikanische Akzent überrascht uns, als der Mann drauflosplappert. Er stellt sich als Emre vor, in Diyarbakır geboren und aufgewachsen, lebe er seit geraumer Zeit in den Vereinigten Staaten. Er sei hier zu Besuch, doch sei ihm furchtbar langweilig. Es gebe hier in der Stadt einfach nichts zu tun. Emre wirkt ziemlich überdreht. Am Anfang denke ich, dass es sich um einen dieser Typen handelt, die irgendwann mal zu viele Drogen genommen und sich nie wieder richtig davon erholt haben. Aber Emre ist durchaus sympathisch, und so lassen wir uns überreden, uns von ihm in der Altstadt herumführen zu lassen.

Emre erzählt uns von der reichen Geschichte Diyarbakırs, plaudert pausenlos, und wir folgen ihm durch die Altstadt. Abseits der breiten Gezi Caddesi holt uns die düstere Stimmung wieder ein. Der schwarze Basalt bleibt, doch sind die Gebäude nicht mehr so gut erhalten, die Steinquader nicht mehr so gradlinig, so glatt, so perfekt. Es bröckelt hier und da. Zeit und Abnutzung haben sich an den Steinen zu schaffen gemacht und sie Stück für Stück, Millimeter für Millimeter ihre Form verlieren lassen. Manchmal sind Löcher in den schwarzen Basaltmauern provisorisch mit rotem Backstein ausgebessert. Andere Basaltblöcke sehen aus, als würden sie gleich aus der Wand kollern. Die Gassen sind schmal. Das alte Kopfsteinpflaster liegt hier und da unter Müll begraben. Die Gassen werden immer verwinkelter und gleichen bald einem Labyrinth, in dem wir uns ohne Emre hoffnungslos verlaufen würden. Politische Graffitis prangen an den Mauern, verdammen die türkische Polizei und lobpreisen die kurdische PKK. Emre führt uns. Sein breites Kreuz steckt in einer Bomberjacke, die martialisch von der »Operation Iraqi Freedom« berichtet. Erstaunt fragen wir nach und erfahren von Emre, dass er als US-Soldat im Irak stationiert war.

Schließlich erreichen wir die syrisch-orthodoxe Sankt-Marien-Kirche aus dem Jahr 280. Zahlreiche schwarze Säulen stützen Rundbögen im Inneren, Lichterketten umranden Jesus am Kreuz. Von außen fällt nur wenig Licht herein. Die Decke ist mit dunklem Holz vertäfelt und verleiht dem Raum etwas Höhlenartiges. Dennoch wirkt die Kirche sehr erhaben. Im 15. Jahrhundert war sie Sitz der Kirche des Ostens. Noch heute befinden sich hier zahlreiche Reliquien, wie die Gebeine des heiligen Apostels

Thomas. Wir steuern eine weitere Kirche an und wandern weitere 15 Minuten durch die engen Gassen. Ohne Emre hätten wir wohl nie hierhergefunden, und ohne ihn fänden wir auch nicht wieder zurück. Bald stehen wir vor der armenischen Sankt-Giragos-Kathedrale (bis 1915 waren 40 Prozent der Bevölkerung Diyarbakırs Armenier), auf der zwei unterschiedlich hohe Kirchturmspitzen thronen. Im 13. Jahrhundert erbaut, wurde sie im Laufe des Völkermordes an den Armeniern nach dem Ersten Weltkrieg teilweise zerstört, bald ihrem Verfall überlassen und nach Restaurierungsarbeiten 2011 wieder eröffnet.

Wie wandern weiter durch das Labyrinth der Altstadt, wo plötzlich ungewohnt helles Läuten an unser Ohr dringt. Es sind die Glocken der traditionellen Wasserverkäufer. Sie laufen in leuchtend auffallender Kleidung mit einem großen eckigen Silberkessel voll Trinkwasser auf ihrem Rücken und mit einer Handvoll schwerer Glocken in der Hand bimmelnd durch die Straßen.

Wir gehen in den Osten der Altstadt. Die Stadtmauer ist auf fast ihrer ganzen Länge begehbar, doch hier, so Emre, hat man den besten Blick auf die Umgebung der Stadt. Draußen, auf der anderen Seite der Mauer, begrenzt der Tigris Diyarbakır. Von hier wächst die Stadt nach Westen und Norden. Treppen steigend erreichen wir das obere Ende der Mauer und sehen in die Ferne: Langsam fließt der Tigris unaufhaltsam an der Stadt vorbei und bahnt sich seinen Weg bis nach Bagdad. Eine alte Römerbrücke überspannt in zehn Bögen den Fluss.

In der winterlichen Kälte wärmen wir unsere Hände an heißen Gläsern Çay und blicken auf das fruchtbare Land der Hevsel-Gärten zwischen Tigris und Altstadt, die ebenfalls von der UNESCO zum Weltkulturerbe ernannt worden sind. Das grüne Tigristal liegt zurzeit weitestgehend brach. Braun- und Grautöne dominieren die Landschaft, die bis weit hinaus zum Horizont reicht. Hier auf den Feldern der Umgebung, so erzählt uns Emre, wüchsen die größten Wassermelonen der Welt. In Diyarbakır findet deshalb jedes Jahr nach Abschluss der Ernte im September ein Wassermelonenfestival statt. Gekürt wird die größte, schwerste Wassermelone, die ein Gewicht zwischen 40 und 65 Kilogramm erreichen kann. Anschließend werden kleine Kinder in die ausgehöhlten Wassermelonen gesetzt, um die gewaltige Größe der Früchte zu verdeutlichen.

Wir trinken unseren Çay und kaufen uns zum Abschluss in einem kleinen Straßenimbiss noch saftig mariniertes Hühnchen. Die Verkäufer wenden bis zu zehn Spieße gleichzeitig mit nur einer Hand, als hätten sie ihr Leben lang nichts anderes gemacht. Dann verabschieden wir uns von Emre.

Sosehr uns das historische Diyarbakır beeindruckt hat, so offensichtlich sind die Probleme. Die meisten Einwohner in der Altstadt sind arm, viele kamen nach Sur, als sie vor den Kämpfen der 1990er-Jahre aus ihren brennenden und zerstörten Dörfern flohen. Die Kämpfe zwischen Kurden und der türkischen Armee hielten an. Der damals verhängte Ausnahmezustand wurde erst 2002 aufgehoben. Vor dem Krieg, der eine enorme Landflucht nach sich zog, war Diyarbakır eine beschauliche Stadt mit 350 000 Einwohnern, die in kürzester Zeit auf über eine Million anwuchsen. Dass die meisten unfreiwillig hier sind und aus ihrer Heimat vertrieben worden sind, spielt eine erhebliche Rolle für die Atmosphäre in der Stadt. Im krassen Gegensatz dazu steht der Reichtum in den modernen Stadtteilen Diyarbakırs.

Gerade die jungen Menschen wuchsen in einer Atmosphäre auf, die vor allem von Flucht, Vertreibung, Gewalt und staatlichen Repressionen beherrscht wurde. Der überwiegende Teil der Bevölkerung ist unter 25 Jahre alt. Sie kennen keine andere Welt. Es ist eine Mischung aus Perspektivlosigkeit, Wut und Armut, die viele kurdische Jugendbanden immer wieder in die

Straßenschlachten gegen die türkische Polizei oder das Militär treibt, die seit jeher als Feind wahrgenommen werden. Sie gehören häufig zur Jugendorganisation der PKK, die sich angeblich nicht an die offiziellen Vorgaben der Mutterorganisation hält. Die Veteranen der PKK-Guerillas sind noch immer in den Bergen Südostanatoliens stationiert. Mit den Straßenschlachten in Diyarbakır haben sie nicht unmittelbar zu tun. Die Antwort aus Ankara für die randalierenden Jugendbanden ist simpel. Reizgas aus Polizeipanzern und die Härte der Justiz sollen für Ruhe und Ordnung sorgen. Wer als Jugendlicher in Diyarbakır vor Gericht landet, ist entweder wegen Diebstahls oder Verstoßes gegen das Antiterrorgesetz angeklagt; dazu zählt schon die Teilnahme an einer nicht genehmigten Demonstration. Umfragen zeigen, dass sich der Großteil der Bewohner sicher ist, dass sich hier in Zukunft nichts ändern wird, und wenn ja, dann zum Schlechten. Manchmal verschwinden Jugendliche, und in der Nachbarschaft heißt es nur, sie seien »in die Berge gegangen«. Ein Euphemismus dafür, dass sich wieder jemand aus Frustration und Perspektivlosigkeit den PKK-Kämpfern angeschlossen hat.

Es ist Winter 2014, als wir durch die engen, labyrinthartigen Gassen Diyarbakırs laufen. 2015 ändert sich die Kurdenpolitik der türkischen Regierung. Im Sommer 2016 wird die zweijährige Waffenruhe zwischen der PKK und der türkischen Armee erneut gebrochen. Auf beiden Seiten gibt es Hunderte Tote. Barrikaden, Ausgangssperren, Mörsergranaten, Schnellfeuergewehre, Panzer, die sich durch Häusermeere pflügen, und 10 000 flüchtende Zivilisten sind die Folge. Um den Häuserkampf in den engen Gassen der Altstadt endgültig zu beenden, wurde schließlich der Großteil der Altstadt evakuiert, Gebäude wurden verstaatlicht und letzten Endes mit Abrissbaggern beseitigt. Schätzungen zufolge sind 80 Prozent der Gebäude der Altstadt beschädigt. Die Einwohner, die meisten von ihnen bereits in den 1990er-Jahren durch Krieg aus ihrer Heimat vertrieben, müssen nun auch diese neue Heimat verlassen. John Dalhuisen, der Direktor von Amnesty International für Europa und Zentralasien, twitterte dazu: »Bombardiert, planiert, zwangsverkauft: Das nennt man Vertreibung.«

Diyarbakır ist eine gebrannte Stadt, wer hier lebt – egal ob freiwillig oder vertrieben –, kennt die Geschichten über Zerstörung, Folter und Mord. Die Täter sind immer die anderen: das türkische Militär oder die kurdischen Milizen. Hass und Wut haben sich in die Seelen der Menschen gefressen. Beides findet immer wieder Ausdruck in Gewaltexzessen, Anschlägen und Leid. Ein Ende des Terrors ist momentan nicht in Sicht, und so schwelt es weiter in Diyarbakır.

Ankara – Stadt der zwei starken Männer

Die zurückliegenden zwei Tage waren anstrengend. Kreuz und quer sind wir von Diyarbakır bis nach Ankara getrampt. 1500 Kilometer durch die Weite Anatoliens. In der türkischen Hauptstadt sind wir nun bei Buğu und ihrem Ehemann Serdar untergekommen. An diesem ersten Morgen in Ankara wachen wir nur sehr langsam auf. Ich recke mich unter weichen, dicken Daunendecken, fühle mich gut dabei. Ein neuer Tag beginnt.

Blumig-bitterer Kaffeeduft wabert in unsichtbaren Schwaden durch den Flur, zieht uns mit unwiderstehlicher Kraft in die Küche. Dort finden wir Buğu, eine zierliche junge Frau mit braunen Haaren und einem leicht verlegenen Lächeln. Gemeinsam decken wir den Frühstückstisch. Das Aroma des frisch aufgebrühten Kaffees zieht in meine Nase, und ich fühle mich zu Hause. Buğu schneidet Brot, Gurken und Tomaten, zu ihren Füßen spielt ihr vierjähriger Sohn Tuna.

Dass wir ihre Gäste sein dürfen, macht Buğu so fröhlich wie uns, denn sie hat eine innige Beziehung zu Deutschland. Es ist noch nicht lange her, da studierte sie in Berlin. Berlin, unsere Stadt! Gemeinsam sitzen wir im sechsten Stock eines Wohnhauses am Frühstückstisch. Das grüne Ampelmännchen marschiert auf der einen Tasse, die türkische Flagge weht auf der anderen.

Draußen in den Straßen Ankaras herrscht winterliche Kälte. Der Asphalt ist nass vom geschmolzenen Schnee, die Menschen eingepackt in dicke Jacken und warme Schuhe. Fünf Millionen Einwohner zählt die Hauptstadt des Landes, jeder 111. von ihnen lernt an einer der zehn Universitäten. 45 000 Studenten erwecken die Stadt zum Leben, diktieren ihr einen jugendlichen Rhythmus und ein gebildetes Flair. Dabei ist das funktionale Ankara nicht gerade mit Schönheit gesegnet. Die Sehenswürdigkeiten sind pathetisch, national. Hübsch sind sie nicht. Ankara liefert auch keinen Stoff für fantastische Legenden aus vergangenen Jahrhunderten. Das heißt aber nicht, dass hier nie etwas los war. Wie so viele Städte der Türkei lag auch Ankara auf den wichtigen Nord-Süd- und Ost-West-Handelsrouten. Alexander der Große war schon hier und schließlich im 11. Jahrhundert die Seldschuken, ein türkischer Volksstamm, mit dem sich die heutigen Türken in einer direkten Ahnenlinie verbunden sehen. Doch danach versank die Stadt in staubiger Bedeutungslosigkeit. Allein die Angoraziegen, die hier im 13. Jahrhundert kultiviert wurden, sorgten dafür, dass Ankara, oder Angora, wie es damals hieß, nicht komplett aus dem Gedächtnis der Zeit verschwand.

Jahrhunderte vergehen, und vielleicht wäre Ankara nie wieder über den Hirtenstatus hinausgekommen, wenn es nicht 1920 ganz unerwartet erneut in den Fokus der Öffentlichkeit gerückt wäre. Es ist die Zeit kurz nach dem Ersten Weltkrieg. Ein gigantischer Vielvölkerstaat sieht sich den Konsequenzen einer fehlerhaften Entscheidung ausgesetzt. Gemeinsame Sache mit den

Deutschen und Österreich-Ungarn gemacht zu haben, zahlt sich für das stolze Osmanische Reich nicht aus, verwandelt es in einen Scherbenhaufen. Das Sultanat ist nur noch eine Konkursmasse, ein Verlierer des Krieges, dessen Land nun von den Siegermächten aufgeteilt wird. Neue Nationen entstehen – Syrien, Irak und Libanon sind nur drei der neuen Namen auf der Landkarte.

Legitimiert durch das Friedensabkommen von Sèvres besetzen Frankreich, England und Italien die ihnen zugeteilten Gebiete Anatoliens; Griechenlands Armee freut sich über Izmir. Die türkische Bevölkerung findet den Friedensvertrag dagegen weniger angenehm. Religiös-konservative Kräfte, Nationalisten und Liberale schimpfen, wenn auch aus verschiedenen Gründen, gleichermaßen auf die neu geschaffene Situation. Es bildet sich Widerstand, und die europäischen Besatzer finden sich plötzlich in einem von starrköpfigen Türken geführten Guerillakrieg wieder.

Ein türkischer General nimmt sich des Widerstands an, koordiniert die lokalen Gruppen und baut eine Führungsebene in Ankara auf. Sein Name ist Mustafa Kemal, der später unter dem Namen Atatürk in die Geschichte eingehen wird. Er gilt als intelligent, modern, patriotisch, fühlt sich den Idealen der Aufklärung nahe und ist natürlich fasziniert von der Französischen Revolution. Er ist es, der Ankara zu seiner Hauptstadt erklärt und so aus dem Mittelmaß der anatolischen Ebene an die Spitze des Landes hievt.

Damals lebten etwa 30 000 Einwohner in der unbedeutenden Stadt. Heute ist Ankara ein Symbol für die Entwicklung der Türkei. Eine kulturelle Stadt mit internationalen Beziehungen, ein Beispiel für die florierende Wirtschaft des Landes. Eine bronzene Reiterstatue Atatürks schmückt ihr Zentrum. Sie befindet sich gegenüber dem Museum des Unabhängigkeitskriegs und ist mit Dutzenden Tauben garniert. Während der General stolz auf seinem Rappen sitzt, scheißen sie ihm unbekümmert auf den Hut.

Das ist aber auch die einzige Respektlosigkeit, die gegenüber dem selbst ernannten Vater der Türken erlaubt ist. Atatürk ist ein Held. Die Siegermächte des Ersten Weltkrieges müssen mit ihm neu verhandeln. Das Ergebnis ist der Vertrag von Lausanne und die Gründung der türkischen Republik 1923.

Seitdem ist Ankara der politische und administrative Angelpunkt des Landes. Zentral gelegen wird von hier auch zentralistisch über das Land regiert. Ministerien entstehen, Verwaltungsapparate werden aufgebaut. Bis heute gilt Ankara als Beamtenstadt. Hier wird türkische Geschichtsschreibung zur Schau gestellt. Nicht weit vom Reiterdenkmal befindet sich das Museum für anatolische Zivilisationen. Es zeigt Ausstellungsstücke aus mehreren Tausend Jahren von der Stein- bis zur Neuzeit. Atatürk selbst hatte zur Gründung dieses Museums angeregt, wollte er doch einen Ort kreieren, der die ebenfalls von ihm aufgegriffene türkische Geschichtsthese manifestierte. Ihr zufolge war Kleinasien seit jeher und ununterbrochen von türkischstämmigen Einwanderern bewohnt. Damit werden alle frühen Hochkulturen der Region, seien es die Hethiter oder Sumerer, zu Turkvölkern erklärt. Ein wissenschaftlich kaum bestätigtes Geschichtsverständnis, das dem türkischen Volk eine lange, ehrwürdige Kulturgeschichte garantieren und zugleich als Grundlage für territoriale Ansprüche vor allem gegenüber Griechen und Armeniern dienen sollte.

Serdar, mit dem wir am Abend bei einem Bier zusammensitzen, ist Berufssoldat in der türkischen Armee. Er ist ein freundlicher, geradliniger Mensch. Aber wir kommen nicht darum herum, ihm die Jahre beim Militär anzumerken. Wir wollen etwas mehr über die türkische Geschichte wissen, über die Anfangsjahre und die Probleme und Herausforderungen jener Zeit, die sich bis heute im Land manifestieren. Serdar gibt uns Antworten: Auf Mustafa Kemal Atatürk ist er stolz wie jeder andere im Militärstab. Atatürk, der General, war einer von ihnen. Bis heute fühlt sich das Militär verantwortlich, Atatürks Vermächtnis zu bewahren. Es sieht sich berufen, seine Ideen und Ideologie sowie die türkische Demokratie vor Angriffen und Unterwanderung zu schützen. Notfalls auch mit Gewalt. In der nicht einmal 100-jährigen Geschichte putschte das Militär bereits zweimal erfolgreich gegen gewählte Regierungen, die ihrer Auffassung nach die Gedanken Atatürks verrieten und somit der Regierungsaufgabe unwürdig waren.

Serdar erzählt uns von Atatürk, dessen Bild auch hier im Wohnzimmer prominent an der Wand hängt. Der Personenkult um den Staatsgründer ist riesig. Sein Konterfei hängt in allen öffentlichen Einrichtungen, unzählige Geschäfte, Restaurants und Cafés schmücken ihre Räume mit dem Gesicht des Helden. Atatürks Antlitz prangt auf Flaggen, T-Shirts und Handtaschen. Es gibt eine ganze Souvenirlinie mit seiner Unterschrift.

Mustafa Kemal, der erste Staatschef der neu gegründeten Republik, gibt sich schon an seinem ersten Tag im Amt als nationalistischer und radikaler Modernisierer. Er bricht mit allen Traditionen des Osmanischen Reiches und setzt stattdessen auf westliche Werte. Eine seiner ersten Vorschriften ist der verbindliche Gebrauch eines Familiennamens, der im Osmanischen Reich praktisch keine Verwendung fand. Das ist nicht uneigennützig, denn selbst nimmt er den Nachnamen Atatürk, »Vater der Türken«, an, den er außerdem per Gesetz für sich vorbehaltlos reservieren lässt. Atatürk: Es kann nur einen geben.

Aus den Resten des Osmanischen Reiches formt Atatürk einen modernen republikanischen Staat, in dem religiöse Machtbefugnisse stark beschnitten sind. Das Kalifat ist mit dem Zusammenbruch des Osmanischen Reiches bereits abgeschafft. Im muslimisch geprägten Land lässt Atatürk darüber hinaus nicht nur religiöse Orden und Parteien verbieten. Atatürk setzt ein Kopftuchverbot an Schulen, Universitäten, Behörden und in Gerichtssälen durch, untersagt Polygamie und schafft eine staatliche Religionsbehörde, die nun für den Unterhalt der Imame und Moscheen verantwortlich ist. Der traditionellen und weithin praktizierten Lebensweise seiner Landsleute setzt er bedingungslosen Fortschrittsglauben und einen unermüdlichen Modernisierungswahn entgegen.

Atatürk schafft das arabische Schriftsystem ab, das im Osmanischen Reich über Jahrhunderte benutzt wurde, und führt das lateinische Alphabet und den gregorianischen Kalender ein. Er ersetzt die Scharia durch ein bürgerliches Recht, stellt Frauen und Männer gesetzlich gleich, vereinheitlicht das Schulwesen. Auf seinem Modernisierungskreuzzug ist Atatürk gewissenhaft, betrachtet jedes Detail. So verbietet er den Fes, eine traditionelle und beliebte Kopfbedeckung, die ebenfalls aus der Zeit des Osmanischen Reiches stammt. Auf den Kopf eines türkischen Mannes gehört nun ein westlicher Hut. Mit dieser Idee verabschiedet Atatürk 1925 das Hutgesetz, das das Tragen sämtlicher orientalischer Kopfbedeckungen verbietet.

In der Republik gibt es Neuerungen auf allen Ebenen. Der Laizismus, die Trennung von Religion und Staat, wird eingeführt, Klassenstände sollen im Interesse des Volkes überwunden werden, partielle staatliche Lenkung der Wirtschaft soll die Defizite der türkischen Infrastruktur aufheben. Reformen und der Fortschrittsgedanke sind als Ideologie ebenso in der Verfassung verankert wie ein durchgreifender Nationalismus, der sich gegen einen Vielvölkerstaat und ein religiöses Staatskonzept ausspricht. Der Islam ist nicht länger identitätsstiftend. Als Grundlage des neuen türkischen Nationalismus gelten eine gemeinsame Sprache, das Türkische, und eine gemeinsame Vergangenheit, für die auch gerne die Geschichte des Landes verbogen wird. Atatürk schert sich nicht um Rassen und Religion. Sie dienen nicht seinen Vorstellungen der Zusammengehörigkeit. Atatürks Regierungsstil kennt nur zwei Attribute: »türkisch« und »nicht türkisch«. Es ist ein Affront gegen alle Minderheiten, die auf dem Staatsgebiet leben. Kurden, Armenier, Griechen – sie alle werden herausgefordert, ihre eigene Identität zugunsten einer türkischen Gemeinschaft, einer türkischen Nation aufzugeben. Bis heute sprechen an türkischen Schulen die Schüler einen Morgenappell, der mit den Worten Atatürks endet: »Wie glücklich derjenige, der sagt ›Ich bin Türke‹!« Atatürks Ideologie einer geeinten und modernen türkischen Nation, der Kemalismus, steht vom ersten Schuljahr an auf dem Lehrplan.

Von Serdar erfahren wir das alles nur in geschönten Auszügen. Für ihn und die meisten seiner Landsleute ist Atatürk der vielleicht größte Staatsmann des 20. Jahrhunderts. Die Masse verehrt ihn abgöttisch, ist ihm dankbar für die Republik und den Modernisierungsprozess, der einen monarchischen Bauernstaat in wenigen Jahren mit schwungvollen Sozialreformen beseelte. Atatürk ist damals wie heute ein Süperstar – ein unfehlbarer, ewiger Held. Ohne ihn und seine Vision wäre die heutige Türkei nicht denkbar. Seine Person ist schon zu Lebzeiten ein Mythos, der bis heute ungebrochen ist. Für die ethnischen Minderheiten im Land, für die Griechen, Armenier und vor allem die Kurden, aber auch für gläubige Muslime ist die Gründung der türkischen Republik dagegen ein Trauma.

Über Jahrzehnte spielt sich türkische Politik stets im Schatten Atatürks ab. Doch mittlerweile strahlt ein neues Licht auf der politischen Bühne. Ein ehrgeiziger Mann, der heute in Ankara regiert: Recep Tayyip Erdoğan. Wie Atatürk kommt auch

Erdoğan aus einfachen Verhältnissen. Wie Atatürk ist auch Erdoğan ein charismatischer Stratege, dem das Volk schon bald zujubelt. In seiner Kindheit spielt er in den Gassen Istanbuls Fußball, später lernt er an Islamschulen, steigt in die Politik ein, wird 1994, mit gerade 40 Jahren, Oberbürgermeister von Istanbul. In einer Zeit, in der die Islamfeindlichkeit dank Atatürk'scher Reformen im Land hoch ist und gläubige Muslime ständigen Diskriminierungen ausgesetzt sind, verspricht seine Karriere trotz oder gerade wegen der bekennenden Religiosität durchaus erfolgreich zu verlaufen. Erdoğan ist niemand, der sich anpasst, und das gefällt dem Volk. In der säkularen Türkei vertritt der religiös-konservative Politiker ganz eigene Ansichten, die er nur selten für sich behält.

Er ist nicht einmal vier Jahre im Amt des Oberbürgermeisters, da zitiert er öffentlich ein Gedicht des osmanischen Schriftstellers Ziya Gökalp mit den Worten »Die Minarette sind unsere Bajonette, die Kuppeln sind unsere Helme, die Moscheen sind unsere Kasernen«. Erdoğan wird weiterhin Sätze sagen wie »Die Demokratie ist nur der Zug, auf den wir aufspringen, bis wir am Ziel sind« und damit viel Misstrauen der Eliten und des Militärs ernten. 1998 wird er zu einer Gefängnisstrafe wegen »religiöser Hetze« verurteilt und muss vier Monate hinter Gitter. Damals heißt es, Erdoğan sei politisch erledigt. Doch es kommt anders.

Aus der Haft entlassen gründet Erdoğan 2001 die »Partei für Gerechtigkeit und Entwicklung« (AKP), die bereits bei den Parlamentswahlen im Folgejahr die meisten Wählerstimmen für sich gewinnen kann. Im Zug des demokratisch errungenen Sieges verfügt die AKP eine Änderung der Verfassung, die es Erdoğan erlaubt, wieder am politischen Leben teilzunehmen – diesmal als Ministerpräsident.

Mehr als zehn Jahre danach hat er die Türkei umgekrempelt: neues Strafrecht, neue Regeln für die Wirtschaft, mehr Rechte für Frauen und religiöse Minderheiten. Doch folgen Erdoğans Reformen keiner Hauruckmentalität, wie es unter Atatürk der Fall war. Er nimmt sich Zeit, sein Umsturz kommt in Raten, ist politisch überlegt und langfristig geplant. Ein wirtschaftlich solider Kurs versetzt das Land in Aufbruchstimmung. Einer, der totgesagt wurde, hat es mit Ausdauer bis an die Spitze des Staates geschafft.

Atatürks Leitspruch »Ich bin die Türkei« setzt auch Erdoğan erfolgreich um. Er ist die Türkei! Im Ausland kennt man nur sein Gesicht, und auch im Inland betreiben er und seine AKP mit überdimensionalen Plakaten und Bildern einen gewaltigen Personenkult. Erdoğan ist der mächtigste Türke seit dem Gründervater Mustafa Kemal Atatürk und wird nicht weniger verehrt. Sein Umfeld ist ihm bedingungslos ergeben.

Erdoğans Politik ist so autokratisch wie die Atatürks. Er steht allein an der Spitze und sorgt dafür, dass dies so bleibt. Notfalls ändert er sowohl die Verfassung als auch das politische System im Land. Erdoğan rüttelt an den Grundfesten der Republik, und das ist gefährlich. Atatürk, der Staatsgründer, ist noch immer ein Held, das türkische Militär fühlt sich noch immer als Bewahrer und Verteidiger seiner Ideale. Erdoğan hat dagegen andere Pläne. Unter seiner Ägide wird Religiosität wieder salonfähig, der Islam kehrt in den Alltag zurück. Dabei argumentiert die Regierung, gleiches Recht für alle herzustellen, auch für die fromme Bevölkerung.

Das von Atatürk in öffentlichen Einrichtungen verbannte Kopftuch ist wieder zurück. Gerade hierin unterscheiden sich der erste und der zwölfte Präsident der Türkei. Die Kopftuchfrage ist in der Türkei hoch politisiert. Sie symbolisiert die Abgrenzung Erdoğans zu alten Eliten und seine Stellung als Erneuerer des Landes, ebenso wie sie es für Atatürk tat – nur unter entgegengesetzten Vorzeichen.

Doch anders als Atatürk greift Erdoğan weniger ins kulturelle und religiöse Leben ein. Erdoğan ist ein Geschäftsmann. Mit ihm blüht die türkische Wirtschaft auf. Unzählige Bauprojekte werden gestartet und überraschend schnell auch beendet. Seine Ideologie ist geprägt vom Wunsch eines bedingungslosen Wachstums. Straßen, Brücken, Flughäfen, Wolkenkratzer – der türkische Bauboom macht vor allem Unternehmerfreunde des Präsidenten reich. In diesem Klüngel sehen die konservativen anatolischen Stammwähler der AKP, die Stammwähler Erdoğans, jedoch kein Problem. Sie feiern ihr Idol als den »Vater des türkischen Wirtschaftswunders«. Seit er regiert, hat sich das Pro-Kopf-Einkommen im Land verdreifacht. Im öden Flachland Zentralanatoliens entstehen riesige Industriegebiete, die Türkei wird zum Exportland, eine neue Mittelschicht entsteht.

An der Macht gibt sich Erdoğan pragmatisch und volksnah. Er schafft es von ganz unten an die Spitze der Türkei und erntet damit Anerkennung. Er ist ein Idol für alle gläubigen Muslime, die Armen und die Landbevölkerung. Er manipuliert die Massen geschickt, gibt den unterschiedlichen politischen Gruppierungen, aber auch dem religiösen Lager das Gefühl, für ihre Belange eintreten zu wollen. Dafür erhält er Zustimmung von Konservativen, Liberalen und Reformern. Seine Rhetorik ist national und religiös, seine Ankündigungen heißblütig und radikal. Erdoğan ist ein geübter Redner. Er weckt Emotionen, provoziert mit seinen Aussagen im In- und Ausland, gibt sich selbstbewusst und angriffslustig, schürt Ressentiments. Dafür lieben ihn die Türken. Erdoğan gibt ihnen das Gefühl, noch immer die wichtige und starke Nation zu sein; so wie es einst das Osmanische Reich war. Sich selbst sieht er in der Rolle des Sultans – alleinherrschend und mächtig. Ein Gebieter, der nur sich selbst Rechenschaft schuldig ist. Bereits 2012 erklärt er, dass Regierung, Parlament und Justiz zu oft gegeneinanderarbeiten würden. Die

Gewaltenteilung ist in Erdoğans Vorstellung kein Kontrollinstrument, sondern nur Behinderung für eine effiziente Machtgestaltung. Er strebt ein Präsidialsystem an, in dem er allein an der Spitze der Macht steht. Die Gesetzgebung, ausführende Gewalt und Rechtsprechung sollen ihm faktisch unterstellt sein. Erdoğan agiert taktisch klug. Sich der Unterstützung der Massen gewiss, lässt er sein Vorhaben 2017 mit einem Referendum vom Volk legitimieren.

Widerworte duldet er nicht, von niemandem. Weder von Demonstranten noch von der Opposition noch von den Medien. Erdoğan erzieht sein Land mit Twitter-Sperren, größeren Befugnissen für die Polizei, Druck auf Journalisten und andere Parteien wie die prokurdische HDP. Seine Herrschaft ist persönlich. Sein Führungsstil ist dem Atatürks nicht unähnlich. Autokratie, Diskriminierung, Unterdrückung, Angriffe auf die Pressefreiheit – all das gab es auch schon unter dem Vater der Türken. Erdoğans zentralistischer Führungsstil und der Personenkult um ihn gehören dazu, und es sieht nicht so aus, als ob sich bald etwas ändern würde. Schon jetzt ist Erdoğan länger an der Macht als jeder andere Politiker vor ihm in der Türkei.

Erdoğan hält die Zügel in der Hand, und niemand ist in der Lage, sie ihm zu entreißen. Korruptionsvorwürfe gegen seine AKP konnte er schadlos abwehren. Demonstrationen gegen seine autokratische Regierung belasten ihn kaum. Gesetze interessieren ihn nur, wenn sie ihm nutzen. Als das oberste Verwaltungsgericht in Ankara 2013 den Bau des neuen Präsidentenpalastes in einem Naturschutzgebiet untersagt, kontert der Präsident lässig: Der Richter solle ihn doch abreißen lassen, wenn er die Macht dazu habe. Kurze Zeit später erklärt Erdoğan das Naturschutzgebiet zu einer Bauzone. Die Machtprobe gelingt. Faktisch ist der Bau illegal, aber Erdoğan zeigt, dass er über dem Gesetz steht.

Seine neue Residenz, der Aksaray, der weiße Palast, ist eine architektonische Wiedergeburt osmanischer Machtdemonstration, zumindest ist es das, was Erdoğan sich wünscht. Andere nennen das Projekt größenwahnsinnig. 40 000 Quadratmeter, mehr als fünf Fußballfelder, umfasst das Gebäude. Es ist damit sechsmal größer als das Weiße Haus in Washington. 280 Millionen Euro kostet das Anwesen mit seinen 1000 Zimmern, unterirdischen Fluchtwegen und einem abhörsicheren Bunker, der Schutz vor Bomben und Chemiewaffen bietet.

Der Palast ist schier gigantisch. Eine achtspurige Straße führt in Richtung der riesenhaften Säulen und weiten Spitzdächer des mächtigen Gebäudes. Unnatürlich groß ragt es in den Himmel. Von dem Naturschutzgebiet fehlt jede Spur.

Entlang der türkischen Schwarzmeerküste

Wir verlassen Ankara mit dem Nahverkehrsbus in Richtung Susuz, am Stadtrand der Hauptstadt. Da wir den Vormittag damit verbrachten, in der iranischen Botschaft unsere Visa für die geplante Weiterreise ins östlich gelegene Nachbarland abzuholen, sind wir mittlerweile spät dran. Eigentlich wollen wir noch einige der 230 Kilometer bis in die Kleinstadt Safranbolu zurücklegen, doch daraus wird nichts mehr. Als wir Susuz erreichen, steht die Sonne bereits tief am wolkenverhangenen Himmel. Also schlagen wir unser Zelt auf einem Grünstreifen neben einer Tankstelle am Straßenrand auf. Den gutmütigen Blick des Tankwarts deuten wir als unausgesprochenes Einverständnis, und nur wenig später bringt er uns zwei dampfende Gläser Çay.

Am nächsten Morgen sind wir schon früh wach. Draußen streicht ein leichter, frostiger Wind über das Gras. Als wir unser Zelt öffnen, dringt eisige Kälte zu uns herein. Der Berufsverkehr heult bereits an uns vorbei, die Tankstelle füllt sich, Lkw-Fahrer beobachten uns interessiert aus der Ferne. Als wir Zelt und Schlafsäcke in unseren Rucksäcken verstaut haben, lädt uns einer von ihnen zum Frühstück ein. Der Mann ist nicht besonders groß, aber ausgesprochen kompakt gebaut. Der einschüchternde Typ sieht aus wie ein Schläger und spricht darüber hinaus kaum ein Wort. Doch gemeinsam stärken wir uns mit Simits und Çay, und kurz darauf recken wir mit neuer Energie Daumen und Notizblock am Straßenrand in die Höhe. Auf dem Papier steht Safranbolu, und schon nach wenigen Minuten hält ein Pkw. Der Fahrer, Mehmet, trägt für sein Alter ein bisschen zu viel Gel im Haar, ist aber ein freundlicher, redseliger Zeitgenosse. Mit ihm machen wir uns auf den Weg ins 25 Kilometer entfernte Kazan. Vor uns liegt das Köroğlu-Gebirge, Teil des Pontischen Gebirges, das sich rund 1000 Kilometer entlang der Schwarzmeerküste erstreckt. Doch die Schnellstraße führt zunächst durch ein lang gestrecktes Tal, und so kommen wir schnell voran. Mehmet besitzt die belgische Staatsbürgerschaft, ein Umstand, den er der internationalen Liebesbeziehung seiner Eltern verdankt, und ist in Kazan als Bauherr tätig. Nach der Besichtigung einer Baustelle fahren wir weiter ins 170 Kilometer entfernte Karabük. Nun geht es ins Gebirge, die Straße wird kurviger, doch in den weichen Sitzen von Mehmets Limousine gleiten wir bequem durch die felsige Landschaft. Nach etwas mehr als zwei Stunden gemeinsamer Fahrt verabschieden wir uns von Mehmet in Karabük. Er besichtigt eine weitere Baustelle, wir stehen an der Straße nach Safranbolu. Es sind nur noch zehn Kilometer, die wir in Hasans Kleinwagen zurücklegen.

Safranbolu ist der wohl traditionellste Ort der Türkei. Ein verschlafenes Überbleibsel des Osmanischen Reiches, ein Schaustück sowohl türkischer als auch griechischer Tradition. Lange Zeit prägten hellenistische Händler und Handwerker die Kleinstadt. Zu Beginn des 20. Jahrhunderts war jeder fünfte Einwohner Safranbolus Grieche. Doch mit dem Erstarken des türkischen Nationalismus unter Kemal Atatürk und als Folge des Vertrags von Lausanne 1923 wurde die griechische Gemeinde gezwungen, nach Griechenland umzusiedeln. Seitdem hat sich in den Straßen von Safranbolu kaum etwas verändert. Dreistöckige Fachwerkhäuser mit roten Ziegeldächern reihen sich hier im schmalen Tal entlang der Hänge, gewundene Kopfsteinpflastergassen führen an ihnen vorbei, Süßigkeitenverkäufer locken mit Leckereien. Atmosphärisch wirkt Safranbolu wie ein lebendiges Museum. Besonders einheimische Touristen sind schwer begeistert von der kleinen Stadt, die aussieht, als würde sie aus einem Märchenbuch stammen. Safranbolu erinnert mit seiner Architektur noch immer an die Schauplätze osmanischer Geschichten und Legenden. Restaurants und Souvenirgeschäfte lockern das mittelalterliche Ambiente und geben der Kleinstadt den illusorischen Charme einer gepflegten Ferienanlage.

Rund 100 Kilometer vom Schwarzen Meer entfernt war Safranbolu jahrhundertelang eine bedeutende Handelsstation auf dem Weg von der Küste ins Landesinnere. Überwiegend im 18. Jahrhundert errichtet, sind bis heute fast alle Moscheen, Koranschulen, Hammams und Wohnhäuser erhalten geblieben. Besonders die Villen der reichen Kaufleute und die Karawansereien prägen noch immer das Bild Safranbolus. Traditionelles Fachwerk ruht auf steinernen Sockeln. Hölzerne Fensterläden und kunstvoll gestaltete Türen verzieren die Gebäude. Vertäfelte Decken schmücken ihr Inneres.

Doch Safranbolu war nicht nur ein Umschlagplatz. Auch Handwerker ließen sich hier nieder, errichteten Moscheen, schneiderten Kleidung, töpferten Krüge und Kelche, flickten Schuhe. Ihre Arbeit war so herausragend, dass die Handwerker sogar den osmanischen Hof belieferten. Safranbolu zehrt noch immer von diesem Erbe. Die Traditionen leben weiter. Das Handwerk ist ein wichtiger ökonomischer Zweig in der Stadt, auch wenn es mit dem Tourismus nicht mithalten kann. Wer heute nach Safranbolu reist, sucht vor allem eine Auszeit von der modernen Welt.

Die Kulisse ist verführerisch. Sonnenstrahlen funkeln in Fensterscheiben, rote Ziegeldächer ragen über weiß getünchten Wänden empor. Tagelang schlendern wir über das Kopfsteinpflaster der historischen Gassen, trinken Çay in kleinen Restaurants, lutschen an Zuckerstäben, beobachten Katzen, die sich im wärmenden Licht der Nachmittagssonne die Pfoten lecken. Safranbolus Rhythmus ist gediegen, unaufgeregt mit einem impressionistischen Hang zur Romantik. Abends, wenn die winterliche Kälte durch die schmalen Gänge zieht, sitzen wir um Feuerschalen und rauchen, in dicke Decken gehüllt, Wasserpfeife.

Von Safranbolu trampen wir schließlich ein paar Kilometer Richtung Kastamonu und finden eine Mitfahrgelegenheit nach Türkeli am Schwarzen Meer. Mit unserem weißbärtigen Fahrer rumpeln wir in seinem klapprigen Gefährt durchs Gebirge. Wir kommen nur mäßig vorwärts. Für die 230 Kilometer bis nach Türkeli benötigen wir einen halben Tag. Erst gegen 15 Uhr erreichen wir das Schwarze Meer. Leichte Wellen wogen hier gegen die sanft abfallende Küste. Türkeli ist eines dieser Dörfer, in dem nichts zu passieren scheint, wohin offensichtlich niemand will und das nicht einmal als Durchgangsstation taugt. Trotz der 6000 Einwohner gibt es keinen Verkehr. Niemand nimmt uns mit, und so schleppen wir unsere Rucksäcke aus Türkeli hinaus, entfernen uns entlang der schmalen Landstraße vom Ufer des Schwarzen Meeres. Die Küstenausläufer des Pontischen Gebirges ragen vor uns auf. Das Licht der immer tiefer stehenden Sonne lässt die Bergspitzen in weichem Rot leuchten. Zwei Stunden wandern wir entlang der Straße, ohne dass sich auch

nur ein nennenswertes Fahrzeug nähern würde. Es sind nur
noch vereinzelte Häuser, die jetzt die Straße säumen. Menschen
sehen wir keine, dafür erregen wir die Aufmerksamkeit der zum
Glück angeketteten Hofhunde, die wütend ihre Territorien verteidigen.

Die Rucksäcke wiegen schwer, die Sonne neigt sich dem Horizont zu, und es sieht so aus, als ob uns eine weitere Dezembernacht im Zelt bevorsteht. Der Gedanke allein frustriert uns. In
Momenten wie diesem ist es schwer, den Reiz des Trampens zu
erklären. Warum machen wir so einen Quatsch überhaupt? Gerade als sich unsere Stimmung der Temperatur anpasst, hält ein
alter russischer Lada. Am Steuer sitzt Ibrahim, auf der Rückbank
ein gigantischer schwarzer Schäferhund, der uns mit wedeln-
dem Schwanz mustert. Ibrahim fährt nur ein paar Kilometer weiter ins nächste Dorf, zermartert sich aber trotzdem den Kopf,
wie er uns helfen kann. Wir sind seine »Kollegen«, eines der
wenigen deutschen Worte, die er aus seiner Zeit als Gastarbeiter
in Deutschland behalten hat. Aber auch Ibrahim hat keine Idee,
wie wir aus unserer misslichen Lage entkommen. Wir wollen
uns verabschieden, um ihn nicht weiter zu belasten. Doch da lädt
der alte Mann uns zu sich nach Hause ein. Wir sollen die Nacht
nicht im Freien verbringen. Das wäre viel zu kalt!

Auf der Rückbank freut sich der Schäferhund über unsere
Gesellschaft. Sich seiner Größe offensichtlich nicht bewusst,
dreht er schwanzwedelnd wilde Kreise und marschiert dabei
immer wieder über uns und unser Gepäck. Ein paar Kilometer
weiter sind wir in Ayaz, dem Dorf, in dem Ibrahim zusammen
mit seiner Frau in einem zweistöckigen Einfamilienhaus lebt.
Beide sind wahrscheinlich um die 70 Jahre alt. Seine Frau, eine
kleine, rundliche Gestalt mit Kopftuch und Strickweste, spricht
kein Wort mit uns, erwidert unseren Gruß aber stets mit einem
warmen Lächeln und serviert uns eine riesige Portion gebratener

Sardellen, eine Spezialität der Region. Schon seit vielen Generationen ziehen die Fischer die kleinen Fische in großen Schwärmen aus dem nahe gelegenen Schwarzen Meer. Ihren Fang nennen sie hier Hamsi.

Ibrahim sitzt auf einem Hocker und erzählt von seiner Zeit in den 1960er-Jahren in Deutschland. Zumindest so gut es sein Sprachschatz noch zulässt. Mehr als 50 Jahre liegt sein Aufenthalt bereits zurück. Damals war er in Herne und Bochum beschäftigt, doch das Heimweh rief ihn schon nach wenigen Jahren wieder zurück ans Schwarze Meer. Ibrahim bereut den Schritt nicht. Er lebt gerne in der Türkei, im Land seiner Väter, wie er es nennt. Wenig später ziehen wir uns zurück. Die Nacht verbringen wir im Gästezimmer unter dicken Decken, und am nächsten Morgen erwarten uns bereits heißer Çay und duftendes Börek. Als wir die Küche betreten, steht Ibrahim vor einem Metallfass, das er mit Holzscheiten befeuert und auf dessen heißer Metallplatte unser Frühstück brutzelt.

Am frühen Vormittag verlassen wir Ibrahim und seine Frau etwas wehmütig. Ihre Gastfreundschaft bewahrte uns nicht nur vor einer kalten Nacht, sondern bescherte uns auch noch die angenehme Behaglichkeit, die nur Großeltern verströmen können. Wir trampen über Ayançik an der Schwarzmeerküste entlang nach Sinop. Dort genießen wir für eine Weile die warme Mittagssonne, dann geht es mit Mehmet weiter. Der Geschäftsmann fährt in seinem Transporter gerade eine üppige Ladung Teppiche durch das Land. Doch für uns und unser Gepäck schafft er noch etwas Platz, und gemeinsam fahren wir 160 Kilometer bis nach Samsun. Mehmet trägt einen grauen Anzug, Hemd und Krawatte. Er sieht so aus, als würden seine Geschäfte erfolgreich laufen. Am Ringfinger seiner linken Hand funkelt ein massiver Goldring, der mit einem roten Edelstein besetzt ist. Mehmet ist ein angenehmer Geselle mit ruhiger Stimme. Er erzählt stolz von seiner Familie, von der achtjährigen Tochter und dem vier Jahre älteren Sohn, Züleyha und Mustafa. Außerdem von all den Schönheiten, die wir uns in der Türkei noch unbedingt anschauen sollten. Von Kars und Ani, vom See Van, von Doğubeyazıt und dem Ishak-Pascha-Palast. Dazwischen zeigt er immer wieder auf etwas am Straßenrand, erzählt lokale Geschichten. Auch wir berichten von unserer Reise, beschreiben unsere Route kreuz und quer durch die Türkei. Mehmet hört uns aufmerksam zu, während die Rauchschwaden seiner Zigarette durch einen schmalen Spalt im Fahrerfenster nach draußen ziehen. Je länger wir uns unterhalten, desto mehr Empathie entwickelt Mehmet für uns. So wie Ibrahim macht auch er sich Gedanken, wie wir Winter und Kälte mit einer Ausrüstung trotzen können, die lediglich in zwei Rucksäcke passt.

Als wir Samsun kurz nach 15 Uhr erreichen, lädt uns Mehmet zu einem Çay in sein Stammrestaurant ein. Hier halten uns Kellner in gestärkten Hemden die Türen auf, und wir fühlen uns in unserer praktischen, nicht mehr ganz sauberen Kleidung des Ambientes unwürdig. Außerdem machen uns zu vorgerückter Stunde Winter und Kälte Sorgen. Doch Mehmet besteht darauf, uns einzuladen, und Çay und Kadaifi, eine Süßspeise aus dünnen Teigfäden, Zuckersirup und Nüssen, vertreiben alle trüben Gedanken für den Moment. Gegen 16 Uhr fährt uns Mehmet an den Stadtrand von Samsun. Der Verkehr ist sehr spärlich, aber mit Einbruch der Dämmerung hält ein Pkw mit drei gut gelaunten jungen Männern, die ins etwa 70 Kilometer entfernte Terme unterwegs sind. Gemeinsam fahren wir in die Nacht hinein.

Kurz vor Terme lassen wir uns an einer Tankstelle auf der Schnellstraße absetzen. Hier ist nun jede Chance auf eine Weiterfahrt vertan. Eisige Kälte kriecht unter unsere Kleidung. Etwas abseits, zwischen der Tankstelle und einer Werkstatt, bauen wir unser Zelt auf einer Wiese auf. Es hilft ja nichts. Die Nacht ist schweinekalt. Bis zum Morgengrauen sind wir damit beschäftigt, zu zittern und zu bibbern, zu schlottern und zu frieren. An Schlaf ist nicht zu denken. Das Thermometer zeigt noch immer zwei Grad unter null, als wir uns morgens aus den Schlafsäcken quälen. Mit steifen Händen bauen wir unser halb gefrorenes Zelt ab und wärmen uns im Restaurant der Tankstelle mit Toast und Çay, bis der morgendliche Berufsverkehr die Schnellstraße vor der Fensterfront füllt.

Gegen acht Uhr haben wir Glück. Zwei Männer aus Trabzon nehmen uns gerne die übrigen 260 Kilometer bis in ihre Heimatstadt mit. In dem Minivan ist es angenehm warm, die Rückbank ist bequem, und in wenigen Minuten fallen wir in einen Schlaf, den uns die vorherige Nacht nicht zu bieten bereit war. Erst kurz vor Trabzon kommen wir wieder zu uns. Mittlerweile steht die Sonne schon hoch am Himmel, und ein weites blaues Meer erstreckt sich nur wenige Meter entfernt zu unserer Linken.

In Trabzon treffen wir Barboros in einem Franchise-Café in der Fußgängerzone rund um die Kahramanmaraş Caddesi. Barboros ist Manager der Filiale und unser Gastgeber in Trabzon. Er ist groß wie ein Schrank und feist wie Schokopudding. Mehr als Fast Food bekommt er selten in die Finger, dafür reicht ihm nicht die Zeit zwischen Tagesabrechnungen, Kalkulationen, Lieferbestellungen und was sonst noch so an einem Arbeitstag anfällt. Momentan erreicht dieser gerne mal die 16-Stunden-Grenze, weshalb Barboros in letzter Zeit häufig in seinem Büro im Café übernachtet, um die Zeit für den Weg nach Hause zu sparen. Barboros ist ein anstrengender Charakter. Er spricht aus, was er denkt, kommt dabei aber oft arrogant und selbstgefällig rüber. Barboros knirscht ständig mit seinen Zähnen, und wenn er den rechten Ärmel aufkrempelt, können wir in fett tätowierten gotischen Minuskeln ›Mein Kampf‹ auf seinem Unterarm lesen. Ein Umstand, der uns weiter irritiert. Dabei will Barboros gar kein

Nazi sein. Er selbst findet jedoch, dass es viele Ähnlichkeiten zwischen seinem Leben und der Biografie Hitlers gibt. Auch sein Werdegang, so Barboros, sei ein Kampf, und die Tätowierung ein Ausdruck dessen. Doch trotz seiner eigenwilligen Art, die manchmal nur zu ertragen ist, wenn man sie ignoriert, gehört Barboros zu den aktivsten Couchsurfern in Trabzon. Bei ihm lernen wir Vlada und Lev aus der Ukraine kennen, ein kreatives Paar, das sich vor allem visuell austobt. Vlada ist eine begeisterte Fotografin, die immer eine transparente Hartplastikscheibe mit sich trägt, um mit dieser nach Belieben Lichtreflexe in ihre Fotos zu zaubern. Lev hingegen zeichnet alles, was er sieht, in kleine Comicbilder.

Außerdem gehört Gwendel aus Frankreich zu unserer Gruppe. Er reist wie wir per Anhalter von Europa über die Türkei bis in den Iran und plant seinen Weg über Zentralasien und China bis nach Südostasien. Auch Gwendel ist ein Künstler. Ausgestattet mit einer Ukulele zieht er klimpernd und singend von Ort zu Ort und erfreut als moderner Barde die meist völlig verdutzten Einheimischen mit seiner Musik. Mit Gwendel verstehen wir uns sofort. Ihn umgibt die ruhige Aura der Ausgeglichenheit. Vom kleinen Balkon in Barboros' Dachgeschosswohnung betrachten wir zusammen den nahen unter uns liegenden Hafen. Hier werden alle Güter aus Georgien, Armenien und Aserbaidschan umgeschlagen. Es riecht nach Meersalz und Schweröl. Vom unteren Ende der Straße dringt der muslimische Ruf zum Gebet aus den Lautsprechern eines schlanken Minarettes zu uns herüber. Hinter dem Hafen erhebt sich Trabzon in steilen Gassen und kurvigen Straßen. Fleckige mehrstöckige Häuser stehen eng beieinander. Farbe blättert vom Putz, Putz bröckelt von den Wänden. Vom Regen verwaschene Graffitis prangen neben verwitterten Fensterrahmen, in denen stumpfes Glas den Blick trübt. Rostige Metalltore und Rollläden verschließen Eingänge und Türen. Grauer Beton, massive Fenstergitter, eingestürzte Ziegeldächer, schmutzige Satellitenschüsseln, zerkratzte Karosserien parkender Autos – Trabzon verführt zum Abdriften in die Melancholie. Das trübe Winterwetter trägt seinen Teil dazu bei. Doch selbst im Verfall herrscht eine stolze Atmosphäre. Trabzon gehört sich selbst. Weit entfernt von den Zentren Istanbul und Ankara kümmern sich die Menschen hier wenig um den Rest des Landes. In Trabzon schlendert man einfach durch die verwinkelten Marktgassen und Fußgängerstraßen oder um den Platz Atatürk Alanı und genießt das Leben an der Schwarzmeerküste. In den Sommermonaten, so heißt es, vibriere die Stadt, dann spielen Musiker und Theatergruppen vor der Statue Kemal Atatürks. Aber auch jetzt, Mitte Dezember, ist sie keineswegs ausgestorben. Der Strom der Einheimischen fließt ungebrochen. Junge Frauen in engen Jeans und hohen Stiefeln bummeln an den Schaufensterfronten vorbei. Coole Typen tragen unter offenen Daunenjacken das bordeauxrote Trikot des Trabzonspor Kulübü, des einzigen Fußballvereins im Land, der den großen Clubs aus Istanbul regelmäßig ein Bein stellt. Wir flanieren umher, essen einen Simit oder Kumpir, gefüllte Backkartoffeln, und beobachten die Menschen. Trabzon hat seinen eigenen Rhythmus, seinen eigenen Groove. In Trabzon scheint man sich des eigenen Seins bewusst zu sein. Die Nähe des Meeres mag dazu beitragen. Obwohl Trabzon mit rund 300 000 Einwohnern verhältnismäßig klein ist, besitzt die Hafenstadt einen weltgewandten Charakter. So schnell bringt die Menschen hier nichts aus der Ruhe.

Als die Sonne untergeht, schwappt ein Menschenmeer in Cafés und Restaurants und ergießt sich letztendlich auf den Atatürk Alanı. Hier sitzen wir mit Gwendel, Vlada und Lev unter einer Straßenlaterne ganz in der Nähe der Atatürk-Statue. Aus Dönerläden zieht ein würziger Duft zu uns herüber. Den halben

Tag haben wir miteinander in Barboros' Café verbracht. Jetzt haben wir Lust auf einheimisches Leben. Schon als die ersten Töne auf Gwendels Ukulele erklingen, beobachtet man uns neugierig. Junge Männer verlangsamen ihre Schritte, bleiben stehen, knuffen einander in die Rippen, deuten in unsere Richtung. Ältere Herren mit Schal, Brille, Hut und Jackett schlendern an uns vorbei. Sie tragen die Tageszeitung von heute Morgen noch immer unter dem Arm. Andere spielen mit ihren Tasbihs. Gegenseitig untergehakt spazieren sie in großen Kreisen um uns herum. Sie alle schenken uns ihre Aufmerksamkeit. Für die meisten Männer und die wenigen Frauen, die unterwegs sind, sehen wir offenbar unglaublich aus. Dass wir hier in einer kalten Dezembernacht musizieren, macht uns noch interessanter. Gwendel haut alle Klassiker aus seinem Repertoire heraus. »Imagine«, »Hey Jude«, »While My Guitar Gently Weeps«, »House Of The Rising Sun«, »Creep« – der ganze Lagerfeuer-Hippie-Sampler in einem Durchgang. Mittlerweile sind wir von gut 20 Personen aus mehreren Generationen umringt. Es sind die etwa 40-Jährigen, die aus ihren Hosentasche Münzen fischen und in einen Hut werfen, den Vlada ihnen lächelnd entgegenhält. Einer von ihnen bittet um etwas Französisches, doch Gwendel scheitert. Was unseren Freund in dieser Nacht allerdings zur Legende macht ist Gangsta-Rap. Kling, kling, kling, kling, kling, kling, kling, kling – auf der Ukulele zupft er unter der Straßenlaterne die ersten Takte eines der größten Westküstenklassiker: »Still D.R.E.«. Das verleiht uns eine gehörige Portion Street Credibility. Wir sind cool. Und wir haben Geld. Also machen wir uns auf den Weg zu Barboros' Café-Filiale, um das eben Verdiente fresh gegen Leckeres einzutauschen. Still not lovin' police! Cappuccino und Schokokuchen vernichten wir mit einer angemessenen Gangsterattitude, die Dr. Dre und seine N.W.A. erblassen lassen würde.

Zwei Tage später verlassen wir Trabzon am frühen Morgen, kehren zurück ins Landesinnere und tasten uns langsam vor in Richtung des Iran.

Kars und Ani – die Provinz im Winter und die Ruinen einer Metropole

Die Nacht war zu kurz, wenn ich meinem Spiegelbild Glauben schenke. Am frühen Morgen stehen wir mit Gwendel, dem französischen Ukulelespieler, an der Straße nach Erzurum. Es ist bitterkalt, und trotz Pullover und Jacke, trotz Wollmütze und Handschuhen zittern wir erbärmlich. Gemeinsam wollen wir Trabzon verlassen. Wir reisen weiter in den Nordosten der Türkei bis nach Kars. Am Straßenrand warten wir nur wenige Minuten, bis eine dreiköpfige Familie uns durch die Berge ins 270 Kilometer entfernte Erzurum mitnimmt. Gwendel blättert in einem kleinen Notizbuch und liest in gebrochenem Türkisch Sätze wie »Das Wetter ist schön«, »Ich komme aus Frankreich«, »Die Türkei ist ein tolles Land« vor. Seine Worte sind zusammenhanglos, aber sie hinterlassen Eindruck. Die wenigen Fetzen genügen, damit uns die Familie augenblicklich in ihr Herz schließt. Uns werden Pistazien und Orangen gereicht, und schon bald machen wir eine erste Çay-Pause am Straßenrand. Vor uns breitet sich das fantastische Panorama der schneebedeckten Gipfel des Pontischen Gebirges aus.

Nach etwa vier Stunden gemeinsamer Fahrt erreichen wir die Umgehungsstraße von Erzurum. Von dort aus nimmt uns Mesut, ein freundlicher junger Mann, in seinem Lastwagen ins 85 Kilometer weiter östlich gelegene Horasan mit. Dort lässt es sich Mesut nicht nehmen, mit uns zu Mittag zu essen. In einem Straßenrestaurant bestellt er für jeden von uns eine fettige Suppe mit undefinierbarer Einlage. Dazu stellt uns der Wirt eine riesige Plastikkiste voller Weißbrotscheiben auf den Tisch. Wir machen es Mesut nach, zerreißen das Brot und werfen es in die Suppe, wo es sich mit Fett vollsaugt. Dann löffeln wir die Brotsuppe, und eine wohlige Wärme strömt durch unsere Körper. Nach dem Essen verabschieden wir uns von Gwendel. Er reist mit Mesut weiter in Richtung Süden nach Doğubeyazıt und von dort in den Iran. Wir trampen dagegen nach Osten. Noch liegen 120 Kilometer zwischen uns und unserem Ziel Kars. Doch die Straße ist leer, grau und kalt. Schon bald zittern wir wieder am ganzen Leib. Doch wie überall in der Türkei können wir uns auch diesmal auf Hilfe verlassen. Emre ist es, der uns aus der Kälte rettet. Die Heizung in seinem Kleinwagen läuft auf höchster Stufe, und es dauert nur ein paar Minuten, bis wir die Kälte abschütteln. Dann erzählen wir von unserer Reise, und Emre ist ein begeisterter Zuhörer. Dass wir von Deutschland bis nach Kars per Anhalter fahren und noch viel weiter wollen, macht uns in seinen Augen zu richtigen Abenteurern.

Kars, auf einer Höhe von 1768 Metern gelegen, ist eine massive, eine melancholische Stadt. Graue verwaschene Gebäudeklötze stehen sich gegenüber. Vergilbte und von Feuchtigkeit gezeichnete Wände lehnen sich traurig aneinander. Zwischen ihnen führt ein Netz aus rutschigen Wegen, Gassen und Straßen hindurch.

Wir befinden uns an einem der äußeren Zipfel der Türkei. Von hier sind es 65 Kilometer nach Georgien und lediglich 45 Kilometer bis an die armenische Grenze. In den vergangenen Jahrhunderten regierten in der Region mal armenische Könige, dann stand sie unter seldschukischer Herrschaft. Später kamen die Mongolen und die Osmanen. Sie alle plünderten sich durch die Stadt, zerstörten Kars mehrfach. Auch die Armeen des russischen Zaren standen zwischen 1807 und 1878 gleich vier Mal vor den Toren Kars' und nahmen die Stadt bis zum Ende des Ersten Weltkrieges unter ihre Kontrolle. Anschließend wechselte Kars noch einmal von russischer in osmanische und weiter in armenische Gewalt, bis es nach vielen blutigen Kämpfen wieder unter osmanische Herrschaft geriet. Von all dem Hin und Her ist vor allem der Einfluss der russischen Vergangenheit erhalten geblieben. Festgehalten in Stein und Beton zieht er sich als architektonischer Stil durch die Stadt. Betont kantig und mächtig stehen die Gebäude in Reih und Glied. Der bolschewistische Eindruck lässt sich nicht verhehlen. Die Architektur ist eine Demonstration von Stärke. Prächtig oder elegant ist das nicht, aber eindrucksvoll allemal.

Wir treffen Osman in seiner großen Wohnung in einem Mehrparteienhaus. Die Küche ist der einzige geheizte Ort hier. In einem Kessel köchelt Wasser auf dem Gasherd. Ein Caydanlık, eine zweiteilige türkische Teekanne, steht auf dem Tisch, und Osman schenkt uns dampfenden Çay ein. Dabei gießt er zunächst aus dem oberen Behälter Tee, der so stark ist wie kolumbianischer Kaffee, in ein Glas und verdünnt diesen dann mit heißem Wasser aus der unteren Kanne.

Draußen beginnt es zu schneien. Leise Magie schwebt über den Gassen. In dicken Flocken sinkt sie vom Himmel, rein und leicht, legt sich langsam wie ein weiches Tuch über die Stadt. Wir schlürfen unseren Çay. Das heiße Getränk wärmt uns von innen, steigt bis in den Kopf, wo sich Müdigkeit breitmacht. Osman ist ein ruhiger, angenehmer Junggeselle. Seit zwei Jahren lebt er in Kars und arbeitet als Lehrer an einer der staatlichen Schulen. Versetzt vom Schulamt ist Osman nicht unbedingt freiwillig hier, wie er zugibt. Das Wetter, die Abgeschiedenheit in der Provinz – Osman hat sich damit arrangiert, doch die Stadt bereitet ihm nur wenig Freude. Viel lieber wäre er in Istanbul oder Izmir, in Adana oder Antalya – dort, wo das Leben in einem schnelleren Rhythmus tanzt. Gemeinsam schauen wir hinaus in den Schnee, schlürfen weiter den dampfenden Çay.

Auf einmal kommt Şeref, Osmans Mitbewohner, nach Hause. Mit ihm pfeift ein eisiger Schauer in die Küche. Şeref arbeitet in der Stadtverwaltung. Auch er ist nach Kars versetzt worden, doch anders als Osman ist Şeref gerne hier. Er wuchs in einem Dorf in der Nähe auf und freut sich, nun ganz nah seiner Heimat arbeiten zu können. Wenig später meldet sich Mustafa an. Er ist Osmans bester Freund in der Stadt und arbeitet wie unser Gastgeber an der gleichen Schule – als Sozialarbeiter. Zu fünft machen wir es uns um den großen Esstisch bequem, erzählen vom Leben, vom Reisen, von Wünschen und Träumen. Doch schon bald muss Osman zu einem Elternabend an seiner Schule. Wir bleiben mit Şeref und Mustafa in der Küche zurück. Die beiden jungen Männer musizieren für uns. Mustafa spielt seine cremefarbene Gitarre, und Şeref zupft eine Bağlama, ein traditionelles Saiteninstrument, das sowohl in der türkischen, kurdischen, armenischen, aserbaidschanischen als auch afghanischen Folkloremusik verwendet wird. Zusammen spielen sie ruhige, melancholische Melodien, die nach Weite, nach Steppe und nach Freiheit klingen. Dabei scheint die Bağlama das zum Instrument gewordene Kars zu sein. Auch die Stadt vereint viele kulturelle Einflüsse, nicht nur von Russen und Türken, sondern auch von Kurden, Azaris und Turkmenen. Sie alle tragen ihren Teil zur besonderen Atmosphäre der 80 000 Einwohner zählenden Stadt bei.

Am nächsten Morgen verlassen wir alle zusammen das Haus. Osman macht sich auf den Weg zur Schule, wir laufen unter einem klaren blauen Himmel an den Stadtrand, von wo wir bis nach Ani, der ehemaligen Hauptstadt eines längst untergegangenen armenischen Königreiches, trampen wollen.

Ein älteres Rentnerpaar nimmt uns in seinem klapprigen Wagen für einige Kilometer mit. Bereits nach drei Kilometern erreichen wir den Abzweig nach Ani, wo wir zu zwei Männern in einen Transporter steigen. Gemeinsam schaukeln wir die verbleibenden 50 Kilometer bis nach Ani hoch über der Landstraße durch die Steppe. Nach etwa einer Stunde steigen wir in dem kleinen Dorf Ocaklı aus. Hühner und Kinder flattern gleichsam aufgeregt zwischen den wenigen Gebäuden hin und her. Ein winziges Geschäft verkauft Zigaretten und andere Kleinigkeiten des täglichen Bedarfs.

Hinter dem Dorf erheben sich die gewaltigen Stadtmauern einer im Sturm der Geschichte untergegangenen Metropole: Ani. Auf einem Plateau an der türkisch-armenischen Grenze liegen die architektonischen Überreste dessen, was einst zu einer der bedeutendsten Städte der Welt gehörte. Heute verlieren sich die Ruinen in dem weiten Grasland. Ihre verfallene Anmut wirkt gespenstisch und lässt doch erahnen, welche Bedeutung Ani einmal besaß. Um das Jahr 1000 ist Ani eine der größten Metropolen der Welt. Damals leben hier etwa 100 000 Menschen. Ani, im 10. Jahrhundert Hauptstadt des Königsreichs der Bagratiden, einer der ältesten Herrscherdynastien aus dem Kaukasus, ist so mächtig und beeindruckend wie Konstantinopel zur gleichen Zeit. Unter armenischer Herrschaft gilt Ani als Stadt der 1001 Kirchen. Doch während die Stadt am Bosporus allen Wirren trotzt, verliert Ani Glanz und Ansehen, gerät in Vergessenheit. Heute peitscht der Wind über eine weite Fläche, die einmal von Händlern, Adligen und Reisenden entlang der Seidenstraße mit umtriebigem Leben erfüllt wurde. Viele Herrscher übernahmen nacheinander die Stadt, die sich heute direkt an der Grenze zwischen der Türkei und Armenien befindet. Die Byzantiner waren hier, die Seldschuken und georgische Könige. Erst die Mongolen beendeten im 13. Jahrhundert den ständigen Machtwechsel. Sie plünderten Ani und überließen die Stadt nach einem schweren Erdbeben 1319 ihrem Schicksal. Seitdem bröckeln die Prachtbauten vor sich hin. Die Stadt verfällt. Die Handelswege umgehen Ani, das nun dem Verlust seines Wohlstands tatenlos zusehen muss. Die Stadt kann sich nicht mehr erholen. Die Einwohnerzahl sinkt stetig, bis 1735 die letzten Verbliebenen, armenisch-katholische Mönche, die historischen Mauern verlassen. Ani ist nun eine Geisterstadt.

Heute stehen eingestürzte und verwitterte Ruinen verstreut auf dem felsigen Hochplateau. Es sind die Überreste der vielen ehemaligen Kirchen, Kapellen und Kathedralen der Stadt. Die Mauerreste von mehr als einem halben Dutzend Gotteshäusern recken sich noch immer in die Höhe. Sie verweigern sich dem nicht aufzuhaltenden Niedergang. Es sind die letzten Anzeichen einer einst prächtigen Stadt. Doch jetzt ist es in der Anlage still, beinahe unheimlich still.

Der Tag ist bereits weit vorangeschritten, als wir frierend und bibbernd eine Mitfahrgelegenheit Richtung Kars erwischen. Für das letzte Stück bietet uns eine Familie in ihrem Kleinwagen einen Platz an. Es ist bereits dunkel, als wir in Kars ankommen. In Osmans warmer Küche wartet bereits heißer Çay auf dem Herd. Durchgefroren lassen wir uns am Küchentisch nieder, und als das Blut in unseren Adern wieder zu pulsieren beginnt, machen wir das, was wir eigentlich in jeder Winternacht machen sollten. Wir füllen Äpfel mit Rosinen und Butter und garen sie im Backofen, bis ein köstlicher Duft durch die Küche zieht. Wir fühlen uns selig und an Osmans Küchentisch längst daheim.

Nasskalt liegt Kars in den Morgenstunden vor uns. Wie ein ange-
tauter Fisch in einer kaputten Kühltruhe. Nicht mehr frisch und
wenig vertrauenerweckend. Wir suchen einen Geldautomaten,
der uns neben türkischen Lira auch Euros auszahlt. Im Nachbarland Iran, dorthin wollen wir in wenigen Tagen reisen, ist unsere
Kreditkarte nutzlos. Als Folge europäischer und US-amerikanischer Sanktionen, die Irans Wirtschaft seit Jahren in einer schweren Krise halten, arbeiten ausländische Banken nicht mit iranischen Geldinstituten zusammen. Für uns bedeutet das, dass wir
unsere Reisefinanzierung für die nächsten zwei Monate in Bar-
geld realisieren müssen. Doch Kars lässt uns im Stich, nicht ein
einziger Geldautomat ist mit Euros bestückt.

Zu Fuß verlassen wir die kleine Provinzstadt also ohne Bar-
geld, und schon bald bietet uns ein älterer Herr eine Mitfahrgelegenheit in seinem Lieferwagen. Gemeinsam fahren wir nur
wenige Kilometer bis zu einer Tankstelle an der Straße nach
Iğdir. Von hier hoffen wir auf eine schnelle Mitfahrgelegenheit
nach Doğubeyazıt an der türkisch-iranischen Grenze. Mittlerweile ist es bereits Mittag, die Sonne steht hoch am Himmel,
doch es bleibt kalt. Wir haben augenscheinlich Glück. Eines der
ersten Autos, das uns passiert, hält. Im Inneren des dunklen Geländewagens sitzen zwei Männer in gut sitzenden Hemden und
mit mächtigen Armbanduhren auf weichen Ledersitzen. Die beiden versichern uns, ins rund 140 Kilometer entfernte Iğdir zu
fahren. Etwa 40 Kilometer vor Iğdir reicht uns der Beifahrer
plötzlich wortlos eine handgeschriebene Quittung für diese Mitfahrgelegenheit, deren Preis jenseits von Gut und Böse liegt. Wir
sind irritiert. Eigentlich ist das Konzept des Trampens auch in
der Türkei weit verbreitet. Aber wir erklären trotzdem gerne

noch einmal das Prinzip des bargeldlosen Reisens. Unser Gegenüber kratzt sich mit fleischigen Fingern den Kopf und halbiert den Fahrpreis. Doch per Anhalter zu fahren, ist keine Verhandlungssache. Wir bleiben stur, erklären, nicht zahlen zu wollen, da wir keine Mehrkosten verursachen würden, und landen kurzerhand mit unserem Gepäck auf der Straße. Ohne uns setzen die Männer ihren Weg nach Iğdir fort.

Dass wir vorher nicht ausdrücklich klargemacht haben, dass wir per Anhalter unterwegs sind, war ein Fehler, aus dem wir für die Zukunft lernen. Für den Moment sind wir jedoch an einer kaum befahrenen Schnellstraße gestrandet, bis Mersin, ein junger Mann, mit seinem Auto des Weges kommt und uns bereitwillig bis nach Iğdir fährt.

Die Schnellstraße nach Doğubeyazıt führt mitten durch Iğdir, eine nicht allzu ansehnliche 80 000-Einwohner-Stadt. Unser Schild mit der Aufschrift Doğubeyazıt halten wir dem Verkehr entgegen und haben Erfolg. Ein älterer Herr lädt uns in seinen Wagen ein. Gemeinsam verlassen wir die Hektik Iğdirs und finden uns bald erneut in der winterlichen Ebene wieder. Zu unserer Linken erhebt sich, schneebedeckt und majestätisch, ein jahrtausendealter Vulkan. Es ist der Berg Ararat, der Berg, auf dessen Gipfel laut christlicher Mythologie Noahs Arche nach der göttlichen Flut einen Rastplatz fand. Aber auch in vorchristlicher Zeit umgab den Ararat bereits eine heilige Aura. Der 5137 Meter hohe Berg gilt bei den armenischen Volksstämmen als Sitz der Götter. Bis heute ist er ein wichtiger Bezugspunkt für die armenische Identität und, obwohl er sich auf türkischem Boden befindet und zugleich der höchste Berg der Türkei ist, Nationalsymbol Armeniens. Über der kargen Landschaft wölbt sich ein strahlend blauer Himmel. Wolken hängen friedlich darunter – weiß und weich wie Watte. Nach nicht einmal einer Stunde erreichen wir Doğubeyazıt.

Die Grenzstadt, mit Schnee überzuckert, ist nicht gerade attraktiv. Sie verdankt ihr Dasein vor allem der strategisch günstigen Lage. Bereits die Perser, Römer und Byzantiner nutzten in der Vergangenheit die Ebene zur Rast, bevor sie sich ins Gebirge wagten. Heute leben in Doğubeyazıt vor allem Kurden, deren Siedlungsgebiet sich bis nach Syrien, in den Irak und Iran ausbreitet. In den nassen Straßen und Gassen herrscht ein raues, ungemütliches Klima. Vor einem Imbiss dreht sich aufgespießter Lammdarm horizontal über weißer Holzkohleglut. Kokoreç heißt diese typisch türkische Spezialität, die wir zum ersten Mal mit unserem Freund Izzet in Denizli probieren durften. Damals waren wir nur neugierig, wollten das Abenteuer fremden Geschmacks und ungewohnter Gerichte erleben. Das Ergebnis war verblüffend. Kokoreç – gegrillt, klein gehackt, mit Oregano und Paprikapulver gewürzt und in saftiges Weißbrot gesteckt – schmeckte gar nicht schlecht. Doch anders als Lahmacun, Künefe oder Börek hinterlässt Kokoreç keinen bleibenden Eindruck. Wir haben seit Denizli vor mehr als zwei Monaten Kokoreç kein weiteres Mal angerührt. Doch nun, vielleicht weil wir ausgehungert sind, vielleicht weil wir nach drei wundervollen und spannenden Monaten nur noch Stunden in der Türkei sein werden und uns bereits frühzeitige Wehmut überfällt, wagen wir uns ein weiteres Mal an Kokoreç heran.

Der dicke Mann neben dem Holzkohlegrill hat seine Pudelmütze weit in die Stirn gezogen. Allein die wulstigen Augenbrauen scheinen die Mütze vor dem Abrutschen über das gesamte Gesicht zu bewahren. Mit einem großen Fleischermesser und geübten Bewegungen zerteilt er den gegrillten Darm in kleine mundgerechte Stücke, schiebt sie mit der breiten Seite des Messers in ein aufgeschnittenes Brot und überreicht uns lächelnd den türkischen Snack. Nur wenige Menschen huschen an uns vorbei. Jeder hat es eilig, der eisigen Kälte der Straße zu entkommen. Noch immer hungrig betreten wir den Imbiss und bestellen deftigen Iskender Kebab. Gegrillte Fleischstücke schwimmen mit Weißbrotfetzen in einer fettigen Joghurt-Tomaten-Soße, saugen sich voll, triefen vor gehaltvollem Öl. Besonders an kalten, ungemütlichen Tagen wie diesem, gibt es nichts, was die Tristesse am ehesten kompensiert. Mit jedem Löffel fließt angenehme Wärme durch den Körper, breitet sich bis in alle Glieder aus.

Am südlichen Stadtrand Doğubeyazıts, dort, wo die verschneite Straße schon nicht mehr von Häusern gesäumt wird, windet sich eine mit vereisten Pfützen übersäte Piste die hoch aufragenden Berge empor. Dort hinauf gehen wir am nächsten Morgen. In mehreren Serpentinen steigt sie bis weit über die Stadt und endet abrupt an einem mit Schnee bedeckten Parkplatz. Hier befindet sich der zwischen 1685 und 1784 errichtete Ishak-Pascha-Palast, die einzige, die prächtigste Sehenswürdigkeit der Region. Auf einem kleinen Plateau am Hang gelegen überblickt der prunkvolle Festungskomplex die darunterliegende weiße Ebene und Doğubeyazıt. Selbst aus der Ferne funkeln die Gletscher des Ararat zu uns herüber.

Der Ishak-Pascha-Palast ist eine Fantasie, entsprungen aus den Geschichten und Legenden des Orients. Ein einzelnes Minarett ragt über die Kuppel der imposanten Moschee des Palastes hinaus, sticht in den eisblauen Himmel. Der Ort hat wenig Reales und viel Magisches an sich. Wie eine Erinnerung – nicht an das, was war, sondern an das, was hätte sein können. Tagträumen fällt hier besonders leicht. Schon vor dem reich verzierten Eingangstor, als wir noch mit unseren Wanderschuhen knöcheltief im Schnee stecken, begegnen wir in Gedanken den Vasallen, Händlern, Gauklern und Gästen, die hier einst barfuß oder in festen Ledersandalen den Innenhof betraten. Ein weiterer, zweiter Innenhof, nur für die Familien der Herrscher vorgesehen, steht nun ebenfalls für uns und anderes Fußvolk offen. Hier zeigen sich die verschiedenen architektonischen Einflüsse, die während der fast 100-jährigen Bauzeit auf den Palast gewirkt haben. Seldschuken, Perser, Armenier, Georgier – so wie sie die Ebene von Doğubeyazıt besiedelten, so hinterließen sie auch Spuren in der Palastanlage. Persische Reliefs, georgische Säulenkapitelle, seldschukische Steinmetzarbeiten, armenische Wanddekorationen. Die Palastsäle, obwohl nichts weiter als Skelette ihrer selbst, sind schlicht beeindruckend. Unsere Schritte hallen durch die leeren, frostigen Räume. Nur die Wandverzierungen und detaillierten Steinarbeiten geben noch immer Hinweise auf den Glanz der Vergangenheit. Büchereien und Terrassen, Empfangshallen, Privatgemächer; das alles erkunden wir in eisiger Kälte. Licht durchflutet die palasteigene Moschee, deren Kuppeldecke noch die originalen Fresken aus der Zeit des Ishak Pascha, eines hohen osmanischen Verwaltungsbeamten der Region, trägt. Aus vergitterten Fensteröffnungen können wir die Häuser Doğubeyazıts in der Ferne sehen. Verschneite Berge und scharfkantige Felsspitzen umgeben uns. Eingebettet in diese abweisende Szenerie wirkt der Palast noch ein bisschen magischer, erscheint noch unwirklicher, als er es ohnehin schon ist.

Als wir den Ishak-Pascha-Palast wieder verlassen, haben die wärmenden Sonnenstrahlen bereits ihre Arbeit erledigt. Ein Gemisch aus Eis, Schnee und Schlamm spritzt mit jedem Schritt, den wir uns Doğubeyazıt wieder nähern, um unsere Füße. Zurück in der Stadt sind wir nicht mehr nur noch 34 Kilometer vom Iran entfernt, sondern auch nur noch wenige Stunden Gast in der Türkei. In einer Bank können wir Lira zu einem annehmbaren Kurs gegen Euros eintauschen. Dann macht sich Torschlusspanik breit. Haben wir das Land in all seinen Facetten ausgekostet? Haben wir genug Döner und Lahmacun gegessen, genug

Çay und Kaffee getrunken, haben wir die türkische Kultur ausgiebig erkundet? Jede Frage beantworten wir mit einem schwermütigen Nein. Was zu tun übrig bleibt, ist ein letzter Versuch, die türkische Seele zu berühren. In einem Hammam setzen wir uns in wohligen Wasserdampf, lassen uns von groben Händen mit Seifenschaumwolken einreiben und trinken anschließend den letzten Çay auf türkischem Boden.

Mitten in Doğubeyazıt finden wir wenig später einen Lkw-Fahrer, der uns in Richtung Gürbulak an der iranischen Grenze mitnimmt. Doch rund zehn Kilometer vor dem Grenzübergang endet unsere Fahrt. Ein endloser Stau aus tonnenschweren Lastwagen blockiert die Fahrbahn. Von hier geht es nur noch zu Fuß weiter, und so laufen wir an all den wartenden Lkws vorbei immer weiter in Richtung Osten. Als wir bereits ein paar Kilometer zurückgelegt haben, hält ein Kleinwagen mit quietschenden Reifen neben uns. Drinnen sitzen zwei junge Türken, die aussehen wie Beschaffer, Männer, die auf günstige Gelegenheiten warten und damit ihren Lebensunterhalt verdienen. Grenzorte sind prädestiniert für derlei Geschäfte. Wir haben das Interesse der beiden Männer geweckt, und sie bieten uns spontan ihre Hilfe an. Zusammen rasen wir mit ohrenbetäubendem Techno bis an die Grenze, kommen dort wieder mit quietschenden Reifen zum Stehen, und noch ehe wir uns versehen, sind die beiden Männer auch schon wieder unterwegs in ihrer eigenen Mission.

Langsam schlendern wir durch das türkische Grenzgebäude, bis wir vor dem Ausreiseschalter stehen, freundlich nicken und zusehen, wie blaue Stempeltinte in unseren Reisepässen trocknet. Wir haben die Türkei verlassen. Vor uns liegt der Iran.

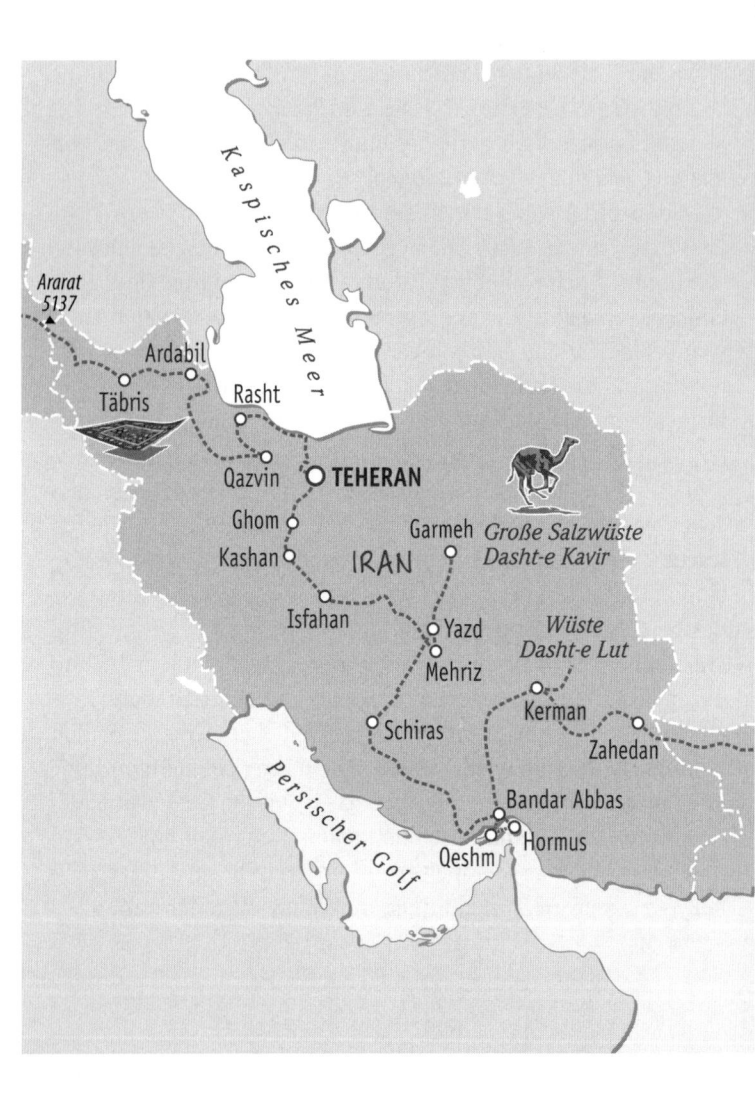

IRAN

Persischer Reichtum und iranische Gegenwart in Täbris

Ein schmaler Gang, flankiert von schweren Eisenstangen, führt von der türkischen Ausreisestelle wenige Meter hinüber ins Nachbarland Iran. Die Symbolik ist eindeutig. Geradlinig geht es auf den Grenzposten zu. Es ist, als befänden wir uns in einer riesigen Mausefalle. Grenzübergänge sind immer etwas Besonderes. Sie sind die Tore zwischen den Welten, Pforten in andere Kulturen, Portale in ungewohnte Lebensweisen. Ab jetzt beugen wir uns dem islamischen Recht, das im Iran herrscht. Es gelten Kleidervorschriften und Verhaltensregeln, die gänzlich neu für uns sind. Der für Frauen obligatorische Hidschāb ist die augenscheinlichste Veränderung. Nicht nur der Schopf muss verhüllt sein. Auch lange Kleidung, die Arme und Beine komplett bedeckt und über den Hintern reicht, ist Teil der islamischen Bekleidung. Wir sind aufgeregt!

Der Grenzbeamte lässt sich Zeit mit der Kontrolle unserer Reisepässe. Auf einem Metallstuhl mit zerschlissenem Polster sitzt er hinter einer Wand aus Gitterstäben und Glas. Er begutachtet unsere Passbilder, prüft unsere Gesichter im Original, stellt Ähnlichkeiten fest. Es dauert eine Weile, aber dann erhellt ein breites Lächeln das finstere Gesicht, und mit einer freundlichen Geste winkt er uns weiter in eine große Wartehalle. Kahl und kalt ist es hier. In der Mitte steht still und starr ein riesiges Gepäckband. Es sieht so aus, als würden die Beamten auf den großen Ansturm warten, doch neben einer Handvoll Iraner aus der nahen Stadt Bazargan sind wir die Einzigen, die die Grenze zwischen der Türkei und dem Iran übertreten. Wir warten auf die Rückgabe unserer Pässe, doch irgendetwas hält die Beamten ab, uns die Einreiseerlaubnis zu erteilen. Mit jeder Minute, die verstreicht, werden wir nervöser. Eigentlich wollen wir schnellstmöglich weiter, denn nachdem wir die Vormittagsstunden bereits mit dem Besuch des Ishak-Pascha-Palastes und in einem türkischen Hammam in Doğubeyazıt nahe der Grenze verbummelt haben, rennen die Zeiger des Ziffernblattes im Iran, mit dem zusätzlichen Vorsprung einer anderthalbstündigen Zeitverschiebung, unerbittlich in die Nacht hinein.

In der Wartehalle spricht niemand mit uns, nicht einmal unser Gepäck wird kontrolliert. In dem großen, leeren Raum kommen wir uns ziemlich verloren vor. Erst nach etwa einer Stunde heißt man uns endlich herzlich willkommen im Iran. Wir dürfen gehen. Vor der Tür atmen wir tief durch. Wir haben es geschafft. Ein ganz normaler Grenzübergang. Es ist bereits nach 18 Uhr, und etwas eigentümlich setzen wir unsere ersten Schritte in ein unbekanntes Land. Vom Treppenabsatz des Grenzpostens stolpern wir heraus aus 2014 und mitten hinein ins Jahr 1393. Der gregorianische Sonnenkalender spielt im Iran keine Rolle. Für Jesus interessiert sich hier sowieso kaum jemand. Stattdessen gilt die Auswanderung Mohammeds von Mekka nach Medina als Ausgangspunkt der eigenen islamischen Zeitrechnung.

Draußen ist es inzwischen dunkel und bitterkalt. Die Wintersonne, in deren Licht die verschneiten Berge des armenischen Hochlandes an diesem Tag im Dezember so herrlich glitzerten, ist bereits lange hinter dem Horizont verschwunden. Nun umkreisen uns Geldwechsler und Taxifahrer, Lkw-Fahrer warten auf die Abfertigung ihrer Schlepper und mustern uns interessiert. Hier sind wir die Exoten. Zwei junge Menschen mit riesigen Rucksäcken, die inmitten der Dunkelheit in den Iran einreisen. Kommt so etwas öfter vor?

Wir machen uns auf den Weg und folgen dem Straßenverlauf in die Finsternis. Auf den ersten Kilometer folgt der zweite, dann der dritte. Im Schein unserer Taschenlampe schleichen wir durch die Nacht. Es gibt keinen Verkehr. Außer ein paar Lkws, die im Gegenverkehr zur Grenze rollen, ist niemand auf der Landstraße zu sehen. Nach etwa fünf Kilometern erreichen wir Bazargan. Es gibt kaum Straßenlaternen, stattdessen leuchten rote, grüne und gelbe Reklameschilder in persischen Lettern über dem Asphalt. Wir verstehen kein einziges Wort. Alles, was wir sehen, sind geschwungene Linien, deren Sinn wir nicht begreifen. Im Jahr 1393 sind wir geografische Analphabeten.

Dank unserer Rucksäcke sind wir in Bazargan bald so bekannt wie bunte Hunde. Zwei junge Männer in einem Pkw bieten uns Hilfe an. Doch als wir erklären, dass wir per Anhalter ins 270 Kilometer entfernte Täbris, die größte Stadt im Norden des Landes, wollen, verstehen die beiden kein Wort. Das Konzept des Trampens ist ihnen gänzlich unbekannt. Dennoch lassen sie sich nicht davon abbringen, uns helfen zu wollen, und winken Bus- und Taxifahrer heran. Immer mehr Passanten bleiben stehen, umringen uns, beäugen uns, stellen Fragen auf Persisch, die wir nur bruchstückhaft beantworten können.

Wir sind in einer Traube Neugieriger verschwunden und damit jeder Chance beraubt, die wenigen Lkws, die jetzt am späten Abend durch Bazargan ins Landesinnere rollen, zum Anhalten zu bewegen. Ein Pulk von mindestens einem Dutzend Männern blockiert im beschaulichen Grenzort eine komplette Fahrspur, nur um uns Neuankömmlinge zu bestaunen. Trotz Eiseskälte und allgemeinem Unverständnis begegnet man uns mit freundlichem, geradezu höflichem Interesse. Wir werden zum Essen und zur Übernachtung eingeladen, und schließlich möchte man uns sogar Geld für ein Hotelzimmer reichen. Niemand versteht, was wir eigentlich vorhaben, und dankend lehnen wir jedes Angebot ab. Als wäre die Situation nicht schon verfahren genug, kreuzt auch noch ein Streifenwagen auf, dessen Besatzung dieser nächtliche Aufmarsch verdächtig erscheint. Doch auch die Beamten begreifen nicht, was wir in ihrem kleinen Städtchen machen und wissen nach einer kurzen Passkontrolle nichts weiter mit uns anzufangen. Stattdessen begnügen sie sich damit, die entstandene Versammlung aufzulösen, und so bekommen wir wieder freie Sicht auf die Straße. Tatsächlich erwischen wir an einer nahen Tankstelle einen Lkw-Fahrer, dem wir unser Anliegen verständlich machen können. Der robuste Mann mit Pudelmütze ist Türke und weiß ganz genau, was wir mit unserem ausgestreckten Daumen wollen. Also hieven wir unsere Rucksäcke in die Fahrerkabine des Trucks und nehmen Kurs auf Täbris.

Wir kommen schnell voran, doch unsere Fahrt wird bereits nach einer knappen Stunde unterbrochen. An einer Werkstatt am Straßenrand bleiben wir stehen. Die Reifen müssen überprüft und wohl auch ein paar lose Schrauben nachgezogen werden, erklärt uns unser Fahrer mit Händen und Füßen. Wir nehmen im kleinen Verkaufsladen neben der Werkstatt Platz, dessen Regale mit allem Möglichen vollgestellt sind, was Trucker auf ihrer Reise benötigen könnten. Von Schrauben und Motorenöl über Glasreiniger und Toilettenpapier bis hin zu Spielzeugtransportern für den Nachwuchs ist alles dabei. Drinnen sitzen zwei Männer: ein junger und ein alter. Beide lächeln uns freundlich an, umklammern mit großen, schwieligen Hände ihre Teegläser. Kurz darauf macht sich der Alte mit unserem Fahrer draußen am Lkw zu schaffen. Der Jüngere serviert uns heißen Tee und Würfelzucker.

Unser Farsi ist holprig, dennoch kommen wir mit Ali, so der Name unseres Gegenübers, ins Gespräch. Von unserer Reise begeistert, scheint auch ihn das Fernweh gepackt zu haben. Seinen kleinen Laden am Straßenrand führt der 28-Jährige bereits seit über sieben Jahren. Er kennt jedes Regal und jedes einzelne Verkaufsstück und langweilt sich unglaublich. Doch er sieht keinen Ausweg aus seiner Misere. Bereits verheiratet, glaubt er, jegliche Chance auf ein Abenteuer verspielt zu haben. Missmutig gießt er seinen dampfenden Tee von einem Glas in ein anderes, um ihn schneller zu kühlen. Seine Bewegungen sind flink und präzise, sein Blick dagegen finster. Ali hat wenig Optimismus behalten, vertraut weder der Religion noch der Politik. Wir schlürfen unseren Tee. Irgendwann sind die Probleme an unserem Lkw behoben. Ali winkt zum Abschied, dann entfernen sich unsere Leben wieder voneinander, und bald wird Alis Laden im Rückspiegel immer kleiner.

Gegen 23 Uhr erreichen wir eine Tankstelle in der Nähe von Evogli, 130 Kilometer vor Täbris. Hier endet die Fahrt überraschend. Verwirrt versuchen wir, die Situation zu verstehen. Unser Fahrer, der mit seinem Schlepper offenbar wieder zurück in Richtung Bazargan fährt, erklärt uns mit einem freundlichen Lächeln in einem Mix aus Türkisch und ein paar Brocken Englisch, dass wir die bevorstehende Nacht an dieser Tankstelle verbringen werden. Dann entlässt er uns in die Obhut des jungen Tankstellenwarts, der uns in einen kleinen, mit einem Ofen beheizten Aufenthaltsraum geleitet. Die Wärme im Inneren des Raumes tut uns gut. Draußen ist das Thermometer weit unter den Gefrierpunkt gefallen, und die wenigen Schritte vom Parkplatz bis hierher lassen uns vor Kälte zittern. Erwartungsvoll blicken wir den jungen Mann, der uns hier auf Geheiß des Lastwagenfahrers aufnimmt, an. Doch kein Wort kommt über seine Lippen. Stattdessen starrt er verlegen und schüchtern auf den Boden, reagiert nicht auf unsere Ansprache, auch nicht auf unser gebrochenes Farsi. Der Mann ist sichtlich verklemmt, und unsere Gegenwart bereitet ihm Unbehagen. Dennoch serviert er uns Tee und Kekse, weiß aber absolut nicht, wie er sich darüber hinaus verhalten soll.

Die Situation ist unangenehm, doch draußen herrscht klirrende Kälte, und außer einem verschlossenen Restaurant befindet sich nur noch eine dunkle Moschee neben dem Tankstellengelände. Die Minuten verstreichen, werden zu Stunden. Eigentlich wollen wir weiter in Richtung Täbris trampen, doch mitten in der winterlichen Nacht ist kein einziges Fahrzeug unterwegs. Am Ende bleiben wir im Aufenthaltsraum des Tankstellenwarts, der sich, nur wenige Zentimeter vor einem Fernseher sitzend, iranische Serien anschaut. Wir hingegen kauern uns auf eines der beiden Feldbetten, die für müde Reisende bereitstehen und warten, beständig gegen den Schlaf kämpfend. Immer wieder schleichen wir hinaus in die Kälte in der Hoffnung, irgendwo in der Dunkelheit ein Fahrzeug zu erblicken, das uns eventuell ein Stück weit mitnehmen könnte. Wir wollen keine Möglichkeit verpassen, doch alles Warten und Hoffen ist umsonst. In dieser Nacht schlafen wir nicht.

Mit den ersten Sonnenstrahlen stehen wir am nächsten Morgen am Rand der Schnellstraße. Es ist bitterkalt. Wir halten unser Schild mit der Aufschrift Täbris dem Verkehr entgegen; zunächst mäßig erfolgreich. Schließlich ist es erneut ein türkischer Lkw-Fahrer, der uns bis nach Täbris mitnehmen kann. Doch zunächst lädt er uns zum Frühstück im Restaurant neben der Tankstelle ein. Es gibt heißen Tee und deftigen Eintopf.

Satt und mit einem wohlig warmen Gefühl im Magen rollen wir anschließend hinaus auf die Schnellstraße und hinein in eine verschneite Landschaft. Die Hitze des Motors dringt in die Fahrerkabine, wärmt unsere Glieder. Nach einer knapp zweistündigen Fahrt tauchen endlich die ersten Häuser von Täbris vor uns auf. Auf breiten Straßen fließt ein unaufhörlicher Strom an Fahrzeugen in die Metropole, die sich in einem Talkessel vor uns ausbreitet. Mit mehr als zwei Millionen Einwohnern ist Täbris sowohl die größte Stadt im Nordwesten des Iran als auch größtes kulturelles Zentrum der iranischen Provinz Aserbaidschan. Im Norden, nur 140 Kilometer entfernt, grenzt das Land Aserbaidschan an den Iran. Dennoch leben mehr Aserbaidschaner, Azaris genannt, im Iran – wo sie etwa 25 Prozent der Gesamtbevölkerung ausmachen – als in Aserbaidschan selbst. Sie sind nach den Persern die zweitgrößte Bevölkerungsgruppe des Vielvölkerstaates, noch vor den Kurden, Arabern, Luren, Belutschen und anderen. Die Azaris sprechen einen türkischen Dialekt, weshalb sie im Rest des Landes einfach als Türken bezeichnet werden.

Unsere Fahrt endet mitten auf der Autobahn. Begleitet vom zuckenden Rhythmus der Warnblinker steigen wir aus dem Lkw, überqueren die Schnellstraße auf einer Fußgängerbrücke und machen uns völlig orientierungslos auf den Weg hinein in die Stadt. Eine abschüssige, vom geschmolzenen Schnee nass gewordene Straße führt uns in ein Wohnviertel. Bäckereien und Kioske reihen sich entlang des rutschigen Bürgersteiges. Wir sind hungrig, doch besitzen wir nicht einen einzigen iranischen Rial. Aufgrund politischer Bestrebungen des Westens sind ausländische Kreditkarten im Iran nutzlos, und so sind wir auf Wechselstuben angewiesen, von denen wir jedoch bisher keine einzige ausfindig machen konnten.

An einer Kreuzung wissen wir nicht mehr weiter. Wir sind am Busbahnhof der Stadt mit unserer Gastgeberin Nasrin verabredet, doch haben wir nicht die leiseste Idee, wie wir dorthin gelangen sollen. Es dauert nicht lange, und wir sind erneut Gegenstand einer interessierten Männergruppe. Jeder weiß einen Rat, und schon bald werden wir in alle möglichen Richtungen geschickt. Das ruft lebhafte Diskussionen hervor. Mitten in dieser

Debatte nimmt uns ein älterer Herr an die Hand und zieht uns aus der Masse. Während er uns einen 100 000-Rial-Schein mit den Worten »Das ist hier viel Geld« in die Hand drückt, zeigt er auf einen Bus, der in die Nähe des Busbahnhofes fährt. Da wir keine andere Möglichkeit sehen, nehmen wir das Geld dankend an. *Kheyli mamnun!* Später, als wir in einer privaten Wechselstube für einen Euro 42 500 Rial tauschen, klingen die Worte des Alten noch immer nach: »Das ist hier viel Geld.«

Im Inneren des Busses herrscht strikte Geschlechtertrennung. Der vordere Teil ist ausschließlich für Frauen reserviert, hinten sitzen die Männer. Beide Bereiche sind mit Gitterstäben voneinander getrennt. Der Bus ist rappelvoll, und wir befürchten schon, uns aus den Augen zu verlieren und die Haltestelle zu verpassen, doch alles geht gut. Am Busbahnhof angekommen, winkt uns der Busfahrer noch freundlich hinterher, dann treffen wir auf unsere Gastgeberin.

Wir sind zu Gast bei Nasrin und ihrer Familie in einem Wohnviertel mitten in der Stadt. Die Fensterfront im fünften Stock gibt den Blick über das winterliche Täbris frei: graue Häuser, eisige Luft, verwaschene Fassaden. Dunkle Abgaswolken eines nicht enden wollenden Verkehrsstroms verschleiern die Bergkette des Roten Gebirges um den Gipfel des Aynali hinter der Stadt. Wir sitzen auf den weichen Polstern eines gemütlichen Sofas, warmes Licht hüllt die modern eingerichtete Wohnung in eine freundliche Atmosphäre. Nasrin und ihre Cousine Parvin servieren uns Chai, starken Schwarztee, den wir bereits in der Türkei lieben gelernt haben, und Früchte, kleine Gurken und Pistazien. Die Herzlichkeit und Gastfreundschaft Täbris' ist weit über die Stadtgrenzen bekannt, und tatsächlich, die beiden jungen Frauen machen es uns nach der ermüdenden Reise der letzten Stunden und Tage sehr angenehm. Wir schlürfen Tee, erzählen von unserer Reise, lassen uns vom Iran berichten. Das Land, mitten im

Nahen Osten, umgeben von Krisenherden, besitzt eine Schlüsselposition im Kampf gegen den Terrorismus. Außenpolitisch sorgt das schwierige Verhältnis zu den USA immer wieder für Schlagzeilen. Unser Wissen über das Land, in dem die vor allem in der westlichen Welt viel und kontrovers diskutierte Scharia, das islamische Gesetz, die Rechtsgrundlage bildet, ist jedoch begrenzt, eher mystisch als fundiert – wir sind interessierte Zuhörer. So kreisen unsere Gespräche um den iranischen Alltag, die wirtschaftliche Lage, die verheerende Inflation, kulturelle und religiöse Zustände im Land.

Die Zeiten der wirtschaftlichen Blüte sind noch nicht vergessen, doch geopolitische Interessen und US-amerikanische und europäische Sanktionen, wie der blockierte Rohstoff- und Finanzhandel, haben dem Land, allen voran der einfachen Bevölkerung, stark zugesetzt. Der Rial, die iranische Währung, verliert stetig an Wert. In dem Land, das über die drittgrößten Erdölreserven und das zweitgrößte Erdgasvorkommen der Welt verfügt und, gemessen an natürlichen Ressourcen, eines der reichsten Länder ist, rückt die gesellschaftliche Mittelschicht immer näher an die Armutsgrenze.

Doch nicht nur wirtschaftlich leidet der Iran. Auch der gesellschaftliche Druck ist enorm. Nicht zuletzt die drakonische Auslegung der Scharia verunsichert viele Menschen im Land. Auch Nasrin leidet unter dem innenpolitischen System, ist enttäuscht von der iranischen Realität. Wie bei vielen Iranern ist auch ihr Verhältnis zur Religion stark vom Dogmatismus der Regierung beeinträchtigt. Mit Anfang 30 kennt sie nichts anderes als die Zwänge und Vorschriften, die von alten, erzkonservativen Männern über das Land gelegt wurden. Das Kopftuch, das auf der Straße verpflichtend ist, in der Wohnung von Nasrin aber schnell abgelegt wird, ist dabei noch das geringste Problem. Die junge Frau sieht sich selbst und ihre Generation als verloren. Ihre

Eltern, so sagt sie, kennen noch die Zeiten und Freiheiten vor der islamischen Revolution 1979; für ihren zehnjährigen Sohn Elia, der zwischen uns auf den weichen Polstern sitzt, hofft sie, dass er diese Freiheiten eines Tages erleben darf. Sie selbst jedoch ist gefangen in einem schwarzen Loch. Ihre komplette Kindheit und Jugend verbringt Nasrin in einem totalitären System, das ihr viele scheinbar alltägliche Dinge bis heute versagt. Falls es irgendwann zu einem Wandel im Land kommen sollte, ist Nasrin wahrscheinlich zu alt, um ihn gebührend zu genießen. Als wir so über ihr Land und ihr Leben sprechen, wirkt Nasrin ausgesprochen resigniert. Doch dann wollen uns Nasrin und Parvin ihre Stadt zeigen: Täbris, die Schöne.

Täbris' wichtigstes Bauwerk ist der Basar, der Handelsplatz – das Aushängeschild der Stadt. Auf über sieben Quadratkilometern erstreckt sich ein Labyrinth aus überdachten Gängen und Plätzen. Torbögen und Kuppeln verzieren die Wege des Marktes. Neben den Ständen und Geschäften gibt es öffentliche Bäder, Moscheen, Restaurants, Banken und Schulen. Mehr als 1000 Jahre alt, ist Täbris' Markt eine Stadt für sich, ein fantastisches Beispiel persischer Architektur. Der bis heute größte überdachte Markt der Welt ist seit 2010 von der UNESCO als Weltkulturerbe geschützt. Mit Nasrin und Parvin stehen wir nun mitten in diesem Netz aus Korridoren, Gängen und Hallen. Jeder Gang hat seine eigenen Waren, seine eigene Klientel.

Um uns herum herrscht dichtes Gedränge. Der Markt ist das pulsierende Herz der Stadt. In der Teppichabteilung umgibt uns der ganze Stolz und Reichtum der Händler. Persische Teppiche gelten weltweit als die hochwertigsten Teppiche überhaupt. Nach Erdöl und Erdgas sind die Teppiche das wertvollste Exportgut des Landes. Mehr als fünf Millionen Iraner sind in der Teppichindustrie beschäftigt, deren Konkurrenz vor allem Billigprodukte aus Pakistan und Indien sind. Tausende, manchmal

Millionen handgeknüpfter Knoten formen einen Teppich, einen Läufer oder Kelim, dessen Designs vor allem von floralen Motiven geprägt sind. In den edelsten Teppichen schimmern feine Seidenfäden und bewirken einen besonderen visuellen Effekt. Je größer das Schimmern, desto tiefer der Griff in den Geldbeutel.

So vergehen unsere Tage, in denen wir Nasrin und Parvin immer mehr ins Herz schließen, mit spannenden Gesprächen, etwa über die heimlichen Liebespaare im Elgoli Park, und köstlichen Mahlzeiten. Zusammen mit Parvin und Fateme, einer weiteren Cousine, besuchen wir das Mausoleum der Dichter, eines der Wahrzeichen Täbris', nicht weit vom überdachten Markt entfernt. Hier würdigt die Stadt mehr als 50 iranische Poeten und Schriftsteller in einem der modernsten Gebäude der Stadt. Warmes Licht strahlt durch die Gruft. Die lyrischen Meister längst vergangener Zeiten ruhen Seite an Seite mit ihren geistigen Verbündeten. Dort liegt Āsādi Tusi, einer der bedeutendsten Epiker des 11. Jahrhunderts, neben dem Dichter Qatran Tabrizi. Vor dem Grab von Shahriyar, dem 1988 verstorbenen Poeten, bleiben wir eine Weile stehen. Die Dichtkunst spielt eine bedeutende Rolle in der persischen Kultur. Über Jahrhunderte beeinflussen persische Dichter nicht nur die eigene Heimat, sondern auch andere Kulturen und Sprachen. Sei es Ferdousi, der im beginnenden 11. Jahrhundert die Schāhnāme, das persische Nationalepos, verfasst, sowohl ins Arabische und Türkische als auch in mehrere andere Sprachen übersetzt wird. Sei es Hafis, dessen Werk als eines der einflussreichsten in der persischen Dichtung gilt und Goethe zu seiner Gedichtsammlung »West-östlicher Divan« anregte. Sei es Rumi, der beliebteste aller Sufidichter, dessen mystische Lyrik im 13. Jahrhundert stark von seinem Lehrer und Freund Schemseddin Muhammed, besser bekannt als Schams-e Tabriz, »Die Sonne von Täbris«, beeinflusst ist.

Täbris gewährt uns einen unerwartet freundlichen Einstieg in den Iran, und wir freuen uns außerordentlich auf dieses beeindruckende Land.

Ardabil und die iranische Gemütlichkeit

An einer Tankstelle mitten in Täbris neben der Schnellstraße in Richtung Osten harren wir aus. Zäh fließt der Verkehr an uns vorbei. Dunkle Abgaswolken wabern unter den Karossen hervor. Niemand beachtet uns, denn Trampen ist im Iran gänzlich unbekannt. Und der ausgestreckte Daumen gilt hier eher als unschöne Geste. Doch wir haben Glück. Ein älterer Herr, fein gekleidet im Anzug, nimmt sich unser an. Weltmännisch lässt er seinen Wagen tanken, während er uns in perfektem Englisch Hilfe anbietet. Tatsächlich ist er der erste Iraner, der versteht, was wir hier machen. Kurz entschlossen beugt er sich über die Motorhaube seines Wagen und schreibt auf ein Stück Pappkarton aus seinem Kofferraum in persischen Lettern unseren Zielort Ardabil. Grinsend präsentiert er seine Arbeit. Mit einem Schild in Farsi ausgestattet, starten wir erneut und sind erfolgreich. Aus der Masse der Fahrzeuge schert ein in die Jahre gekommener Pkw aus. Hinter dem Steuer sitzt ein freundlich lächelnder Mann. Mehdi ist Mitte 30, und gemeinsam fahren wir ins 55 Kilometer entfernte Bostanabad, wo wir uns an der Kreuzung nach Ardabil wieder voneinander verabschieden. In dem kleinen Ort folgen wir der Straße in Richtung Nordosten und werden vom Besitzer eines Gemischtwarenladens zum Tee eingeladen. Im Nu füllt sich der Raum mit Schaulustigen. Wir sind die Attraktion eines kleinen Kundenzirkels im noch kleineren Geschäft. Doch wir wollen weiter und verabschieden uns aus der familiären Runde wieder in Richtung Straße. Wir suchen uns eine geeignete Stelle und halten stolz unser persisches Schriftbild in die Luft.

So warten wir, bis Mohammad uns freundlich in sein Auto winkt. Als Professor an einer Koranschule strahlt er innere Ruhe und Selbstsicherheit aus. Während der zweistündigen Fahrt nach Ardabil, tief hinein ins iranische Aserbaidschan, kreisen unsere Gespräche vor allem um den Islam. Wir sprechen sehr viel über Liebe und Toleranz und sehr wenig über Hass und Glaubenskrieg. Mohammads Prioritäten sind klar verteilt. In der weiten, baumlosen Ebene, die wir durchfahren, nähern wir uns immer weiter dem Talysch-Gebirge, das zum nördlichen Ausläufer des Elbrusgebirges gehört. Die Vegetation ist eintönig, das Klima trocken. Schneebedeckte Gipfel glitzern in der Abendsonne. Dann sinkt der Feuerball hinter den Horizont, und im gelben Licht der Straßenlaternen erreichen wir Ardabil.

Wir treffen die Geschwister Shirin und Afshin, die uns zusammen mit ihrem Onkel Behnam an einer riesigen Kreuzung mitten in der Stadt abholen und uns ohne Umwege in die Wohnung des Opas bringen. Hier wartet schon die ganze Familie. Opa Mahmoud, Oma Masa, ihre Söhne Dariush, Ahmad und Babak, die Schwiegertöchter Masoumeh, Golestan, Nooshin, Mahin und deren Kinder Sarah, Zahar, Dorsa, Arash und Koosha. Alle sind sie gekommen, um uns willkommen zu heißen. So viel Trubel haben wir nicht erwartet, und so stehen wir etwas unsicher und hilflos mitten in der Familie, die sich behutsam um uns schart. Es dauert nicht lange, und wir sitzen in Opas Wohnzimmer auf einem der Sofas, die sich entlang der Zimmerwände gegenüberstehen. Wie in den meisten iranischen Wohnungen ist das Wohnzimmer der wichtigste Raum der Wohnung. Es ist das größte Zimmer des Hauses und sozialer Treffpunkt der Familie. Von hier gehen alle weiteren Räume – Schlafzimmer, Küche und Bad – ab. Mit dem Planen eines Flures halten sich iranische Architekten scheinbar nicht auf. Die Haustür öffnet sich direkt zum Wohnzimmer. Dicke Perserteppiche verschlucken die Schritte in einem Raum, der für seine Wichtigkeit recht spärlich ausgestattet ist. Lang gestreckte, weiche Polstersofas und bequeme Sessel stehen neben niedrigen Beistelltischen. Die wenigen Möbel rahmen die Mitte des Raumes in der, auf dem Boden sitzend, in großer Runde gegessen oder beim Kartenspiel Zeit verbracht wird.

Auch wir sitzen nun auf einem der Sofas, während sich die Familie auf den umliegenden Möbeln und dem weichen Perserteppich verteilt. Gemeinsam knabbern wir an kleinen Gurken und trinken Chai, der vor uns auf den Beistelltischen steht. Tee, das haben wir bereits in Täbris gelernt, ist wichtiger Bestandteil der iranischen Kultur. Trifft man sich in Gesellschaft, sei es privat oder geschäftlich, gehört Teetrinken unweigerlich dazu. Ist man mit Freunden verabredet, so geht man nicht ins Café, sondern ins Chaikhaneh, ins Teehaus. Gastgeber und Gast sind nach den Regeln der iranischen Gastfreundschaft eng an das gemeinsame Teetrinken gebunden. So ist der eine verpflichtet, Tee anzubieten, und der andere, den Tee zu trinken. Dabei genießen Iraner ihren Tee schwarz und ungesüßt. Doch zu jeder Teerunde wird eine Schüssel mit Ghand – Zuckerbrocken so groß wie Fingerkuppen – gereicht, durch die, zwischen die Vorderzähne geklemmt, der Tee gesogen wird. Vielleicht nichts, was Zahnärzte empfehlen würden, aber der süße Geschmack gibt der Anwendung recht.

Chai wird unser neues Grundnahrungsmittel. Oma Masa, eine kleine rundliche Frau mit fürsorglicher Ausstrahlung, ist stets darum bemüht, dass unsere Gläser voll sind. Schon am frühen Morgen hält die 80-Jährige in ihrem Samowar brühend heißes Wasser bereit, und erst spät in der Nacht hört es im Kessel auf zu brodeln. Oma Masa ist im Übrigen eine ehrwürdige Frau, nicht nur aufgrund ihres Alters. Zusammen mit Opa Mahmoud ist sie zur Hadsch, der heiligen Pilgerfahrt, nach Mekka aufgebrochen. Dem Islam zufolge ist jeder gläubige Muslim zu dieser Pilgerreise verpflichtet und darf sich anschließend mit dem Titel Hadsch schmücken. Darum wird Opa Mahmoud auch von allen in der Familie ehrfürchtig mit Hadsch Agha – Herr, der auf der Hadsch war – angesprochen. Oma Masa ist seit ihrer Pilgerreise Hadsch Khanum – Dame, die auf der Hadsch war –, aber Oma Masa bleibt Oma Masa; die kleine Liebenswürdige.

Eigentlich sind wir ja zu Gast bei Afshin und Shirin, doch die meiste Zeit verbringen wir bei Oma und Opa auf der weichen, mit Blumenmustern bedruckten Couch. Das ist aber kein großer Umweg, denn wir leben unter einem Dach. Das Wohnzimmer von Masa und Mahmoud ist der Fixpunkt des Hauses. Die gesamte Familie geht hier ständig ein und aus, trifft sich zum Tee oder lässt die Kinder in der Obhut der Großeltern. »Baba Bosorg, Baba Bosorg«, schallt es immer wieder durch das ganze Haus, und Opa Mahmoud beobachtet das stundenlange Gewusel um ihn herum mit der Gleichgültigkeit des Alters. Auch wir sind ständig bei Opa Mahmoud und Oma Masa, ohne jedoch ein einziges Wort mit den beiden zu sprechen. Uns fehlt die gemeinsame Sprache, denn nicht nur, dass die beiden Alten kein Englisch sprechen, sie sprechen darüber hinaus auch kein Farsi. Die lokale Sprache in Ardabil ist Azari, der türkische Dialekt der im Iran lebenden Aserbaidschaner. Überhaupt ist Aserbaidschan gar nicht weit entfernt. Bis zur Grenze in Astara am Kaspischen Meer sind es nur 77 Kilometer. Baku, die Hauptstadt Aserbaidschans, ist so weit entfernt wie Teheran.

Über den Fernsehbildschirm im Wohnzimmer flimmern dann auch ausschließlich aserbaidschanische Programme und weil wir uns gerade in der letzten Dezemberwoche befinden, sitzt in jeder Sendung ein dicker rot gekleideter Weihnachtsmann, der unaufhörlich »Happy New Year« in die Kamera wünscht. Der Unterschied zwischen Weihnachten und Neujahr verschwimmt in den Spielshows und Talkrunden zusehends. Selbst an den Weihnachtsfeiertagen wünscht der Mann in Rot »Happy New Year«.

Den Abend des ersten Weihnachtstages verbringen wir in der Wohnung von Babak, Mahin und Koosha. Anders als das Wohnzimmer von Opa Mahmoud und Oma Masa, das in seiner biederen, von Brauntönen geprägten Bürgerlichkeit den Charme des Vergangenen in die Gegenwart rettet, ist Babaks Wohnzimmer eine Verheißung der Moderne. Indirektes Licht, gläserne Möbel, verschiedene Tapetenmuster. Babaks Wohnzimmer dient dem Vorzeigen, nicht dem Wohnen an sich, und es fällt mir schwer, mir Opa Mahmoud und vor allem Oma Masa auf Babaks weißer Couch vorzustellen. Weil ja Weihnachten ist und wir Gäste aus einem abendländischen Land sind, sollen wir »unser« Fest auch feiern; so lautet die einhellige Meinung unserer Gastgeber. Es wird unser erstes Weihnachten in einem muslimischen Land – und was für eins! Eine riesige Obstschale garniert den Esstisch. Snacks und Knabberkram, Gebäck, Datteln und Joghurt laden zum Naschen ein. Pofak, gepuffte Maisflocken, gehört ebenso dazu wie Sonnenblumen- und Kürbiskerne. Dann präsentiert uns Babak stolz zwei Flaschen schottischen Whiskeys. Schmuggelware aus dem Ausland und, da es im Iran mit der Prohibition ziemlich genau genommen wird, unverschämt teuer. Unsere Geschenke unter dem imaginären Weihnachtsbaum überreicht uns Afshin in digitaler Form. Mit ein paar wenigen Einstellungen legt er uns sämtliche Soziale Medien zu Füßen. VPN und Proxyserver machen es möglich. Dass im Iran Facebook, Twitter und dergleichen verboten sind, hindert niemanden daran, diese Kanäle zu nutzen. Es ist ein Katz-und-Maus-Spiel zwischen der Regierung und der Bevölkerung des Landes.

»Die da oben lassen sich immer neue Wege einfallen, um Webseiten zu blockieren – und wir finden immer neue Wege, um diese Sperren zu umgehen«, grinst Afshin schelmisch.

Es sind Repressionen, die nichts bewirken und trotzdem jeden Einzelnen in Atem halten. Ähnlich erging es auch Babak vor wenigen Tagen, als ein paar Polizeibeamte die Satellitenschüssel an seinem Haus konfiszierten, weil damit verbotene Sender und staatsgefährdende Propaganda empfangen werden könnten. Doch als Konsequenz dieser Aktion bleibt nur, dass Babak sich eine neue Satellitenschüssel kauft.

Dann beginnt unsere Weihnachtsfeier on the rocks. Im Handumdrehen bereitet uns Shirin leckere Cocktails und steckt Kiwischeiben in mit Whiskey gefüllte Weißweingläser. Et voilà! Es ist nicht gerade das, was man eine Trinkkultur nennen würde. Das Wissen über die Serviermöglichkeiten von Alkohol geht kaum über das hinaus, was es in Filmen zu sehen gibt. Und da schwimmt ja auch ständig Obst in irgendwelchen Flüssigkeiten. Uns ist das herzlich egal. Wir stoßen mit Kiwi-Whiskey auf Weihnachten an und wünschen uns wie selbstverständlich ein frohes Neues Jahr. Wer wird schon kleinlich sein?

Bald ist unser Blut verdünnt, und wir tanzen, wie es sich für eine anständige iranische Party gehört, durch das Wohnzimmer. Doch irgendwann, relativ schnell sogar, zeigt der Alkohol auch seine vernichtende Seite. An das Trinken nicht gewohnt, ist es Afshin, der große, kräftige junge Mann, den es an diesem Abend als Erstes dahinrafft. Schon bald sitzen wir alle auf dem dicken Teppich verstreut. Eine große Familie am Ende einer lustigen Nacht. So gemütlich es mit der gesamten Familie auch ist, irgendwann wollen wir raus. Raus aus dem Wohnzimmer und hinein in die Stadt. Ardabil ruft uns.

Die Stadt, ganz in der Nähe des Kaspischen Meeres, hat rund 480 000 Einwohner. Historisch gesehen, könnte Ardabil kaum wertvoller für die Geschicke des Landes sein. Hier gründet der Derwisch Safi-od-Din im beginnenden 14. Jahrhundert einen Sufi-Orden, aus dem in späteren Jahren eine der größten persischen Herrscherdynastien hervorgeht: die Safawiden. 200 Jahre nach der Gründung des Ordens regiert Ismail Safawi, ein Nachfahre Safi-od-Dins, ganz Persien. Bis hinein ins 18. Jahrhundert herrschen die schiitischen Safawiden über das Land. Noch immer schmückt sich Ardabil mit den Bauten der einstigen Herrscherdynastie. Über den Baliqli Chay, den fischreichen Fluss, führen bis heute Brücken aus der Zeit der Safawiden. Die Pol-e Jajin ist mit ihren sieben Bögen die berühmteste von ihnen.

Das architektonische und kulturhistorische Herz der Stadt ist jedoch das Mausoleum Safi-od-Dins, das seit 2010 von der UNESCO als Weltkulturerbe gelistet wird. In diesem Komplex gründete Safi-od-Din einst seinen Sufi-Orden, hier lebte er mit seiner Familie, und hier ließ er sich in einem Grabturm bestatten. Auch sein späterer Nachfolger, Schah Ismail Safavi, findet hier seine letzte Ruhe. Heute ist das zylinderförmige Grabmal Safi-od-Dins aus dem Jahr 1334 ein bedeutender Pilgerort in der Region.

Hinter dem Grabmal schlendern wir weiter durch die Stadt, hinein in das Gewirr der Gassen und Wege, vorbei an Edelsteingeschäften, Stoffverkäufern und Trockenobsthändlern. Offene Abwasserkanäle verlaufen zu beiden Seiten der Straßen, trübe Flüssigkeiten treiben darin umher. Wer die Straßenseite wechselt, muss auch an diesen Hindernissen vorbei. Oma Masa bewältigt sie mit einem Sprung, dessen Kühnheit uns staunen lässt.

Irgendwann stehen wir vor dem Basar, dem überdachten Markt Ardabils. Das Marktgebäude mit seinen Kuppeln, Bögen und braunen Backsteinmauern stammt ebenfalls aus der Zeit der Safawiden, ist aber, verglichen mit dem Basar in Täbris, eher winzig – nichts weiter als eine kleine, feine Version des verwirrenden Labyrinths. Doch die Gerüche und Geräusche, die Geschäftigkeit der Handelstreibenden sind auch hier faszinierend.

Am späten Nachmittag treffen wir uns mit Afshin und Shirin in einem westlich anmutenden Café. Wir könnten auch irgendwo in der Rostocker KTV oder der Duisburger Innenstadt sitzen. Doch wir sind noch immer in Ardabil, und der Besuch eines Cafés ist etwas Aufregendes. Grundsätzlich ist es nicht illegal, in einem Café zu sitzen, aber der Reiz des Verbotenen liegt dennoch in der Luft. Als potenzieller Treffpunkt für Menschen unterschiedlichen Geschlechts sind Cafés stets verdächtig. Die Polizei findet daher immer wieder Gründe, Cafés wie dieses zu schließen, nur damit kurze Zeit später ein neues Lokal in einem anderen Teil der Stadt eröffnet. Unser Tisch ist der einzige, an dem zwei Geschlechter zusammensitzen. Die einheimischen Mädchen und Jungen, allesamt Studenten, die sich ebenfalls hier befinden, kommen aus dem Staunen gar nicht mehr heraus. Ich weiß nicht, ob sie uns für besonders rebellisch oder besonders bescheuert halten.

Der private Kontakt zwischen den Geschlechtern ist etwas sehr Schwieriges im Iran. Laut der Scharia, des islamischen Gesetzes, ist es verboten, sich mit dem anderen Geschlecht in der Öffentlichkeit zu zeigen, sofern es sich dabei nicht um den Ehepartner oder ein Familienmitglied handelt. Parks und andere öffentliche Orte sind elementar in der Freizeitgestaltung. Hier können die Jugendlichen sich bewusst »zufällig« über den Weg laufen, Blicke austauschen, kichern. Afshin und Shirin erzählen, wie auch sie bereits mehrmals von der Sittenpolizei auf offener Straße verhaftet wurden, weil die beiden Geschwister zusammen unterwegs waren. Erst als die Geschwister ihr Verwandtschaftsverhältnis bezeugen konnten, kamen sie wieder auf freien Fuß.

Doch die staatliche Repression macht Irans Jugend erfinderisch. Der Trick geht so: Mädchen und Jungen schreiben ihre Telefonnummern auf kleine Zettel, und während die einen in ihren Autos bestimmte Straßenzüge hoch und runter cruisen, spazieren die anderen auf den Bürgersteigen auf und ab. In einem unbeobachteten Moment tauschen sie durch die Fenster der Wagen ihre Telefonnummern und verabreden sich später zu heimlichen Treffen. So entstehen (Telefon-)Beziehungen, die in allem enden können und in nichts enden müssen. Afshin verbringt viel Zeit damit, mit dem teuren Auto von Opa Mahmoud durch eben diese einschlägigen Straßen zu fahren. Denn je schicker das Fahrzeug, desto größer die Erfolgschancen.

Der Iran überrascht uns in Ardabil täglich mit seinen Besonderheiten. Eine, bei der wir uns gehörig blamieren, ist Tarof – rituelle Höflichkeitsfloskeln rund um das Anbieten und Ablehnen von Gegenständen und Dienstleistungen, die das gesellschaftliche Miteinander im Iran regeln. Traditionell ermöglicht es Tarof, mit dem Gegenüber einfühlsam umzugehen. In erster Linie soll der Einladende das Gesicht wahren können. Gastfreundschaft ist so stark in der iranischen Kultur verankert, dass selbst Einladungen ausgesprochen werden, für die der Gastgeber gar nicht über die notwendigen Mittel verfügt. Dennoch muss er mit Nachdruck darauf bestehen, bevor er sein Angebot zurückziehen kann. Es ist also unabdingbar, dieses kleine Spielchen mitzuspielen und ein Angebot mindestens zwei- oder dreimal abzulehnen, bevor man darauf eingeht.

All das wissen wir nicht, als wir uns in einem Friseursalon der Stadt befinden. Der findige Mann, der mich frisiert, spricht etwas Englisch, was unsere Kommunikation enorm vereinfacht. Als das letzte Haar von meiner Schulter gestrichen ist und ich bezahlen möchte, lehnt der Friseur das Geld rigoros ab. Vielmehr bedankt er sich dafür, dass ich seine Dienste in Anspruch genommen habe, erklärt mir, dass er froh sei, mich als Gast in seinem Land und seiner Stadt willkommen heißen zu dürfen und dass er deshalb auf gar keinen Fall Geld von mir verlangen könne. Verwirrt von dem bestimmten Auftreten des Friseurs, stimme ich letztendlich zu. Wir verlassen den Salon, ohne zu bezahlen, und erzählen Afshin wenig später die merkwürdige Geschichte. Dieser wird merklich bleich, entschuldigt sich und eilt von dannen. Wir haben nie erfahren, wohin, aber nachdem wir über Tarof Bescheid wissen, sind wir uns sicher, dass er den Friseur an unserer Stelle bezahlte.

Unsere Zeit in Ardabil neigt sich dem Ende. Wir sitzen ein letztes Mal im Wohnzimmer – diesmal bei Behnam und Nooshin – und essen zu Abend. Heute serviert uns Nooshin feines Zereshk Polo ba Morgh, Safranreis mit Berberitzen und gegrilltem Huhn. Dazu gibt es Auberginen, eingelegten Knoblauch und Dugh – ein mit Kohlensäure versetztes iranisches Joghurtgetränk.

Schweren Herzens verlassen wir am nächsten Morgen Ardabil und unsere iranische Großfamilie. Oma Masa entzündet ein paar Blüten der Steppenraute und schwingt den leichten Rauch zum Abschied durch die Wohnung. Damit segnet sie die gesamte Familie, inklusive uns Reisende. Außerdem dürfen wir erst gehen, als wir ihr auf den Koran versprechen, dass wir eines Tages zurückkommen werden. *Inschallah* – es gibt nichts, was wir lieber täten.

Qazvin und die Festung im Tal Alamut

Wir verlassen Ardabil mit dem langsamsten Lkw der Welt. In der frostigen Kälte des iranischen Winters tuckern wir in einer beheizten Fahrerkabine im Schneckentempo die Straße hinunter.

Nach einer halben Stunde haben wir gerade mal sieben Kilometer zurückgelegt.

An einer Raststätte wechseln wir in den Wagen von Hamid. Er fährt einen weißen Khodro Samand, das beliebteste, weil günstigste Auto im Iran. Hergestellt im eigenen Land sehen wir kaum einen anderen Pkw auf den Straßen. Hamid ist auf dem Weg in die Hauptstadt Teheran. Dort heiratet noch heute Abend ein Cousin, und Hamid ist spät dran. Waren wir eben noch viel zu langsam unterwegs, so rasen wir jetzt über den Asphalt. Es gibt kein Fahrzeug, das Hamid nicht überholt. Iranischer Pop schallt aus den Lautsprechern, persische Melodien in moderner Komposition. Nach vier Stunden erreichen wir Qazvin. Auf einem Parkplatz an der Umgehungsstraße begeben wir uns in die Obhut von Iraj. Unser Gastgeber ist ein kleiner, quirliger Mann in Jeans und grauem Wollpullover.

Iraj lebt mit seiner Frau Farzane und der gemeinsamen Tochter Elham in einem heruntergekommenen Haus in einem der Wohnviertel der Stadt. Der Putz ist bröckelig, aus dem Dach ragen Stahlrohre. Das Gebäude sieht so aus, als ob es noch in der Bauphase vergessen wurde. Wir treten ein und stehen überraschend in einem Flur – ungewöhnlich für iranische Wohnverhältnisse, in denen man gerne von der Haustür direkt ins Wohnzimmer fällt. In der Küche schenkt uns Iraj aus einem Samowar heißen, duftenden Chai ein. Aus dem Wohnzimmer hören wir die dreijährige Elham schreien und Farzane stöhnen. Mutter und Tochter sind aufgebracht. Erst Iraj vermag das Kind zu beruhigen. Auf seinem Arm wirkt Elham ganz vergnügt, aufgeweckt wie ihr Vater selbst, der sich nun ganz liebevoll um die Kleine kümmert und uns zugleich Farzane vorstellt. Irajs Frau ist offensichtlich sehr gestresst. Wir können ihre Anspannung förmlich zu Boden fallen hören, als Iraj die gemeinsame Tochter mit ein paar Kinderspielen unterhält und Farzane für einige Minuten

Ruhe bekommt. Augenblicklich sinkt sie matt in einen Sessel im Wohnzimmer. Unbeachtet schauen wir uns etwas um. Überall im Haus ist der Boden mit dünner Auslegware bedeckt. Die Einrichtung ist simpel: ein paar Regale und Kleiderhaken im Flur, eine Schrankwand, eine Couch und zwei Sessel im Wohnzimmer. Die dicken Teppiche, die sonst in iranischen Wohnungen typisch sind, fehlen.

Im ersten Stock befinden sich zwei Schlafzimmer. Eines steht uns zur Verfügung und wird irgendwann Elhams persönliches Reich sein. Auch hier bedeckt Auslegware den Boden. Zwei in Bettbezüge eingeschlagene Matratzen liegen auf dem Boden. Dicke Wolldecken und ein Gasofen sorgen während der kalten Nacht für angenehme Wärme. Wenig später bittet uns Iraj, ihn in die Stadt zu begleiten. An einem Sprachinstitut leitet er Englischkurse für Mädchen, und wir sollen ihn beim Konversationstraining unterstützen.

Irajs Auto ist eine alte, verbeulte Karosse, natürlich ein Khodro Samand. Es ist Irajs treuer Gefährte, mit dem er jeden Tag Kilometer um Kilometer durch die Stadt zurücklegt. Unser Gastgeber ist nicht nur Englischlehrer, sondern auch Vertreter für verschiedene Versicherungen. Jeden Tag ist er auf der Suche nach neuen Kunden. Die Arbeit macht ihm keinen Spaß, aber seit dem Einbruch der iranischen Wirtschaft im Jahr 2012 ist für ihn, wie für viele andere Iraner, das Leben immer teurer geworden. Ausgelöst durch ein von der EU verhängtes Erdgas- und Ölembargo, verliert der Iran den Hauptabsatzmarkt für seine wichtigsten Exportgüter und fast 60 Prozent seiner Einnahmen. Die bereits angespannte wirtschaftliche Situation, hervorgerufen durch das seit 1995 bestehende US-amerikanische Handelsverbot, wird drastisch verschärft. Die Sanktionen treffen natürlich in erster Linie nicht die Mächtigen, dafür aber die einfache Bevölkerung. Die Preise für Fleisch, Milchprodukte und Butter, aber auch für Bücher und Zeitungen steigen in kürzester Zeit dramatisch an. Ein Job alleine reicht nicht mehr aus, um die Familie zu ernähren. Zwei bis drei Beschäftigungen gleichzeitig nachzugehen ist mittlerweile Standard für die meisten Iraner.

Die Sprachenschule ist ein unscheinbares Haus in einer Seitengasse im Zentrum Qazvins. Ein schmaler Klassenraum im ersten Stock bietet Platz für zehn Schülerinnen, die uns unerwartete Gäste mit großen Augen anstarren. Als Iraj ihnen erklärt, dass wir in den folgenden 90 Minuten als Konversationspartner Rede und Antwort stünden, bricht die Klasse in helle Begeisterung aus. Doch als die Mädchen tatsächlich mit uns sprechen sollen, sind sie viel zu schüchtern, um auch nur eine Frage zu stellen. Wir unterhalten uns mehr mit Iraj als mit allen Schülerinnen zusammen. Das Sprachniveau der Klasse ist niedrig. Manche Mädchen, sie alle sind vermutlich 15 oder 16 Jahre alt, scheinen nicht ein Wort von dem zu verstehen, was wir erzählen. Zwar wird in den staatlichen Schulen des Landes Englisch gelehrt, doch geht der Unterrichtsstoff kaum über das Lesen und Schreiben von Texten hinaus. Konversationsunterricht findet praktisch nicht statt. Schuld daran sind die oft unzureichenden Fähigkeiten der Englischlehrer. Aber auch die iranische Regierung zeigt wenig Interesse, Fremdsprachen zu fördern, fürchtet sie doch eine Abwanderung der klügsten Köpfe ins Ausland. Wer eine Fremdsprache sprechen lernen will, kommt letztendlich immer in eine private Sprachenschule.

Als der Unterricht beendet ist, liegt bereits die Nacht über Qazvin. Sterne funkeln am Himmel, als wir durch die leeren Straßen nach Hause fahren. Dort angekommen springt Iraj aus seiner Jeans direkt in die Schlafanzughose. Für Iraner ist sie das existenziellste Kleidungsstück. Iraj setzt sich zu Elham auf den Wohnzimmerboden. Farzane wirkt noch immer erschöpft, unglücklich. Die junge Frau erlebt die Mutterrolle offenbar als einen Kampf, der sie jeden Tag an ihre Grenzen bringt. Mit uns, so vermuten wir, wird sie deshalb auch nicht richtig warm. Ihr fehlt schlicht die Kraft. Trotz vorhandener Englischkenntnisse richtet sie das Wort stets an ihren Mann, wenn sie uns etwas zu sagen hat.

Am nächsten Morgen treffen wir Iraj und Elham in der Küche. Wir bekommen Tee, Elham einen Keks, der ihre Augen strahlen lässt. Die Kleine trägt einen hübschen gelben Pullover mit zu kurzen Ärmeln und eine braune Hose, die ihr nur bis über die Knöchel reicht. Doch kann sich die Familie keine neue Garderobe für die Tochter leisten. Wieder kommen mir Irajs Schilderungen über die iranische Wirtschaftskrise in den Sinn, und ich schäme mich ein bisschen. Als eines der einflussreichsten Länder der EU trägt auch Deutschland Schuld an der misslichen Lage vieler Iraner.

Nach dem Frühstück lädt uns Iraj zu einer Erkundungstour durch die Stadt ein. Den Vormittag hat er frei und widmet ihn ganz unseren Bedürfnissen. Qazvin und seine knapp 350 000 Einwohner werden von vielen Reisenden links liegengelassen. Zwischen den Großstädten Täbris und Teheran gelegen, wirkt Qazvin unscheinbar und hat wenig zu bieten. Dennoch gelangte die Stadt in der Vergangenheit zu großer Bedeutung. Gegründet vom Sassaniden-König Shapur I. im 3. Jahrhundert, wuchs Qazvin schnell zu einer namhaften Handelsstadt heran. Sie gehörte zu den wichtigsten Stationen im Wegenetz der Seidenstraße, die vom heutigen Xian in China bis nach Istanbul, damals Konstantinopel, und ans Mittelmeer führt.

Zusammen mit Iraj stehen wir mitten in der Stadt vor einem lang gestreckten, mit Bäumen gesäumten Platz. Es ist kalt und feucht, unangenehmes Dezemberwetter. Einige Frauen eilen über den Platz. Bis auf sehr wenige Ausnahmen tragen die Frauen schwarze Tschadors, konservative islamisch-religiöse Kleidungsstücke, die zusätzlich zur gewöhnlichen Kleidung um Kopf und Körper geschlungen werden. Der Tschador besitzt keine Ärmel, und so sind die Frauen mit ihrer linken Hand stets damit beschäftigt, das schwarze Tuch unter dem Kinn festzuhalten. Eine enorme Einschränkung, da den Frauen zur Bewältigung ihres Alltags so nur noch die rechte Hand zur Verfügung steht. Im Gegensatz zum Hidschāb ist das Tragen eines Tschadors im Iran jedoch nicht verpflichtend. Nur an besonders heiligen Orten muss er umgelegt werden. Vor so einem Ort befinden wir uns nun. Am gegenüberliegenden Ende des Platzes erhebt sich der Imamzadeh-ye Hossein, ein Schrein, der die Überreste Hosseins beherbergt. Als Sohn des Imam Reza, eines der zwölf heiligen Imame der Schiiten, wird auch Hossein als heilig verehrt. Auf der Durchreise mit seinem Vater stirbt der damals Zweijährige im Jahr 821 und wird an gleicher Stelle begraben. König Tahmasp I. lässt den Schrein errichten, nachdem er Qazvin zu seiner Hauptstadt erklärt. Heute ist der Schrein die bedeutendste religiöse Stätte der Stadt. Über einer Fassade aus dem 19. Jahrhundert, die mit bunten, kaleidoskopischen Mustern verziert ist, erheben sich sechs Zierminarette. Dahinter ragt eine blaue Kuppel aus dem 16. Jahrhundert empor.

Über nach Geschlechtern getrennte Eingänge gelangen wir in den Innenhof. Vorher müssen wir jedoch einen Tschador ausleihen und erhalten ein mit Dutzenden Spiralen versehenes Stück Stoff. Es sieht aus wie das Universum mit seinen Galaxien, und darin eingehüllt verschwindet der weibliche Körper in der Unendlichkeit. Ohne dieses Kleidungsstück bleibt der Einlass versagt. Zahlreiche Gläubige, Männer und Frauen, versammeln sich in kleinen Gruppen um den Schrein; ein kastenförmiges Gebäude, über das die blaue Kuppel ragt, die wir bereits von draußen sehen konnten. Die Eingänge sind mit Plastikplanen verhangen. Die Vorhalle, so berichtet uns Iraj, ist über und über mit Spiegelmosaiken verziert. Jetzt wird ihre Pracht jedoch von einer riesigen Stoffwand verdeckt. Ohne die spiegelverkleidete Vorhalle wirkt der Schrein wenig imposant. Einfache Kachelmotive zieren die Wände. Hundertfach wiederholend formen sie das Wort Allah in stilisierten Linien. Lediglich über der Vorhalle zieren kunstvoll gezeichnete Ranken, Blüten und arabische Schriftzeichen das Mauerwerk.

Auf der Rückseite des Schreins erinnert eine Gedenkstätte an die militärischen Opfer des Iran-Irak-Krieges aus den 1980er-Jahren des letzten Jahrhunderts. Damals besetzen die Truppen Saddam Husseins Teile der ölreichen iranischen Provinz Chuzestan. Der Iran, mit schlechterer Ausrüstung, dafür aber personell überlegen, schlägt zurück, und es kommt zum erbitterten Krieg. Giftgaseinsätze, die entsprechend der Genfer Konvention verboten sind, und Grabenkämpfe bestimmen seit dem Ersten Weltkrieg erstmals wieder eine militärische Auseinandersetzung. Iranische Jugendliche säubern Minenfelder, indem sie einfach durch sie hindurchlaufen. In den acht Jahren des Krieges fliehen Millionen Iraner aus ihrer Heimat. Die Gefechte fordern mehrere Hunderttausend Todesopfer. Genaue Zahlen existieren nicht. Historiker gehen von mindestens 300 000 Toten auf beiden Seiten aus. Manche sprechen von knapp einer Million Gefallenen. Erst 1988 endet der Krieg. Bis ins Jahr 2003 werden Kriegsgefangene zwischen den beiden Ländern ausgetauscht. Noch heute werden die gefallenen Soldaten überall im Iran als Märtyrer glorifiziert. In jeder Stadt zeigen Wandgemälde, bemalte Schilder und Plaketten oder Graffitis im öffentlichen Raum die Gesichter derjenigen, die damals in den Krieg zogen und nie wieder zurückkehrten.

Im Stadtzentrum führt uns Iraj in einen kleinen Park. Hier befindet sich der Tschehel Sotun, der königliche Palast Tahmasps I. Erbaut im Jahr 1510 und umfassend renoviert von den Kadscharen im 19. Jahrhundert, beherbergt das Gebäude nun ein Kalligrafie-Museum. Die meisten Ausstellungsstücke sind Abschriften des Korans oder religiöser Verse. Iraj, völlig unreligiös, kennt nicht einmal die ersten drei Sätze des islamischen Gebets, verrät er uns flüsternd, nachdem er sich nach möglichen unliebsamen Zuhörern umgeschaut hat.

Bald darauf verabschiedet sich Iraj von uns, muss er doch noch eine Englischklasse für heute vorbereiten. Wir hingegen besuchen den alten Markt. In den überdachten Gängen lassen wir uns langsam treiben. Wir bummeln durch Gassen voller Töpfe, Pfannen und Wasserkocher, biegen in die Abteilungen für Jogginghosen und Pullover ab. Plötzlich stehen wir zwischen Metzgern und Tonnen rohen Fleisches. Aus den Gefriertruhen glotzen uns Dutzende gekochte Schafsköpfe mit toten Augen entgegen. Die Köpfe sind Grundlage für eine iranische Delikatesse: Kalleh Pacheh. Die Suppe, die aus ganzen Schafsköpfen und Hufen gekocht wird, gilt als ein traditionelles Frühstück. Vor allem jetzt in den Wintermonaten kommt die nährstoffreiche Speise auf den Tisch.

Ein paar Stunden nachdem wir uns von Iraj verabschiedeten, kehren wir wieder nach Hause zurück. Während unserer Abwesenheit ging eine ganz erstaunliche Verwandlung mit Farzane vor. Sie trägt ein aufwendiges Make-up, eine neue Frisur und ein schwarzes Kleid, das ihre Knie frei lässt. Zwar hatte uns Iraj bereits am Vormittag erzählt, dass wir heute Abend auf eine Party gehen würden, aber er fügte auch hinzu, dass es nichts Besonderes sei. Ein paar Cousins, nichts weiter.

In einem rosa Hemd mit metallicblauer Krawatte öffnet uns Bahram, Irajs Cousin, am Abend die Wohnungstür. Seine Frau Najmeh trägt ein hochgeschlossenes weißes Oberteil, dessen Rüschenkragen mit funkelnden Glassteinen besetzt ist. In der modern eingerichteten Wohnung sind wir die ersten Gäste. In einer Ecke des Wohnzimmers befindet sich eine eigens für die Party gemietete Lichtanlage. Der helle Perserteppich wird mit einem breiten, weniger wertvollen braunen Teppich vor mutmaßlichem Schaden während der Feier geschützt. Eine Discokugel hängt von der Decke.

Dann kommen weitere Gäste, hochgeschlossen, streng gekleidet. Manche von ihnen tragen sogar einen Tschador. Sie werden nacheinander in ein separates Umkleidezimmer geführt. Als wir die weiblichen Gäste kurz darauf wiedersehen, stockt uns der Atem. Wo vorher von den Körpern nichts zu erahnen war, sehen wir nun hautenge Kleider mit entsprechenden Dekolletés, Miniröcke, hohe Absätze. Aufwendige Frisuren kommen unter den Kopftüchern zum Vorschein. Make-up wurde neu aufgetragen. Es ist, als wären wir in eine andere Welt geraten, weit weg von den konservativen Wertevorstellungen, den Verboten und Repressalien, die nur wenige Meter entfernt vor der Haustür herrschen.

Gegen 21 Uhr sind auch die letzten Gäste umgezogen, und Bahram schenkt uns großzügig ein. Aus Weißweingläsern, weil es schick aussieht, trinken wir Whiskey. Später kommt selbst gebrannter Obstschnaps hinzu. Irgendjemand hat Pizza mitgebracht: 20 Kartons. Die Gäste haben sich ausnahmslos herausgeputzt. Dabei treffen sich hier nur Cousins und Cousinen. Im Iran sind derartige Gästelisten allerdings nichts Außergewöhnliches. Musik, Tanz und Alkohol sind im Iran verboten. Die Strafen sind hoch, und so ist es vielen Iranern zu gefährlich, Außenstehende einzuladen.

Nach einer halben Stunde sind sowohl Männer als auch Frauen völlig betrunken. Wenn Iraner trinken, gibt es keine Zurückhaltung: So viel wie möglich in kürzester Zeit muss es sein. Die Lichtmaschine wirft farbige Flecken in Grün und Lila an die Wände. Die Discokugel spiegelt das flackernde Licht. Iranische Popmusik klingt über die Lautsprecher durch das Wohnzimmer, und auf dem braunen Teppich tanzen die Gäste in ausholenden Bewegungen.

Auch wir tanzen. Die Party köchelt ihrem Höhepunkt entgegen. Die Armbewegungen der Männer werden wilder, die Frauen kichern hysterisch. Doch kurz vor Mitternacht sinkt der Energiespiegel der Feiergesellschaft drastisch. Die Müdigkeit vor dem Kater setzt ein, und mit Iraj, Farzane und Elham verabschieden wir uns von dieser außergewöhnlichen Party.

Der nächste Tag beginnt früh. Wir treffen den jungen Studenten Behzad am Qarib Kosh Kreisverkehr, irgendwo am östlichen Stadtrand Qazvins. Aufgeregt blinzelt er uns entgegen, ist aber zu schüchtern, um mehr als ein paar Begrüßungsworte hervorzubringen. Behzad, auf unsere Reise über die Plattform Couchsurfing aufmerksam geworden, wollte uns unbedingt ein Stück begleiten. Er wollte ein Teil des Abenteuers sein und den Geschmack des Trampens kosten. Per Anhalter war Behzad noch nie unterwegs. In Behzads Gegenwart fühlen wir uns plötzlich wie Profis; Experten auf dem Gebiet des Trampens. Unser Ziel ist das Alamut-Tal im Elbrusgebirge, etwa 100 Kilometer von Qazvin entfernt. Ein nicht unzugängliches Tal, aber dennoch ohne eigenes Transportmittel schwer zu erreichen. Öffentlicher Nahverkehr existiert gerade jetzt in der winterlichen Nebensaison nicht. Das wissen auch die geschäftigen Taxifahrer, die uns nun am Kreisverkehr umringen und uns alle möglichen, mitunter unverschämt hohen Preisangebote unterbreiten. Selbst als Behzad zu erklären versucht, dass wir nicht in ein Taxi einsteigen, sondern per Anhalter reisen werden, lassen die Fahrer nicht locker. Schlimmer noch, sie werden wütend, weil sie es nicht wahrhaben wollen, dass wir ihnen durch die Lappen gehen.

Auch das ist eine Reaktion auf die wirtschaftlich schwierige Zeit im Iran.

Die Männer sind so aufdringlich, dass wir uns entschließen, ein Stück weit aus der Stadt zu laufen. Behzad ist vom Beginn seines Abenteuers mit uns sichtlich überwältigt. Er strahlt, wenn auch etwas unsicher, über das ganze Gesicht. Schon lange träume er vom Reisen, erzählt Behzad. Aber er ist zu furchtsam, zu vorsichtig. Außerdem fehlen ihm die Möglichkeiten. Der iranische Pass liegt im internationalen Vergleich weit abgeschlagen zurück. Sogar der Libanon, Libyen und Palästina haben einen angeseheneren Reisepass. Aber nicht nur das: Auch die Inflation im Iran ist so hoch, dass der iranische Rial im Ausland praktisch keinen Wert besitzt. Wie Behzad geht es vielen Iranern im Land. Behzads Ventil ist sein Rennrad. So erkundet unser Freund in immer größer werdenden Kreisen seine Heimat. Die Bergpässe zum Alamut-Tal hat er schon mehrfach überquert, und irgendwann, so erzählt er uns, möchte er den gesamten Iran mit dem Rad erkunden.

Während wir angeregt plaudern, hält ein alter blauer Transporter mit offener Ladefläche. Das freundliche Gesicht eines grauhaarigen Mannes schaut aus dem Fahrerfenster heraus. Tief liegende Augen, eine breite Nase über einem breiten Schnurrbart, darunter ein breites Kinn. Alles an dem Mann ist ausgeprägt, so auch sein Humor. Noch während wir hinten aufsteigen, erzählt er lachend die verschiedensten Geschichten, von denen selbst Behzad aufgrund der Entfernung zur Fahrerkabine nur einen Bruchteil mitbekommt. Die rostige, vom Wetter gezeichnete Ladefläche teilen wir uns mit einer Schubkarre und einer Schaufel. Eisiger Fahrtwind pfeift um unsere Köpfe, lässt unsere Hände gefrieren, mit denen wir nach Halt suchen. Schon der geringste Luftzug schneidet unbarmherzig die Haut. Wir steigen immer weiter hinauf ins Elbrusgebirge, und mit jedem Höhenmeter wird die Luft kälter. Nach einer Weile geht es hinab ins Alamut-Tal.

Auf der Ladefläche des Transporters poltern wir mit der Schubkarre und der Schaufel durch das Tal. Ein paar wenige Siedlungen säumen unseren Weg, bis wir im Dorf Shuta Khan anhalten und absteigen. Von hier sind es noch etwa sieben Kilometer ins Nachbardorf Gazor Khan, das von einer mittelalterlichen Festungsruine, dem Alamut-Schloss, überragt wird. Mehr als 50 dieser Festungen wachen über das Alamut-Tal. Sie gehen auf die berüchtigten Assassinen zurück, die im 12. Jahrhundert hier in den Festungen lebten. Einer Legende zufolge sicherten sie sich ihren Platz in der Geschichte durch Hinterlist und Tücke, durch Entführungen und Mord. Es heißt, dass Hasan-e Sabbah, spiritueller Führer der Ismaili, einer muslimischen Glaubensgemeinschaft, ein gefürchtetes Spezialkommando auf die Beine stellte, das sich dadurch auszeichnete, führende Politiker und Geistliche ihrer Zeit auszuschalten. In dem Glauben, mit ihren Taten eine Eintrittskarte für das ewige Paradies zu erwerben, zogen die Schergen aus und erledigten ihr Handwerk – geschickt und geräuschlos sind sie begnadete Geheimagenten und Auftragsmörder. Dabei ist das Paradies nichts weiter als ein versteckter Garten mit einer Handvoll schöner Mädchen, den Hasan-e Sabbah seinen Untergebenen im Haschischrausch zeigt.

Die Ismaili sind bei ihren Feinden, den sunnitischen Muslimen, deshalb auch als »Hashish-iyun«, als Haschischesser, bekannt. Europäische Händler und Krieger schnappen diesen schmähenden Begriff während ihrer Reisen auf und leiten daraus die Bezeichnung Assassinen ab, mit der sie die Ismailis in der alten Welt bekannt machen. Der Ausdruck ist so populär, dass er letztendlich sogar in den europäischen Sprachgebrauch eingeht. Er ist Ursprung des englischen und französischen

Wortes »assassin« – Attentäter. Doch es gibt auch eine freundlichere Version der Geschichte. Diese stellt Hasan-e Sabbah als einen Gelehrten, einen Verfechter des freien Geistes und der Wissenschaft dar, dem die Haschischlegende nur als Verleumdung angehängt wurde.

Wie auch immer die Vergangenheit ausgesehen haben mag: Im 13. Jahrhundert kommen die Mongolen, besiegen die Ismaili und zerstören ihre Felsenfestungen. Für Jahrhunderte verschwinden die Ismaili daraufhin aus der Geschichte, doch die Überlieferungen aus der Zeit Hasan-e Sabbahs bilden noch heute Stoff für Bücher, Computerspiele und Kinofilme.

Die Straße nach Gazor Khan windet sich in weiten Kurven stetig bergauf. Im Hintergrund ragen schneebedeckte Gipfel in den Himmel. Erosion und Erdrutsche haben verschiedene Mineralschichten in der Erde freigelegt. Die Hügel um uns tragen ein Gewand aus roten, gelben und grünen Tönen. Gazor Khan ist ein kleines, schläfriges Dorf in den Bergen. Eine Ansammlung von etwa 100 Häusern, umgeben von Kirschbaumplantagen. Die Siedlung ist so verträumt, dass selbst Ortsfremde keine Aufmerksamkeit erregen.

Hoch über Gazor Khan ragen die Überreste des Alamut-Schlosses, der Festung des Hasan-e Sabbah, auf einem Felsenhang empor. Ein schmaler Pfad führt bis zum Felsen, wo vereiste Stufen steil nach oben führen. Von der Festung ist kaum etwas übrig geblieben. Wellblechdächer schützen die Ausgrabungsstätten. Ein grob zusammengehauener hölzerner Unterstand erhebt sich über einem Teil der Anlage. Von hier haben wir eine fantastische Aussicht. Unter uns befindet sich das Dorf Gazor Khan, dahinter erstreckt sich das Tal, bis es an eine massive Gebirgswand trifft.

Während wir die Sonnenstrahlen auf einem der Mauersimse genießen, kommt Behzad mit einem iranischen Paar ins Gespräch. Offenbar verstehen sie sich gut, und schnell ist unsere Mitfahrgelegenheit zurück nach Qazvin vereinbarte Sache. Behzad ist jetzt schon ein ausgezeichneter Tramper.

Von den Ruinen des Schlosses schlendern wir mit dem iranischen Paar zurück zum Parkplatz. Beide leben seit Jahren im Ausland, zuletzt in Kanada. Nun haben sie neue Arbeitsangebote in den USA erhalten und nutzen die Zeit bis zum Arbeitsbeginn mit einer Rundreise durch den Iran. Dass beide demnächst in Texas leben und arbeiten werden, bereitet ihnen jedoch jetzt schon Sorgen. Im konservativen Wüstenstaat fühlen sie sich als Iraner nicht willkommen. Schon während vorheriger Reisen durch die USA warf man ihnen verängstigte, besorgte Blicke zu, wenn sie sich als Iraner vorstellten. Der Iran löst in den Menschen Angst aus, und um einer Stigmatisierung zu entgehen, haben sich die beiden etwas einfallen lassen. Sie sind keine Iraner, sondern Perser – das Gleiche, nur ein bisschen anders. Während Iran in der westlichen Welt häufig nach Atomkrieg klingt, schwingen bei Persien Kunst, Hochkultur und Fortschritt mit. Niemand hat Angst vor Persien. Stattdessen wird es für all seine Errungenschaften hoch angesehen – ganz im Gegensatz zum Iran. Dass es sich dabei um ein und dasselbe Land handelt, scheint vielen US-Amerikanern unbekannt zu sein, schmunzelt das junge iranische Paar.

Mit diesem kontradiktorischen Erkenntnisgewinn kehren wir zurück nach Qazvin, wo wir von unseren Gastgebern bereits zum Abendessen erwartet werden. Es ist unser letzter Abend in der Stadt. Am nächsten Morgen reisen wir ab.

Rasht – die liberale Blase am Kaspischen Meer

Die Sonne hat bereits ihren höchsten Stand an diesem kalten Wintertag erreicht, die Fahrbahn ist breit, der Asphalt lückenlos – beste Voraussetzungen für eine geschmeidige Fahrt durch das nahe Elbrusgebirge bis in die rund 170 Kilometer entfernte Provinz Gilan. Erneut halten wir unseren Schreibblock am Straßenrand in die Höhe. Diesmal haben wir in dicken persischen Lettern den Namen Rasht, Gilans Hauptstadt, aufs Papier geschrieben. Doch kaum jemand ist unterwegs. Lediglich ein paar Schwertransporter parken neben der Straße, doch von ihren Fahrern ist nichts zu sehen. Ab und an braust ein Pkw an uns vorbei, dann ist es wieder still. So warten wir etwa eine Stunde, bis Mehran neben uns hält. Baumwoll-Polohemd, schütteres Haar und eine Sonnenbrille, die er auch während des Sprechens nicht abnimmt, geben ihm das Aussehen eines alt gewordenen Ibizatouristen. Mehran fährt nach Rasht, wir steigen ein, und zusammen geht es ins Gebirge. Immer höher ragen die Berge um uns in den Himmel. Mehran, so erfahren wir, arbeitet als Friseur in Rasht und hat ein merkwürdig intensives Verhältnis zu weiblichen Haaren. Mehrfach bittet er mich, mein Kopftuch abzulegen, weil er lange Haare sehen und auch anfassen möchte. Mehran stellt detaillierte Fragen über Länge, Farbe und Struktur der Haare und bietet sogar einen kostenfreien Haarschnitt für den nächsten Tag an. Seine Obsession ist irritierend, aber noch liegen mehr als 100 Kilometer bis nach Rasht vor uns.

Unser Blick schweift über die kargen Hänge des südlichen Elbrusgebirges. Doch bald schon ändert sich die Landschaft dramatisch. Die Nordhänge des Gebirges bedeckt ein feuchter Laubwald. Hier, nahe dem Kaspischen Meer, herrscht angeblich das beste Klima des Landes. Die kühle Bergluft und die häufigen

Regenschauer, die zwischen dem Gebirge und dem See niedergehen, ziehen die hitzegeplagten Iraner aus der Wüste und vor allem aus der diesigen, von Abgasen und Feinstaub durchzogenen Hauptstadt Teheran in Scharen an. Die Provinz Gilan gehört zu den beliebtesten Urlaubsregionen der Bevölkerung. Dunkelgrüne Teeplantagen zieren die Hänge. Aber auch Reis wird dank des vielen Niederschlags erfolgreich in Terrassen angebaut. Nach einer dreistündigen Fahrt, die uns wieder aus den Bergen herausführt, erreichen wir Rasht. Gilans Hauptstadt ist mit etwa 700 000 Einwohnern die größte iranische Stadt am rund 30 Kilometer entfernten Kaspischen Meer. Zugleich ist sie das wichtigste Handelszentrum des Landes mit den Überseepartnern im Norden, den kaukasischen Staaten und Russland. Natürlich muss man auch in Rasht über das Wetter sprechen, das verlässlich instabil ist. Die Sommer sind heiß und schwül, die Winter mit etwa zehn Grad angenehm mild. Oberhalb der Stadt sammeln sich ganzjährig niederschlagsreiche Wolken an den Gebirgshängen. Jetzt im Januar regnet es durchschnittlich jeden zweiten Tag und damit häufiger als in Hamburg zur gleichen Zeit. Was norddeutsche Seebären ausdruckslos als Schietwetter bezeichnen, ruft im Iran Begeisterung hervor. In einem Land, das zur Hälfte aus Wüsten besteht, ist derart viel Niederschlag beinahe paradiesisch.

In einem Taxi lassen wir uns zu einer Adresse im Stadtzentrum fahren. Hier erwartet uns bereits unser Gastgeber. Der junge Mann, er nennt sich Sé, ist 26 Jahre alt und für einen Iraner erstaunlich groß. Er begrüßt uns mit einer unerwartet piepsigen Stimme. Sein Händedruck ist weich, wie Watte. Seine Bewegungen, seine Ausstrahlung, sein Verhalten stehen dem in nichts nach. Sé macht auf uns einen ziemlich femininen Eindruck. Er lebt allein in einer Einzimmerwohnung im ersten Stock über einer Seitenstraße. Auf dem bunten, mit Ranken und Pflanzenmustern verzierten Perserteppich herrscht ein wildes Chaos aus beschriebenen Zetteln, Notizblöcken, Büchern und Folien – Unterrichtsvorbereitung der iranischen Art. Wie Iraj in Qazvin arbeitet auch Sé als Englischlehrer an einem Sprachinstitut. Doch anders als der wache Iraj wirkt Sé wie ein zerstreuter Professor. Um uns Platz zu schaffen, schiebt er seine Materialien mit einer Armbewegung zusammen, sodass das Chaos garantiert erhalten bleibt. In einem Gasofen am hinteren Ende des Raumes züngeln Flammen und beheizen so die kleine Wohnung mit beinahe sommerlichen Temperaturen. Daneben stehen zwei weiße 15-Liter-Kanister, in denen Hunderte Rosinen in einer Flüssigkeit schwimmen. Wir bestaunen Sés heimische Spirituosenproduktion. Obwohl verboten, ist der Alkoholkonsum im Land dennoch hoch. Sé erklärt uns stolz, wie er mit einem Freund über den Markt von Rasht schlendert, mal hier eine Rosine probiert, mal dort, bis er die schmackhaftesten Früchte gefunden hat und sie dann kiloweise nach Hause schleppt. Zusammen mit Hefekulturen und jeder Menge Zucker lagern die Rosinen mit Wasser überschüttet für zwei Wochen in den weißen Kanistern. Um den Gärprozess zu verbessern, positioniert Sé seine Produktionsstätte direkt vor der auf Hochtouren laufenden Heizung. Morgen, so berichtet unser Gastgeber, beginnt die zweite Herstellungsphase. Dann püriert er die Früchte in einem Mixer und lässt sie einen weiteren Monat in den Kanistern gären, bevor der nun alkoholische Brei durch ein Stück Stoff gekeltert wird.

Später führt uns Sé durch Rasht. Die Provinzstadt hat wenig Attraktives zu bieten. Lediglich der ovale, palmenumstandene Shardari-Platz lässt sich im weitesten Sinn als sehenswert bezeichnen. Fontänen schießen aus dem Wasserbecken in seiner Mitte. Weiß getünchte, in gelbes Licht getauchte Gebäude im kolonialen Stil rahmen den Platz. Die Reiterstatue des Kuchuk

Khans befindet sich ebenfalls hier. Der Revolutionär aus dem frühen 20. Jahrhundert genießt in der Region bis heute den Heldenstatus eines iranischen Robin Hood.

Am Abend machen wir es uns in Sés Wohnung mit einer Wasserpfeife auf dem weichen Perserteppich bequem. Über den Laptopbildschirm flimmert irgendeine Castingshow. Sé fiebert besonders mit einem männlichen Kandidaten mit, den er als ein kleines bisschen feminin beschreibt. Dieser Kandidat ist ganz offensichtlich schwul, was Sé jedoch vehement bestreitet. Der junge Mann auf dem Bildschirm ist für ihn eindeutig heterosexuell, nur eben mit weiblichen Gesten. Dabei sind die Ähnlichkeiten zwischen dem Kandidaten und Sé frappierend. Doch hier im Iran, in dem gleichgeschlechtliche Liebe verboten ist und ihre Ausübung mit dem Tod bestraft werden kann, fällt derlei Wahrnehmung vermutlich besonders schwer. In der Gesellschaft ist das Thema tabu und Sé so sehr damit beschäftigt, sich selbst Heterosexualität einzureden, dass er auch offensichtlich Schwule nicht als solche erkennt. Obwohl oder gerade weil sie so sind wie er selbst.

Dennoch spürt Sé, dass er anders ist, dass er nicht in ein Land wie den Iran passt. Während wir dichte Rauchwolken ins Zimmer blasen, berichtet er von seinen Fluchtgedanken aus dem Iran. Aber jede Flucht benötigt Geld, und das fehlt Sé an allen Ecken. Sés gesamte Ersparnisse würden gerade einmal für ein Flugticket nach Europa reichen. Doch dafür bräuchte er einen iranischen Reisepass – ein weiteres Hindernis. Dennoch sprechen wir über deutsches Asylrecht und die Möglichkeiten eines Aufenthaltes. Sés Perspektive ist nicht sonderlich Erfolg versprechend. Für ein Asylgesuch benötigt er einen anerkannten Flüchtlingsstatus. Doch niemand verfolgt Sé. Sé hat keine politische Überzeugung, wird von niemandem diskriminiert.

An einem anderen Abend sind wir mit Sé und einem Freund in einer Wasserpfeifenbar verabredet. In Rasht erfreuen sich die Bewohner der Stadt an einem intakten säkularen Kulturprogramm. Hier gibt es Kinos, Kunstausstellungen, Konzerte, eine internationale Buchmesse und eben Bars, in denen Qelyans, so die persische Bezeichnung für Wasserpfeifen, geraucht werden. Damit steht Rasht selbst dem großen Teheran in nichts nach. Überhaupt genießt Rasht einen liberalen Ruf. Es ist die Nähe zum Kaspischen Meer, die Rasht auszeichnet. Mit dem Handelshafen Anzali gilt die Stadt als Tor nach Europa. In der Vergangenheit schwappen immer wieder tolerante, weltoffene Ideen aus dem alten Kontinent, dem russischen Zarenreich oder der frühen Sowjetunion hierher und prägen die Bevölkerung. Im frühen 20. Jahrhundert entwickelt sich Rasht zu einer modernen Stadt, die durch westlichen Liberalismus und sozialen Fortschritt gekennzeichnet ist. In dieser Atmosphäre entsteht eine Begeisterung für die Revolution, die sich in der kurzlebigen Sozialistischen Sowjetrepublik Iran manifestiert. Rasht ist seit jeher etwas anders als der Rest des Landes. Die Obrigkeit agiert hier mit einer langen Leine. Der politische und religiöse Druck auf die Bevölkerung scheint in Rasht geringer als in anderen Teilen des Landes.

In der Wasserpfeifenbar bestellen wir Chai und eine Obstschale. Iraner lieben Obst. Vor allem sauer muss es sein und wenn möglich salzig. Am liebsten streuen Iraner deshalb Salz auf saure Früchte wie Äpfel, Orangen, Zitronen oder unreife Früchte aller Art. Wenn sich die Mundwinkel vor Säure und Salz nach innen ziehen, ist es gerade richtig. Iranischer Pop schallt durch den großen, von leichten, offenen Trennwänden durchzogenen Raum. Ein Stimmengewirr aus Dutzenden Kehlen mischt sich darunter. Auf der Empore nebenan sitzen fünf junge Frauen, die alle die gleiche Nase zur Schau tragen. Seit Jahren gilt es im

Iran als besonders schick, sich die Nase verschönern zu lassen. Es gibt Studien, die von etwa 80 000 Nasen-OPs jährlich im Iran ausgehen. Selbst das postoperative Nasenpflaster wird wie eine Trophäe präsentiert. Die weißen Pflaster sind Accessoires, sollen im wirtschaftlich gebeutelten Land zeigen, dass man sich eine vergleichsweise teure Nasenkorrektur leisten kann. Frauen und Männer tragen die prestigeträchtigen Pflaster gleichermaßen gerne zur Schau.

Am nächsten Morgen schaukeln wir in einem klapprigen Minibus nach Bandar-e-Anzali. Der Handelshafen von Rasht ist der wichtigste Hafen des Landes am Kaspischen Meer und Tor nach Europa. Stählerne Kräne löschen die Fracht ankommender Transportschiffe. Dutzende Möwen kreischen im Wind, der in stürmischen Böen über das Wasser fegt. Fangschiffe bringen tonnenweise Fisch in den Hafen. Das Kaspische Meer liefert etwa 95 Prozent des weltweiten Kaviars. Doch im Iran ist davon nichts zu spüren. Der heimische Kaviar geht vollständig in den Export. Über die gepflegte Promenade schlendern Familien mit Picknickkörben, Gruppen junger Männer, Paare. Es ist die Flaniermeile der Stadt. Abgeschirmt durch das Elbrusgebirge hat man sich hier nicht nur eine eigenständige Kultur bewahrt, sondern auch das Aussehen unterscheidet sich von dem der Wüstenbewohner in weiten Teilen des Landes. Hier sind die Menschen hellhäutiger, haben hellere Augen und ebenmäßigere Züge. Frauen vom Kaspischen Meer haben überall im Iran den Ruf, ausgesprochen hübsch zu sein.

Von der Promenade spazieren wir weiter am Strand entlang, bis die ersten eiskalten Regentropfen aus den zunehmenden Wolken fallen. Wir flüchten zurück nach Rasht in Sés warme Wohnung. Als wir eintreten, füllt unser Gastgeber gerade einen Mixer mit den bereits fermentierten Rosinen und zerhackt sie in winzige Stücke, bevor er sie zurück in den Kanister schüttet. Ab jetzt braucht es nur noch Zeit. In etwa einem Monat ist Sés Rosinenansatz fertig.

In Anzali habe ich nachgedacht, über Sé und all die anderen Iraner, die rauswollen, weg, weit weg. Aus welchem Holz muss man geschnitzt sein, um die Heimat für immer zu verlassen? Mit welchen Vorstellungen wagt man diesen Schritt, und wie wird die Wirklichkeit aussehen? Was macht Sé, wenn er sich plötzlich in einer Flüchtlingsunterkunft in der ostdeutschen Provinz wiederfindet? Wenn das Beste in seiner Lage das verregnete Wetter sein wird, weil es ihn an Rasht und Gilan erinnern würde? Wann entscheidet man sich zu gehen und nicht nur am Kai zu stehen und die Fantasie hinaus aufs Meer zu schicken? Es ist unser letzter Abend in Gilan, und selten zuvor war ich so dankbar über das Privileg, in einer offenen Gesellschaft herangewachsen zu sein. In einer Gesellschaft, die mich gehen lässt, aber mich auch immer wieder aufnimmt, wie ein Heimathafen.

Geschichten aus Teheran

Auf dem Weg von der Küste des Kaspischen Meeres nach Teheran befinden wir uns am Straßenrand in Tschalus. Hinter uns wogen die Wellen des größten Sees der Welt, vor uns erhebt sich das mächtige Elbrusgebirge. Gerade sind wir mit einem jungen Mann aus der liberalen Provinzstadt Rasht bis hierher nach Tschalus getrampt. Nun hält ein Paar, beide Anfang 20. Unser gemeinsames Ziel ist die Hauptstadt des Landes, und so steigen wir ein, ziehen schmale Kurven in den engen Bergstraßen, steigen mit jeder Serpentine höher ins Gebirge. Er rast mit röhrendem Auspuff, post lässig am Steuer, lässt den Coolen raushängen – sie ist ständig mit ihren Haaren und ihrer Schminke beschäftigt. Gerade für junge Frauen scheint in dem von Verhüllungsgeboten geprägten Land die Gesichtsbemalung existenziell zu sein. Die Make-up-Schicht wird immer dicker, die Mode im Gesicht immer extravaganter. Der neueste Trend ist es, sich das letzte Drittel der Augenbraue, den Teil, der sich nach dem Schwung wieder nach unten neigt, abzurasieren. Manchmal werden die Augenbrauen dann weiter nach oben verlaufend neu gemalt und geben den Gesichtern das grimmige Aussehen einer finsteren Comicfigur. Unsere Mitfahrgelegenheit ist ein Vorzeigebeispiel junger Teheraner. Sie sind gebildet und attraktiv, aber auch eitel und versessen auf Statussymbole.

Wir erreichen Teheran in der Dunkelheit, und schlagartig ändert sich die Atmosphäre im Auto. Waren unsere Begleiter eben noch locker und fröhlich, so ist es vor allem die junge Frau, die nun sehr ernst wird. Das Kopftuch hat sie schon länger um ihre Haare geschlungen, die sie zunächst noch unverhohlen offen trug. Jetzt will sie so schnell wie möglich zurück in ihr Wohnheim. Obwohl ihr Freund den restlichen Abend noch gerne mit ihr verbringen möchte, lehnt sie jedes seiner Angebote ab. Zu groß ist die Gefahr, entdeckt zu werden. In einer Seitenstraße nahe ihres Wohnheims huscht sie aus dem Auto und verschwindet, ohne sich noch einmal umzudrehen, hinter der nächsten Ecke.

Der Verkehr in Teheran ist katastrophal. Schneller und effektiver ist das Metronetz, und so verlassen wir das Auto, steigen in eine U-Bahn und fahren zu unserem Couchsurfing-Gastgeber. In einer schlecht beleuchteten Sackgasse öffnet uns Ahad die Tür. Unter dunklem, lockigem Haar mustert uns freundlich ein klarer Blick, ein Lächeln, gerahmt von wildem Bartwuchs, begleitet uns, als wir eintreten. Ahad weist uns an: »Stellt eure Rucksäcke dort ab.« – »Euer Schlafplatz ist hier.« – »Wenn ihr etwas braucht, dann nehmt es euch, ich werde euch nicht bedienen.« Ahads Worte sind keine leeren Hülsen. Der gesunde junge Mann endet oberhalb der Hüfte. Der Rest seines Körpers geht als Invalide weiter. Gestützt auf zwei Krücken, bewegt sich Ahad nur mühsam durch seine Zweizimmerwohnung. Jeder Schritt wirkt beschwerlich, schmerzhaft. Die dazugehörige Geschichte ist tragisch – Ahad stürzte sich eines Tages vom Dach eines siebenstöckigen Hauses. Doch es war ein Scheitern im Scheitern, weil er nicht tot, dafür aber sein Rückenmark fast vollständig durchtrennt war. Seitdem trägt Ahad eine Windel und uriniert durch einen Katheter.

Doch der Sturz nimmt Ahad nicht nur die Bewegungsfreiheit und Kontinenz, er nimmt ihm auch den Todeswunsch. Heute gehört Ahad zu den aktivsten Couchsurfern in Teheran. In seinem Wohnzimmer sitzend reist er durch die Welt, die er durch die Augen seiner Gäste sieht. Auch unsere Geschichte zieht in Ahads Universum ein. Mit neuem Lebensmut entdeckt Ahad auch immer neue Beschäftigungsmöglichkeiten. Aktuell ist er begeisterter Brauer. Nachdem ihm ein polnischer Couchsurfer eine Rezeptur für die heimische Bierproduktion überließ, ist Ahad hauptsächlich damit beschäftigt, seine Bestände aufrechtzuerhalten. Das iranische Alkoholverbot interessiert Ahad dabei herzlich wenig. Er lebt am Staat vorbei, so wie dieser an ihm vorbeilebt. Staatliche Unterstützung wie Renten und Förderungen gibt es hier nicht. Ahad verdankt seinen Unterhalt allein seiner Familie.

Zusammen mit Leonie, einer jungen Frau mit kehlig-kratzigem, mich stets erheiterndem Schweizer Akzent, die ebenfalls bei Ahad zu Gast ist, erkunden wir Teheran. Die Hauptstadt des Landes ist weder besonders hübsch noch besonders alt. Dafür bietet sie die schmutzigste Luft im Land. Teheran gehört zu den weltweit am stärksten belasteten Städten und liegt mit seinen Smogwerten nur geringfügig hinter Peking.

Es ist Januar, ein Monat gesegnet mit der schlimmsten Luft im ganzen Jahr. Unser Weg führt uns vorbei an grauen Häuserfronten, Ungetümen, von deren Funktionalität nicht die geringste Verzierung ablenkt. Breite sechsspurige Straßen teilen die Betonödnis. Weiße und silberne Pkws rollen im Schritttempo an uns vorbei, husten rußige Abgaswolken auf die Straßen und bleiben nur wenig später in einem Verkehr stecken, der sich wie ein undurchdringlicher Knäuel durch die Stadt zieht.

Neben den Straßen bröckelt alter Putz von grauen Wänden. Über den Gehwegen hängen Klimaanlagen an den Fassaden mehrstöckiger Häuser. Bunte Reklametafeln prangen hoch über dem Asphalt, und über den Dächern kreisen Baukräne. Ihnen liegt die Stadt zu Füßen, die sich bis ans Elbrusgebirge schmiegt.

Passanten hetzen durch die Gegend. Sie gehören zu den etwa 15 Millionen, die in Teherans Einzugsgebiet leben und die Häuserschluchten tagtäglich ins Chaos stürzen. Dem Gedränge auf den Straßen entgehen wir in Teheran unterirdisch. Das Metronetz ist weit gespannt und funktioniert zuverlässig. Dass die stickig-schmutzige Luft der Straße nicht herabsteigt, ist ein angenehmer Nebeneffekt.

An der Metrostation Panzdeh-e Khordad kommen wir zurück an die Erdoberfläche und betreten Teherans Basarviertel. Seit beinahe 1000 Jahren wird hier bereits mit Waren gehandelt. Architektonisch ist Teherans Markt kein Augenschmaus, dafür treibt eine chaotisch wabernde Menschenmasse in seinen mehr als zehn Kilometer langen Gängen, die hier Waren begutachtet, feilscht und kauft. Dort entsteht ein gutes Geschäft, hier wird jemand über den Tisch gezogen. Händler und Marktbesucher stehen sich im Wettstreit um die Waren gegenüber. Bereits vor dem Eingang zum Basar herrscht ein wildes Durcheinander. In die Außenmauern des Marktgebäudes drücken sich Dutzende Geschäfte und Essensstände. In großen Säcken und Kisten lagern getrocknete Beeren, Datteln, Limetten, Feigen und Aprikosen. Darüber erheben sich riesige Pistazienpyramiden in verschiedenen Qualitätsstufen. Lavashak, getrocknete Musplatten, vornehmlich aus Sauerkirschen oder Pflaumen, liegt zum Verkauf bereit.

Hinter dem Eingangstor zum Basar verteilt sich die Masse in die verschiedenen Gassen. Jede bietet ein bestimmtes Handwerk oder spezielle Waren an. Unter hohen Kuppeln klopfen Kupferschmiede Metall, da befinden sich Goldhändler, Schuhmacher, Schneider, Messerschleifer, Sattler, Tabakverkäufer, Gewürz- und Teppichhändler. Es gibt nichts, was es hier nicht zu kaufen gibt. Wie bereits auf dem Markt in Täbris fasziniert uns auch in Teheran die Teppichabteilung. Jedes Stück ist eine Investition. Vermutlich steht der Warenwert der Teppiche dem der Juwelen, die in einem anderen Teil des Marktes angeboten werden, in nichts nach – wahrscheinlich übertrifft er ihn sogar.

Teherans Basar ist der größte Markt im Land und zugleich der Kopf des landesweiten Handels. Etwa ein Drittel aller Waren, die im Iran durch den Einzelhandel verkauft werden, stehen mit dem Markt in der Hauptstadt in direktem Zusammenhang. Dementsprechend begehrt und teuer sind die Läden in den Gassen des Marktes. Es ist noch nicht lange her, da wechselte ein kleines, etwa 20 Quadratmeter großes Geschäft an einer der wichtigsten Passagen für die unglaubliche Summe von einer Million US-Dollar den Besitzer. Der neue Eigentümer versprach sich im ersten Jahr einen Umsatz von zwei Millionen US-Dollar – mit dem Verkauf von Unterwäsche, wohlgemerkt.

Die hier auf dem Markt festgelegten Preise gelten als Standard für den Rest des Landes. Teherans Markttreiber, die Bazaris, teilen eine enorme ökonomische Kraft untereinander. Doch der Einfluss der Bazaris geht weit darüber hinaus. Im Iran ist der Besuch des Marktes immer noch ein bedeutender Teil des Alltags. Hier trifft man sich, hier tauscht man sich aus. In den Gassen und Passagen geht es deshalb nicht nur um Teppiche und Gewürze, sondern auch um Politik und Macht. Für die Regierung ist es stets von Bedeutung, die Bazaris auf ihrer Seite zu wissen. Traditionell konservativ stützen die Bazaris auch heute das politische System. Wenig liberal erscheint auch die Kundschaft: Beinahe jede Frau verhüllt sich hier mit einem Tschador. So viele schwarze Gewänder haben wir an keinem anderen Ort in Teheran gesehen.

Direkt neben dem großen Markt in Teheran befindet sich ein Gebäudekomplex, der weithin als Golestan-Palast bekannt ist. Errichtet in den Übergangsjahren vom 18. zum 19. Jahrhundert, war er bis zur islamischen Revolution 1979 offizielle Residenz der herrschenden Monarchen. Hier regelte die Herrscherdynastie der Kadscharen die Geschicke des Landes, bevor die Pahlavis unter König Reza als letzte persische Königsfamilie übernahmen. Die Pahlavis, royale Machthaber in der konstitutionellen Monarchie im Iran, waren es auch, die viele Gebäude des Komplexes für ein neues Stadtviertel abreißen ließen. Doch auch wenn die Palastanlage einst um einiges größer war, so ist das Gelände noch immer beeindruckend genug, um von der UNESCO seit 2013 als Weltkulturerbe gelistet zu werden. Die Gebäude, von verschiedenen Herrschern über die Jahre hinzugefügt, beherbergen nun mehrere Museen. Trotz eines für Paläste recht jugendlichen Alters ist der Golestan-Palast mit etwas mehr als 200 Jahren eines der ältesten historischen Monumente Teherans.

Die Außenwände des Palastes sind ein Meisterwerk aus Farben und dekorativen Motiven, die riesige stilvolle Blumenmuster zeigen. Sie referieren auf den Namen des Palastes, denn Golestan bedeutet nichts anderes als »Ort der Blumen«. Daneben zieren Vogeldarstellungen und Jagdszenen die Wände ebenso wie kunstvolle Landschaftsdarstellungen und Stadtbilder. Auch das

Wappentier der Kadscharen – ein Löwe, der ein Schwert über seinem Kopf hält, mit der dahinter aufgehenden Sonne – ist ein immer wiederkehrendes Motiv. Doch die vollbrachte Handwerkskunst hat nicht mehr den Glanz früherer Zeiten. Noch in Ardabil bewunderten wir die Schönheit der Dekorationskunst der Safawiden aus der Zeit zwischen dem 16. und 18. Jahrhundert. Mit gebrochenen, verschiedenfarbigen Scherben bannten sie grandiose Muster an die Wände ihrer Moscheen und Gebäude. Hier im Golestan-Palast sind die filigranen Motive und Darstellungen lediglich auf die gekachelten Wände gemalt.

Am Abend sind wir zurück bei Ahad. Unser Gastgeber hat Freunde und Couchsurfer eingeladen, und so lassen wir uns zunächst Reis, Gemüse und Kebab schmecken, bevor frisch gebrautes Bier auf den Tisch kommt. Neben einer Handvoll Iraner machen wir es uns mit einigen Europäern gemütlich. Dank Ahads kleiner Instrumentensammlung haben wir eine gute Zeit. Bald schon sind wir eine eingespielte Band. Mit Gitarre, Rasseln und Mundtrommel lassen wir es krachen. Nur die Blockflöte bringt ein paar schiefe Töne in unser musikalisches Meisterwerk. Wir musizieren bis weit nach Mitternacht, und Ahad lässt es sich nicht nehmen, auf die Schultern eines Freundes gestützt das Tanzbein zu schwingen.

Hier in Teheran bekommen wir nur selten den Eindruck, in einem der isoliertesten und dogmatischsten Länder der Welt zu sein. Die Menschen, denen wir begegnen, sind offen, freundlich und liberal. Die Hauptstadt ist das Zentrum der Kreativen, das Wohnzimmer der Künstler. Hier toben sie sich aus – wenn auch hinter verschlossenen Türen und im Untergrund. Wir besuchen die Fotoausstellung eines schwulen Fotografen, essen die besten Burger und Pommes der Stadt, treffen bärtige Studenten mit hippen Brillengestellen in coolen Cafés und Teehäusern. Junge Frauen tragen ihre Mantos, langärmlige Mäntel, die bis über die

Oberschenkel reichen, in eng anliegenden Schnitten und leuchtenden Farben. Wir unterhalten uns viel, aber erstaunlich wenig über Religion. Die meisten Teheraner, mit denen wir ins Gespräch kommen, bezeichnen sich selbst als unreligiös, manche sogar ganz bewusst als Atheisten. Das Kopftuch ist allen lästig, aber unumgänglich. Trotzdem wollen sie uns von ihrem Land erzählen, von den Menschen, die weder Krieg noch Streit und auch kein religiöses Säbelrasseln mitmachen wollen. Dennoch verzweifeln viele unserer Gesprächspartner über die Zustände in ihrem Land. Fluchtgedanken werden mehr als einmal geäußert. Die Misere des Landes hängt eng mit dem größten politischen Widersacher, den USA, und ihrem imperialistischen Wertesystem zusammen. Der Iran verdankt die letzten 60 Jahre seiner Geschichte nämlich vorrangig den Bestrebungen US-amerikanischer Außenpolitik; sowohl der offiziellen als auch der geheimen.

Es sind die frühen 1950er-Jahre, als sich die CIA im Keller der US-amerikanischen Botschaft in Teheran an die Ausführung ihres allerersten Staatsstreichs macht. Noch vor Lumumba im Kongo (1960), Sukarno in Indonesien (1965) und Allende in Chile (1973) übte sich der Auslandsgeheimdienst der USA im Putschen und Entmachten von demokratisch gewählten Regierungen im Iran. Bereits seit 1906 herrschen hier sowohl der König als auch ein gewähltes Parlament in einer konstitutionellen Monarchie mit eigener Verfassung. Nun, in den beginnenden 1950ern, bekleidet Mohammad Mossadegh das Amt des Premierministers. In seiner Position als Volksvertreter versucht Mossadegh, einen gerechteren Vertrag mit der anglo-iranischen Ölgesellschaft APOC auszuhandeln, die sich an den reichen Ölfeldern des Landes bedient. Bisher ist der iranische Staat lediglich mit 16 Prozent am Profit aus der Rohstoffgewinnung beteiligt. Als die Briten das iranische Angebot ablehnen, verstaatlicht Mossadegh die Ölgesellschaft und weist britische Diplomaten aus dem Land aus, denen er korrekterweise unterstellt, einen Umsturz zu planen. Mit diesem Akt erlangt Mossadegh internationale Berühmtheit. Das *Time Magazine* ernennt ihn zum Mann des Jahres 1951 für seinen beispielhaften Einsatz gegen die koloniale Unterdrückung von Entwicklungsländern.

Nur die Briten sind not amused und wollen »ihr« Öl zurück. Sie errichten eine Seeblockade, fordern einen internationalen Boykott für iranisches Öl und geben sich große Mühe, Mossadegh in Misskredit zu bringen. Schließlich gelingt es dem britischen Premierminister Churchill 1953, die USA, unter Präsident Eisenhower, davon zu überzeugen, dass Mossadegh nicht länger in seinem Amt bleiben solle. Was folgt, ist die CIA-Operation Ajax. Aus besagtem Keller unter der amerikanischen Botschaft in Teheran heraus macht die CIA 1953 Stimmung gegen Mossadegh. Zunächst umgarnt sie König Mohammad Reza Pahlavi, der bereits 1941 seinem Vater Reza Pahlavi auf den Thron folgte. Letztendlich erreicht die CIA ihr Ziel: Der Monarch spricht sich für eine Entmachtung Mossadeghs aus. Doch es bedarf weiterer zwei Millionen US-Dollar, die an Kleriker, Offiziere, Zeitungsverleger, Bazaris und Schlägertrupps gezahlt werden, um den Coup durchzuziehen.

Mossadegh wird im zweiten Umsturzversuch aus dem Amt getrieben, unter Hausarrest gestellt und später inhaftiert. Derweil ernennt König Mohammad Reza den Abgeordneten Fazlollah Zahedi zum neuen Premierminister. Die Ölverträge zwischen den Briten und Vertretern der iranischen Regierung werden neu ausgehandelt. Am Ende fallen die wichtigsten iranischen Ölfelder an die Briten zurück. Diese müssen nun allerdings 40 Prozent ihrer Gewinne an die USA als Aufwandsentschädigung abtreten. Auch nach dem Putsch gegen Mossadegh nehmen die USA weiterhin großen Einfluss auf die iranische Politik; nicht nur zum Vorteil der iranischen Bevölkerung. Ebenso wie sein Vater Reza Pahlavi versucht sich Mohammad Reza zunächst als Reformer. In den beginnenden 1960er-Jahren verspricht er eine Landreform und eine Gewinnbeteiligung für Arbeiter und Angestellte von Unternehmen. Gleichzeitig setzt er sich für das Frauenwahlrecht ein und bekämpft den Analphabetismus im Land, wofür er 1964 für den Friedensnobelpreis nominiert wird.

Jedoch regt sich Widerstand, der am lautesten von den Klerikern geführt wird. Sie werfen dem König vor, eine Regierung gegen den Islam zu führen. Dabei ist es ein gewisser Ruhollah Khomeini, der besonders stark gegen König Mohammad Reza Pahlavi wettert und deshalb 1964 ins Exil verbannt wird. Jener Khomeini wird Jahre später maßgeblich das Schicksal des Iran mitbestimmen. Doch mit der Verbannung Khomeinis ist König Mohammad Reza noch lange nicht fertig mit seinen Kritikern. Der Reformer nimmt über die Jahre tyrannische Züge an. Die Opposition, vor allem linke und religiös-fundamentalistische Parteien und Gruppierungen, werden systematisch der Verschwörung verdächtigt. Der seit 1957 operierende Geheimdienst SAVAK durchsetzt die oppositionellen Parteien und Vereinigungen, führt Scheinprozesse gegen ihre Mitglieder, die oft mit Folter einhergehen und meist in Hinrichtungen enden. Eine Unschuldsvermutung gibt es nicht mehr. Wer nicht für die Regierung ist, muss gegen sie sein. Amnesty International schätzt, dass sich 1977 einige Tausend politische Gefangene im Iran befinden.

Trotz zunächst erfolgreicher Wirtschafts- und Sozialreformen wächst der Unmut in der Bevölkerung. Inflation, eine beginnende Wirtschaftskrise und die eiserne Hand des Monarchen sorgen für soziale Spannungen. Die Menschen im Land lehnen sich gegen den König auf. Religiöse Fundamentalisten, Kommunisten und die Bürger der Mittelschicht verleihen ihrer Unzufriedenheit auf der Straße Ausdruck. Doch eint sie nichts weiter als die Abdankung des Königs. Als dies endlich geschieht, flieht Mohammad Reza 1979 ins Ausland und findet in den USA Zuflucht. Doch damit erhitzen sich die Gemüter im Iran weiter. Die fundamentalistische Opposition verlangt die Auslieferung des ehemaligen Königs, und um eine bessere Verhandlungsposition zu schaffen, stürmen iranische Studenten die US-amerikanische Botschaft in Teheran. Sie nehmen 52 Diplomaten für 444 Tage als Geiseln.

Es ist eine chaotische Zeit, aus deren Durcheinander der Iran als islamische Republik hervorgeht. Die ehemalige US-Botschaft gibt es nicht mehr. Das Gebäude ist heute ein Mahnmal des Antiamerikanismus. Die Außenmauern des Geländes sind auf jedem freien Zentimeter mit Botschaften gegen den Imperialismus versehen. Da ist vom »Great Satan« die Rede, und die Freiheitsstatue grüßt mit einem knochigen Totenkopfflächeln in die Runde. Dennoch ist Antiamerikanismus im Iran eher etwas für die regierenden Kleriker. In der Bevölkerung hält sich die Verteufelung des Westens in Grenzen. Zwar gehört es beinahe zum guten Ton, die USA für ihre politischen Machenschaften zu kritisieren, aber dennoch ist die sogenannte freie Welt das erklärte Ziel der meisten Iraner.

Es ist also nicht verwunderlich, dass Ausländer für viele Erlösung verheißen, zeigen sie doch einen möglichen Ausweg aus den stark religiösen Zwängen der iranischen Gesellschaft und der mittlerweile katastrophalen wirtschaftlichen Situation des Landes. Sowohl Frauen als auch Männer bieten sich ausländischen Touristen mit eindeutigen Absichten an. Mit Liebe hat das natürlich kaum etwas zu tun. Vielmehr opfern Iraner, die sich auf solche Spiele einlassen, ihre Körper und Emotionen. Traurig und verzweifelt folgen sie dem unbedingten Wunsch, in die westliche Welt zu gelangen. Der innere Konflikt mit der Lebenssituation im Iran drängt viele Einheimische an ihre psychische Belastungsgrenze.

Teheran ist keine schöne Stadt, und sie verspricht auch kein Happy End. Doch die Geschichten der Stadt sind vielschichtig, von Hoffnung beseelt und manchmal auch ein bisschen traurig. Sie spiegeln die Gesichter, die sie erzählen. Vom Bam-e Tehran, dem Dach Teherans, genießen wir den Blick über die Stadt. Am Fuß des Berges Tochal im Elbrusgebirge gelegen, bietet dieser Aussichtspunkt ein herrliches Panorama über eine Stadt, die dank der Smogwolke über ihr in ein mystisches Licht getaucht wird. Hauptstädter kommen hierher zum Picknicken, Liebespaare suchen in versteckten Ecken etwas Abgeschiedenheit, die meisten kommen jedoch, um mit der vermutlich längsten Gondel der Welt zu fahren. Über eine Strecke von 7,5 Kilometern führt sie das Gebirge hinauf, bis sie im vierthöchsten Skigebiet der Welt auf 3740 Höhenmetern angekommen, wieder hinabgleitet. Wir ignorieren die Gondel, denn uns ist bereits auf 1900 Höhenmetern ziemlich kalt. Der Wind bläst stetig, und vor uns taucht Teheran zunächst in sanftes abendliches Gelb, bevor in den Straßen ein Netz aus kleinen Lichtern leuchtet. Dann wird es Nacht über einer Stadt voller Verfehlungen und zur Schau getragener Hässlichkeit, in der man aber ohne Zweifel den Herzschlag des Landes spürt.

Khomeini, Ghoms Heiligtum und ein Familienausflug nach Kashan

Wir verlassen Teheran mit der Metro. Je weiter wir uns vom Stadtzentrum entfernen, desto schwächer nehmen wir den atmosphärischen Herzschlag der iranischen Hauptstadt wahr. Das Chaos, die Luftverschmutzung, die Menschenmassen verblassen. An der Endstation angekommen, ist es beinahe still. Wir befinden uns zehn Kilometer südlich von Teheran vor einem riesigen Parkplatz. Soldaten laufen über die Gehwege, im Hintergrund erhebt sich eine enorme goldene Kuppel, iranische Flaggen wehen unter einem strahlend blauen Himmel. Vor uns erstreckt sich das Gelände des Khomeini-Mausoleums.

Das Grabmonument aus dem Jahr 1989 beherbergt die Überreste von Ajatollah Ruhollah Khomeini, dem Gründer der islamischen Republik Iran. Sie liegen unter einer goldenen, 68 Meter aufragenden Kuppel, deren Höhe auf das Todesjahr des Ajatollah im islamischen Kalender, 1368, verweist. Vier frei stehende Minarette ragen 91 Meter empor. Einer Moschee gleich ist das Mausoleum sowohl letzte Ruhestätte des Verstorbenen als auch heiliger Pilgerort der iranischen Schiiten. Hier manifestiert sich der Personenkult um den charismatischen Kleriker. Es heißt, dass zehn Millionen Trauergäste seiner Beisetzung beiwohnten. Khomeini, ernst und rücksichtslos, wird in bescheidenen Verhältnissen geboren. Zu Lebzeiten ist er der religiöse und spirituelle Führer der islamischen Revolution – das Gesicht des Widerstands gegen den Monarchen Schah Mohammad Reza Pahlavi und den Imperialismus der USA. Doch die Opposition, die Ende der 1970er mit Massenprotesten und Demonstrationen gegen die autoritäre und absolutistische Herrschaft des iranischen Königs aufbegehrt, sieht sich mit Khomeini letztendlich einem Diktator aus ihren eigenen Reihen konfrontiert. Der Ajatollah symbolisiert den konservativen Religionsfundamentalismus. Er ruft die Scharia, die islamische Rechtsprechung, aus und ist gnadenlos gegenüber seinen früheren Wegbegleitern und jetzigen Gegnern. Unter seiner Führung wird das heiratsfähige Alter von Mädchen im Iran auf neun Jahre zurückgestuft. Noch im Jahr seines Todes, 1989, ruft er unter dem Vorwurf der Gotteslästerung zur Ermordung des indischen Schriftstellers Salman Rushdie auf.

Der Westen gibt sich kaum Mühe, Khomeini zu verstehen; er gilt schlicht als religiös-radikaler Reaktionär. Im Iran wird sein charismatisches Wesen hingegen verehrt. Für Khomeini und die islamische Republik kämpfen Tausende Freiwillige im Iran-Irak-Krieg von 1980 bis 1988 und sterben den Märtyrertod. Der Ajatollah gilt weiten Teilen der Bevölkerung als Verteidiger der Unterdrückten und Entrechteten, als Sinnbild einer sozialen Revolution, die sich gegen die Ungerechtigkeit und Willkür der autoritären Monarchie stellt. Khomeini verkörpert darüber hinaus eine nationale Unabhängigkeit, die sich nicht von äußeren Mächten lenken lässt. Eine Eigenschaft, mit der er sich stark vom früheren König unterscheidet und die besonders den USA ein Dorn im Auge ist. Khomeini ist ein zweischneidiges Schwert.

Wir nähern uns dem Mausoleum. Vor uns erhebt sich die Grabstätte mit ihren Nebengebäuden, Kuppeln, Minaretten, Pilgerunterkünften, Bibliotheken, Restaurants und medizinischen Versorgungsstellen und nimmt dabei die Fläche von 21 Fußballfeldern ein. Das Grabmal ist nicht nur letzte Ruhestätte des ehemaligen Staatsoberhauptes, sondern erinnert auch an seine Ideen, Gedanken und Betrachtungen. Hier werden Ideale und Weltanschauungen der Vergangenheit hochgehalten und die Idee der islamischen Revolution bis in die Gegenwart manifestiert. Hinter vergoldeten Mauern fehlt die Freiheit, sie weiter zu entwickeln. Khomeinis Ideologie steckt fest im Schraubstock der Unveränderbarkeit. Das Grabmal ist der letzte Ausdruck eines Personenkults um den verstorbenen Führer, ein Symbol der islamischen Revolution von 1979. Solange Khomeini im Iran wie ein Heiliger verehrt wird, blüht auch sein Entwurf eines konservativen Islams im Land.

Wir marschieren mit unserem Gepäck staunend an dem nicht enden wollenden Mauerwerk vorbei. Extravagant ist nicht genug, um die übertriebenen Ausmaße des Mausoleums zu beschreiben. Dabei wollten wir gar nicht hierher. Allein die nach Süden führende Schnellstraße hinter dem Grabmal ist unser Ziel. Auf ihr gelangen wir von Teheran zu unserer nächsten Station Ghom. An der Schnellstraße positionieren wir uns nahe einer Mautstation vor dem Gegenverkehr, der langsam an uns vorbeirollt.

Es dauert nur ein paar Minuten, da steigen wir in einen weißen Kleinwagen. Der Fahrer, Sadegh, hat dasselbe Ziel wie wir. Nach Ghom sind es nur etwa 140 Kilometer in südlicher Richtung. Nicht einmal zwei Stunden werden wir für diese Strecke benötigen. Während wir über die gut ausgebaute Schnellstraße dahingleiten, sprechen wir mit Sadegh über die Nachwirkungen der islamischen Revolution und Khomeini als ihre schillernde Figur. Für Sadegh sind der Entwurf einer islamischen Republik und die Ideen des Ajatollah keinesfalls solche Reizthemen wie für den Westen. Zwar sei etwa die Auslegung der Scharia sehr hart, aber wer ein rechtschaffendes Leben führe, habe nichts zu befürchten. Alles in allem, so schlussfolgert er, habe Khomeini viel für das Land geleistet. Dass er sich nach Jahren der Abhängigkeit gegen den Imperialismus des Westens wehrte, habe viele Iraner mit Stolz erfüllt. Als wir uns nach demokratischen Grundwerten wie Presse- und Redefreiheit erkundigen, zuckt Sadegh nur mit den Schultern. Wie Sadegh reagieren viele Iraner mit einer scheinbar geringen demokratischen Vorstellungskraft. Eine freie Demokratie haben die meisten Iraner nie erlebt. Dementsprechend wird viel über das Kopftuch, Alkoholverbot und andere staatliche Repressalien diskutiert, erstaunlich selten aber über demokratische Grundwerte und Menschenrechte. Die Beschneidung elementarer gesellschaftlicher Freiheiten, etwa Presse- oder Redefreiheit, empfinden viele Iraner, mit denen wir ins Gespräch kommen, als weit geringeres Problem als die Einschränkungen durch Kleidungs- und Verhaltensvorschriften.

Am frühen Nachmittag erreichen wir Ghom, eine von sieben heiligen Städten der schiitischen Muslime. Am Eingang der Stadt, wo an einem großen Kreisverkehr die Hauptstraßen in verschiedene Nachbarschaften und Viertel führen und schnurrbärtige Taxifahrer auf Kunden warten, steigen wir aus. Hier sind wir mit unserer Gastgeberin Maryam verabredet. Ihre Familie wird uns für die nächsten Tage aufnehmen. Schon drängelt sich ein Auto in den Kreisverkehr; eine verbeulte, rostzerfressene Schüssel, die ihren Extrabeitrag zur Luftverschmutzung in dicken schwarzen Wolken hinter sich herzieht. Klappernd schiebt sich der Schrotthaufen im Einheitsbrei der weißen Pkws nach vorne, überholt links und rechts, und wo kein Platz ist, fordert er mit quakender Hupe einen freien Weg. Als uns die Fahrerin erblickt, lässt sie für einen kurzen Moment das Lenkrad los, um uns freudig mit beiden Händen zu winken. Anschließend zieht sie, ohne den Blinker zu setzen, auf die äußerste Spur und bleibt mit einer Vollbremsung halb auf der Fahrbahn, halb im Taxistand stehen. Maryam ist da!

Ihre Begrüßung ist ebenso chaotisch wie ihr Fahrstil. Da wir sowohl eine Spur des Kreisverkehrs als auch die Einfahrt zum Taxistand versperren, bleibt uns wenig Zeit, unser Gepäck im Kofferraum zu verstauen. Dann sitzen wir auch schon auf der Rückbank und kugeln während der rasanten Fahrt durch die Stadt von einer Ecke in die andere. Zwar wäre auch neben Maryam Platz, aber die Beifahrertür lässt sich in der verbogenen Karosserie nicht öffnen. Während der Fahrt redet Maryam von vorne ununterbrochen auf uns ein. Es stört sie nicht, ihre Aufmerksamkeit sekundenlang von der Straße auf die Rückbank zu verlagern. Maryam, das merken wir schnell, ist ausgesprochen liebenswürdig und augenscheinlich verrückt.

Unerwartet unbeschadet erreichen wir das Zuhause der jungen Frau; ein mehrstöckiges Wohnhaus in einer staubigen Sei-

In Istanbul am Bosporus verschmilzt der Orient auf angenehm exotische Weise mit der westlichen Welt, ohne dabei zu aufregend, zu fremd zu wirken.

Jeden Tag halten Dutzende Angler auf der Galatabrücke ihre Ruten ins Wasser des Goldenen Horns.

Links: Die Hagia Sophia war einst Kirche, dann Moschee und ist jetzt Museum.
Rechts: Im Stadtteil Karaköy tummeln sich die Kreativen.

Istanbuls Stadtteilmärkte sind bunt. Obst, Gemüse, Nüsse sowie getrocknete
Feigen lassen uns das Wasser im Mund zusammenlaufen.

Zwischen hellenistischen Säulen erkunden wir die Ruinen Pergamons, eines der bedeutendsten Kulturzentren des antiken Griechenlands.

Diyarbakır ist ständigen politischen Spannungen ausgesetzt. Wir haben die Stadt in einer ruhigen Phase besucht.

Der beliebteste Fernwanderweg der Türkei, der Lykische Weg, ist 500 Kilometer lang und startet kurz hinter Ölüdeniz am Mittelmeer.

Entlang des Lykischen Weges laden immer wieder kleine Buchten und kristallklares Wasser zu Pausen ein.

Unsere erste Nacht auf dem Lykischen Weg: Immer wieder finden wir idyllische Buchten und beschauliche Plätze, um unser Zelt aufzuschlagen.

Beim Trampen durch die Türkei bekommen wir ab und an Besuch, der uns die Wartezeit verkürzt.

Das Love Valley in Kappadokien: Skurrile Spargelstangen ragen in Bündeln zum Himmel.

Die Tuffsteinhöhlen von Uçhisar werden mittlerweile überwiegend als Hotels genutzt, doch noch immer leben Menschen permanent im porösen Gestein.

Während wir durch Anatolien trampen, geraten wir immer wieder in überraschende Gesellschaft: Kameldompteure, Eventmanager, Obstverkäufer ...

In der Türkei müssen wir nie besonders lange auf eine Mitfahrgelegenheit warten.

Safranbolu: ein Ort wie aus einem orientalischen Märchen. Sein Rhythmus ist gediegen und unaufgeregt.

In Ani erinnern nur noch ein paar Ruinen sakraler Gebäude an den einstigen Glanz der frühzeitlichen Metropole.

Basare sind im Iran vor allem soziale Treffpunkte. Ihre überdachten Gänge und Plätze erstrecken sich labyrinthartig über mehrere Kilometer.

Getrocknete Früchte auf dem Markt in Ardabil. Besonders Datteln sind im Iran sehr begehrt und von hoher Qualität.

Das Trampen im Iran verlangte eine neue Herangehensweise von uns. Schreiben in persischen Lettern mussten wir erst lernen.

In Ghom sind wir zu Gast bei einer iranischen Großfamilie. Es geht turbulent zu, denn jeder will uns mindestens ein Mal zum Essen einladen.

Teheran steckt voller Geschichten. Sie sind vielschichtig, von Hoffnung beseelt und manchmal auch ein bisschen traurig.

Khomeini und Khamenei, die beiden Führer der Islamischen Republik Iran, sind allgegenwärtig.

Im Innenhof des Hazrat-e Masumeh-Schreins in Ghom treffen sich täglich Hunderte Menschen zum Gebet.

Detailreich verziertes Porzellan und prachtvolle Paläste zeugen von Handwerkskunst und Wohlstand.

Konservative Frauen im schwarzen Tschador spazieren in der Nähe der Freitagsmoschee von Isfahan über einen Markt.

In den Gängen des Basar-e Bozorg in Isfahan klackert und klappert es überall. Er ist ein lebendiges Museum der Handwerkskunst.

Die zweistöckige Khaju-Brücke in Isfahan ist in den Abendstunden ein beliebter Treffpunkt für junge Menschen.

Mitten in der Dasht-e Lut befinden sich die Kaluts. Beim Versuch, den nächtlichen Sternenhimmel zu betrachten, geraten wir in einen Sandsturm.

Die Bandari vom Persischen Golf tragen die für die Region typische farbenfrohe Tracht und verdecken ihr Gesicht mit einer Burka.

Hengam, im Persischen Golf gelegen, ist eine schläfrige Insel. Hier verläuft das Leben langsam. Am kleinen Hafen liegen ein paar Fischerboote.

Zu Gast bei Freunden: Über die Plattform Couchsurfing und beim Reisen per Anhalter bot sich uns immer wieder die Möglichkeit, intensiv am Leben der Einheimischen teilzuhaben.

Per Anhalter von Deutschland nach Indien: Immer wieder haben wir Hilfsbereitschaft und Freundlichkeit von den Einheimischen erfahren.

Willkommen in Pakistan: An der Grenze betreten wir Terrorgebiet und werden von paramilitärischen Levies herzlich aufgenommen.

Einer der unzähligen fliegenden Teppiche auf Rädern, die uns auf den Landstraßen in Pakistan begegneten

Mais- und Teeverkäufer mit mobilen Ständen bieten den Besuchern an Karatschis Clifton Beach Snacks und Erfrischungen an.

Die Kleinstadt Gilgit am Karakorum Highway zählt zu den bedeutendsten Handelsorten auf dem Weg durch das Gebirge.

Das Hunza-Tal ist einer der malerischsten Orte Asiens. Zur Blütezeit erstrahlen Hunderte Aprikosen- und Mandelbäume in rosafarbener und weißer Pracht.

Über dem Hunza-Tal, nahe Karimabad, genießen wir die wärmenden Sonnenstrahlen an einem kalten Wintertag.

Eisige Kälte umgibt den Yazghail-Gletscher im Shimshal-Tal. Der Temperatursturz ist auch vor dem Gletscher schon deutlich zu spüren.

Völlig unvorbereitet wandern wir durch das Karakorumgebirge. Mit ein bisschen Holz entzünden wir ein Feuer im letzten Schein der Abendsonne.

Unser Weg führt uns an Gletscherzungen, Gerölllawinen und tonnenschweren Gesteinsbrocken vorbei.

Das Leben im Gebirge ist hart. Der Boden ist trocken, die Nächte sind eiskalt, und Wasser muss mühsam vom Fluss geholt werden.

Die Bashahi-Moschee in Lahore wurde einst als größte Moschee der Welt gefeiert. Besonders abends herrscht eine malerische Atmosphäre.

In Lahore, so wie überall in Pakistan, findet das Leben draußen statt. Am Kickertisch laufen regelmäßig spannende Duelle.

Lahore ist das kreative Zentrum Pakistans. In den Gassen der Altstadt reihen sich kleine Manufakturen – wie diese Schneiderei – eng aneinander.

Sieben Monate und drei Wochen sind seit unserem Aufbruch vergangen. 19 207 Kilometer haben wir mit 185 Mitfahrgelegenheiten bis Indien zurückgelegt.

tengasse. Dort, im großen Wohnzimmer der ersten Etage, erwarten uns bereits Maryams Mutter Zahra und ihre Schwestern Nafise, Amene und Safiye, die gerade ihre Semesterferien genießen. Alle fünf Frauen tragen auch innerhalb der geräumigen Dreizimmerwohnung den islamischen Hidschāb, was natürlich an unserer Anwesenheit liegt. Unter den perfekt gebundenen Kopftüchern lugt nicht ein einziges Haar hervor. Zahra hat sogar ihren Tschador angelegt. Ihre Religion gebietet es, sich vor fremden Männern bedeckt zu zeigen. Zum ersten Mal im Iran erleben wir Gastgeber, die es mit der Religion ziemlich genau nehmen. So dauert es auch nur wenige Augenblicke, bis wir nach unserer Meinung zum Islam befragt werden. Ein Thema, das uns zunächst etwas unangenehm ist: Wir wollen uns weder verstellen noch religiöse Gefühle verletzen und antworten schüchtern und einsilbig. Wir versuchen, diplomatische Antworten zum Islam zu finden und stellen erleichtert fest, dass unsere religiöse Befangenheit für unsere Gastgeber kein Problem ist.

Während wir mit Maryam und ihren Schwestern auf der Couch sitzen, serviert uns Zahra mit einem warmen Lächeln ihr selbst gemachtes Halva. Jedes Mal, wenn uns die Frauen mit einer neuen Delikatesse bewirten, sind sie genauso aufgeregt wie wir. *Dastet dard nakone* – schüchtern danksagend nehmen wir Pistazien, Obst, Eis, Faludeh, Fereni und andere Süßspeisen entgegen. Solange wir essen, beobachten sie uns erwartungsvoll und kosten selbst nichts. Erst wenn wir alles verputzt und unsere dankbare Zufriedenheit ausgedrückt haben, löst sich ihre Anspannung, und wohlwollend lächeln sie einander an. Während wir in der geheizten Wohnung die winterliche Kälte der Außenwelt vergessen, wirbelt Maryam wort- und gestenreich um uns herum. Sie bringt Tee und Ghand, Äpfel und kleine Messer zum Zerteilen der Früchte. Dabei sprudelt es in einem fort aus ihr heraus. Besonderes Interesse hat die junge Frau an diesem komischen Trampen, von dem wir immer wieder erzählen. Benzin ist im ölreichen Iran so billig, dass niemand auf die Idee kommt, nicht für einen Transport zu bezahlen. Selbst Trinkwasser ist teurer. Viele Iraner halten uns deshalb für arm und mittellos.

In diesem Unverständnis ist es ein kleiner Trick, der uns dennoch die Herzen der Iraner und die Türen ihrer Autos öffnet. Wir verbiegen die Wahrheit; nur ein winziges bisschen. Anstatt direkt nach einer Mitfahrgelegenheit zu fragen, behaupten wir, dass wir grundsätzlich zu Fuß unterwegs seien. Lediglich wenn uns ein Fahrer Hilfe anböte, stiegen wir in ein Fahrzeug. Dabei ist Hilfe das Zauberwort, das die Augen der meisten Iraner leuchten lässt. Gästen Hilfe anbieten? – Iraner kennen keine bessere Freizeitbeschäftigung. Maryam klatscht begeistert in die Hände. Dieser Trick hätte auch bei ihr funktioniert, gibt sie fröhlich lachend zu. Überhaupt lacht die junge Frau sehr viel, steckt voller Energie, voller Lebensfreude. Allein ihr zuzusehen erheitert bereits das Gemüt. Maryam, Anfang 30, ist noch immer ein Kindskopf. Während gleichaltrige Frauen bereits verheiratet sind und Kinder bekommen, läuft sie um die Wette, klettert auf Mauern, springt über Gräben und verhält sich überhaupt ganz unkonventionell. Dabei wirkt sie in allem, was sie macht, sehr selbstbewusst. Dennoch: Es ist schwer, sich Maryam seriös vorzustellen. Im kommenden Semester wird sie ihr Jurastudium abschließen, aber ich glaube, dass sie viel lieber Piratin oder Forscherin oder Astronautin wäre; irgendein Beruf jedenfalls, bei dem sie immer neue Sphären entdecken könnte.

Abends, wenn die Sonne untergegangen ist und Ghom in eisiger Nacht zu schlafen beginnt, verbringen wir viel Zeit zusammen im Wohnzimmer. Während wir von unseren Reisen berichten, funkeln Maryams Augen über ihrer spitzen Nase, und wenn sie aus ihrem Leben erzählt, dann vor allem von ihren Erkundungen und abenteuerlichen Erlebnissen, die ihr tagtäglich widerfahren. Heißer Chai und leckere, kalorienreiche iranische Süßigkeiten werden uns unaufhörlich von unseren Gastgebern angeboten. Aus der oberen Etage des Wohnhauses besucht uns immer wieder Hadi, Zahras ältester Sohn, mit seiner Frau Atefe und seinem vierjährigen Sohn Amir Mohammad. Wie so oft im Iran, lebt auch hier die Familie über mehrere Generationen zusammen. Zahras Wohnzimmer im ersten Stock ist der Fixpunkt des Hauses.

Und es gibt noch weit mehr Verwandte. Da sind Onkel und Tanten, Großonkel und Großtanten, Cousins und Cousinen. Fast zwei Dutzend Personen müssen wir im Gedächtnis behalten: Bei allen sind wir zum Essen eingeladen. Ghom wird zur Stolperfalle für unseren Hüftspeck. Es sind so viele Einladungen, dass wir einen Plan anfertigen müssen, wann wir wo sein werden, und trotzdem haben wir Schwierigkeiten, alle Familienmitglieder unter einen Hut zu bekommen. Ausschlagen können wir keine Einladung. Jeder möchte uns einmal bei sich zu Hause bewirten dürfen. Wir werden kiloweise Kebab, Reis und Gemüse essen. Die schrägste Verabredung haben wir bei einer älteren Cousine. Da wir keinen anderen Termin mehr finden können, sind wir bei ihr um Mitternacht zu Safraneis und Tee bestellt.

Maryams gesamte Familie ist tief religiös und intellektuell geprägt. Männer und Frauen haben studiert. Seit Generationen gehören Mullahs, islamische Religionsgelehrte, zur engen Verwandtschaft. Maryams Opa lehrte bereits als Mullah an der Hawza, einer islamischen Universität, im irakischen Nadschaf. Ebenso ihr ältester Onkel Mohammed Mahdi. Beide trugen den religiösen Titel Ajatollah, die wichtigste Ehrung der Schiiten.

Dass Maryams Familie nun zusammen in Ghom lebt, ist ebenfalls kein Zufall. In den theologischen Hochschulen der Stadt werden die meisten iranischen Kleriker ausgebildet. Aus allen Ecken des Iran kommen Studenten, um hier zu lernen. Ghom ist konservativ und religiös bedeutsam. Nach Maschhad, wo sich die Grabstätte des Imam Reza befindet, gilt Ghom als der zweitheiligste Wallfahrtsort des Landes. Hier studierte bereits Ruhollah Khomeini, der spätere Führer der islamischen Revolution, Theologie, Philosophie und Jura. Hier wird er zum Ajatollah ernannt. Nicht zuletzt deshalb steigt Ghoms Bedeutung nach der Machtübernahme der Kleriker erheblich an.

Khomeini erarbeitet sich schnell einen Ruf als hervorragender Kleriker. Er gilt als ernst und gewissenhaft, schreibt Bücher, lehrt Theologie und zeichnet sich durch einen konsequenten kritischen Blick auf den iranischen König aus, dessen Reformen viel zu modern für die traditionell geprägte Fantasie des Ajatollahs sind. Doch es sind auch die monarchische Dekadenz und die Abhängigkeit und der damit verbundene blinde Gehorsam gegenüber den USA, die Khomeini angreift. Als der iranische König sich entschließt, den Großgrundbesitz des Klerus zu pfänden und die Rechte der Frauen zu stärken, platzt dem Prediger der Kragen. Er legt sich öffentlich mit dem Monarchen an und wird daraufhin von König Mohammad Reza Pahlavi 1964 des Landes verwiesen. Doch aus seinem Exil im Irak setzt Khomeini seine Schriften gegen die Monarchie fort. In mehreren Essays, Büchern und Artikeln propagiert Khomeini seine Idee einer islamischen Republik und findet damit bei vielen Schiiten Gehör. Währenddessen verliert der iranische König immer mehr Rückhalt in der Bevölkerung. Seine liberalen Reformen kommen vor allem im konservativen Lager nicht gut an. Dort befürchten sie eine Aufweichung der iranischen Kultur. Aber vor allem der Einfluss der USA auf Regierungsgeschäfte, die Ausbeutung iranischer Ölfelder durch ausländische Unternehmen unter Zustimmung des Königs und die brutale Willkür der Monarchie gegenüber dem eigenen Volk lassen die Opposition erstarken. Auch die Reden und Schriften Ruhollah Khomeinis liefern Inspiration und Anregungen. Aus dem Exil agiert er immer wieder mit öffentlichen Stellungnahmen gegen den Schah und behauptet sich so als geistiger Anführer der Opposition. Dabei könnten die jeweiligen Ziele der oppositionellen Gruppen nicht unterschiedlicher sein: Während die progressiven Kräfte schnellere und umfangreichere Reformen fordern und sich gegen die eigene, von imperialistischen Mächten gesteuerte Monarchie erheben, verlangen die erzkonservativen Kleriker die Rücknahme bereits beschlossener Veränderungen und fordern mehr eigene Rechte.

Der König antwortet auf die anhaltenden Demonstrationen mit Folter und Mord. 1978 verhängt er das Kriegsrecht. Hunderte Demonstranten werden daraufhin in den Großstädten Teheran und Täbris, aber auch in Ghom auf offener Straße erschossen. Es ist ein letzter verzweifelter Akt des Monarchen, sich gewaltsam an der Macht zu halten. Erfolglos. Die Menschen protestieren weiterhin gegen den König. Zu diesem Zeitpunkt ist Khomeini endgültig der spirituelle Führer der Massen. Obwohl noch immer im Exil, wird er weltweit zum Symbol der iranischen Revolution. Im Jahr 1979 ist die Opposition endlich siegreich. Schah Mohammad Reza Pahlavi flieht am 16. Januar in die USA. Die Monarchie im Iran ist gestürzt. Nur wenige Tage später kehrt Khomeini in den Iran zurück und setzt sich direkt an die höchste Stelle des Staates. Er hat die Vision eines unabhängigen, theokratischen Staates, der von den höchsten islamischen Gelehrten beherrscht wird, und verkündet selbstbewusst und autokratisch: »Ab jetzt werde ich es sein, der die Regierung ernennt.«

Nach der Machtübernahme ruft Khomeini eine islamische Republik aus, setzt eine neue Verfassung ein und erklärt die Scharia, die islamische Rechtsprechung, zum gültigen Gesetzbuch. Alles Unislamische wird bald darauf verboten. Damit sind vor allem monarchische, demokratische und kommunistische Kräfte gemeint. Khomeini kennt keine Kompromisse. Die einstigen Oppositionspartner erklärt er nun zu Feinden, die er rücksichtslos und brutal verfolgen lässt. Tausende Iraner, linke Studenten und Intellektuelle, Schriftsteller, Gewerkschafter, Journalisten und Reformer verlassen das Land, fliehen nach Europa und Amerika. Wer es nicht rechtzeitig schafft zu entkommen, den erwartet das Schlimmste. Das Evin-Gefängnis im Norden Teherans ist berüchtigt für die hier inhaftierten politischen Gefangenen und die brutalen Foltermethoden. Errichtet 1971 unter Schah Mohammad Reza Pahlavi und für 320 Insassen ausgelegt, sind hier nach der islamischen Revolution bis zu 15 000 Personen ohne Prozess eingesperrt. Willkürliche Exekutionen gehören zum Alltag. Personen verschwinden spurlos. Die breite heterogene Basis, die gegen den Schah demonstrierte, wird ausgelöscht. Übrig bleiben die Kleriker mit einem Machtmonopol. Nach dem Abdanken der Monarchie zieht nun die islamische Revolution über das Land. Mit Khomeini als Staatsoberhaupt beginnt ein Personenkult im Iran, der den Ajatollah in den Stand eines Heiligen versetzt. In allen öffentlichen Gebäuden hängt sein Bild. Jede Stadt benennt Straßen oder Plätze nach dem neuen Herrscher. Das Konterfei des Klerikers prangt als Graffiti an Hauswänden. Auch beinahe 30 Jahre nach seinem Tod hat sich nichts daran geändert. Khomeini ist überall.

Maryam fährt uns durch die Straßen Ghoms. Mit einer Einwohnerzahl, die mittlerweile die Millionengrenze erreicht hat, ist sie die am schnellsten wachsende Stadt des Landes. Die Luftverschmutzung ist hoch, der Verkehr – nicht nur aufgrund von Maryam – anarchistisch. Was die Menschen in die Stadt zieht, ist ihre religiöse Bedeutung. Mit quietschenden Reifen lenkt Maryam ihr Auto auf einen Parkplatz. Nur noch eine Straßenkreuzung trennt uns vom Heiligtum der Stadt: dem Hazrat-e Masumeh-Schrein. Seit dem 9. Jahrhundert ruht hier Fatemeh, die Schwester des achten schiitischen Imam Reza. Auch sie wird als heilig verehrt. Dutzende Gläubige und Pilger biegen mit uns in die Straße, die zum Eingang des Schreins führt. Ausnahmslos jede Frau ist in ihren Tschador gehüllt. Das islamische Kleidungsstück begegnet uns im konservativen Ghom überall. Hier, rund um den heiligen Schrein, sehen wir nichts anderes mehr. Im Eingangsbereich herrscht ein reges Gedränge. Männer und Frauen strömen durch nach Geschlechtern getrennte Bereiche in den Innenhof. Mullahs, islamische Prediger und Gelehrte, eilen in braune Umhänge gehüllt über den Hof. Die meisten von ihnen tragen weiße Turbane. Ein paar wenige schmücken ihr Haupt mit schwarzen Turbanen und deuten so ihre direkte Blutsverwandtschaft mit dem Propheten Mohammed an.

Wir betreten den Schrein. Von pompösen Kronleuchtern breitet sich strahlendes Licht im Raum aus, das von Spiegelornamenten an den Wänden, Decken und Säulen reflektiert wird. Überall um uns herum glitzert es. Der Gebäudekomplex besteht aus mehreren großen Räumen, die über breite Flure miteinander verbunden sind. Hier wird nicht nur der Heiligen gedacht. Bücherregale säumen die Wände, die mit religiösen Schriften gefüllt sind. Davor befinden sich Stuhlreihen, die bis auf den letzten Platz besetzt sind. Ältere Herren studieren den Koran, blättern langsam vor und zurück. Religiöse Lehre hat niemals ein Ende. In einer Ecke sitzen junge Burschen zusammen. Sie lauschen den Worten eines Mullahs, der mit freundlichen Augen und sanfter Stimme Gottes Welt erklärt. Der weiße Turban sitzt dabei wie eine Krone auf seinem Kopf. Mitten im Heiligtum herrscht eine wohlige Lerngruppenatmosphäre. Der Schrein ist nicht nur ein religiöses, sondern auch ein kulturelles Zentrum. Hier werden Fragen des Glaubens erörtert, aber auch soziale Bindungen aufrechterhalten. Der Schrein ist Klassenraum und Stammtisch zugleich.

Wir rasen mit Maryam zurück nach Hause und weiter zu einer Tante. Natürlich haben wir eine Verabredung zum Essen. Die ganze Familie kommt zusammen. Unsere Tafel auf dem Wohnzimmerboden ist riesig. Ich sitze neben Ahmad, einem Großcousin Maryams, der mir stolz erzählt, dass er Mitglied in einem Ringerverein sei und schon einige Kämpfe gewonnen habe. Ringen ist neben Gewichtheben so ziemlich die einzige Sportart, in der Iraner zur internationalen Spitzengruppe gehören. Nach dem Abendessen starten wir mit einem Proxyserver Google Street View und ich zeige Ahmad meine Heimatstadt und das Haus, in dem ich einmal lebte. Ahmad schüttelt entsetzt den Kopf. Für ihn ist es unverständlich, warum wir uns derart ausspionieren lassen. Jeder Internetnutzer könne uns ins Fenster schauen, hält er mir mit ungläubigen Augen vor. Im Iran sind Google derartige Maßnahmen untersagt: kein Google Street View, kein Google Earth.

Kurz vor Mitternacht verabschieden wir uns. Es wartet noch eine Verabredung mit Ebtehal, einer weiteren Cousine, zu Tee und Safraneis. Wir sind bereits total übermüdet, aber iranische Gastfreundschaft fordert Opfer. Zum Glück haben alle Beteiligten ein Einsehen, und die gemütliche Runde mit Tee und Eiscreme löst sich nach relativ kurzer Zeit wieder auf.

Wir erwachen früh. Heute sind wir erneut mit einem Großteil der Familie verabredet. Wir machen einen Ausflug ins rund 100 Kilometer entfernte Kashan. Unsere Kolonne besteht aus vier Fahrzeugen. Natürlich sitzen wir wieder auf Maryams Rückbank.

Am Rand der großen Salzwüste Dasht-e Kavir gelegen, befindet sich unser Ziel: die alte Handelsstadt Kashan. Reiche Kaufmänner waren hier einst zu Hause und verwandelten die Stadt in ein architektonisches Kleinod. Als wir Kashan erreichen, sind wir bereits spät dran, doch unsere Gruppe ist zu groß, als dass wir auch nur im Ansatz dazu in der Lage wären, strukturiert vorzugehen. Erst muss hier jemand auf Toilette, dann hat dort jemand etwas im Auto vergessen, dann verlaufen wir uns. Als wir endlich unser erstes Ziel, den Fin-Garten am Rand der Stadt, erreichen, ist es schon früher Nachmittag. Errichtet im Auftrag des Safawiden Schah Abbas I. im 17. Jahrhundert ist Kashans Fin-Garten ein Musterbeispiel persischer Gartenarchitektur und natürlich von der UNESCO als Weltkulturerbe gelistet. Khomeini und Khamenei, sein bis heute herrschender Nachfolger, schauen wächtergleich über dem Eingang auf die Besucher herab.

Durch buntes Fensterglas fallen rote, grüne und gelbe Lichtreflexe in einen Pavillon. Bögen und Kuppeln schmücken einen Arkadengang, der um den Pavillon führt. In erdigen Farbtönen sind geometrische Muster an ihre Decken gemalt. Dazu kommen feine Skizzen in blauer Farbe, die verschiedene Szenen aus einem vergangenen Jahrhundert abbilden. Im Pavillon befindet sich ein Becken, aus dem ein Kanal hinaus in den Garten fließt. Dutzende Fische tummeln sich im flachen Wasser.

Schon wenige Minuten nachdem wir den Garten betreten haben, ist es Zeit für Namaz, Zeit für das Gebet. Die gesamte Familie macht sich für ihre Rituale bereit und verschwindet in einem nahen Gebetsraum. Wir hingegen schlendern durch die Anlage, bleiben jedoch nur ein paar Minuten allein. Dann treffen wir Maryam, Zahra und all die anderen wieder. Im garteneigenen Restaurant essen wir zu Mittag. Obwohl wir die einzigen Gäste sind, besetzen wir die Gartenterrasse fast vollständig. Natürlich lassen wir uns Kebab schmecken, dazu gibt es gegrillte Tomaten, Lavash, hauchdünnes Fladenbrot, und ein ausgezeichnetes Kashk-e Bademjoon, Auberginenpüree. Mit mehr als einem Dutzend Personen, alle gehören zum engen Familienkreis, dauert auch das Essen lange.

Anschließend besuchen wir Kashans Altstadt und betreten das ehemalige Anwesen des Teppichhändlers Boroujerdi. Es heißt, dass, als Boroujerdi um die Hand der Tochter des reichen Teppichhändlers Tabatabei anhielt, dieser eine einzige Bedingung stellt. Seine Tochter solle nach ihrer Hochzeit in einem ebenso prächtigen Haus leben wie zuvor. Gesagt, getan: 18 Jahre dauert der Bau des prunkvollen Hauses. Die Sandsteinwände sind mit Schnitzereien versehen. Ein zweistöckiger Iwan ragt in den Innenhof. Bögen und Kuppeln schmücken das Gebäude. Wandmalereien der berühmtesten iranischen Künstler ihrer Zeit zieren die Wände. Buntes Fensterglas ist in feinen Motiven zusammengesetzt. Ein Balkon führt im zweiten Stock einmal um den mit Bäumen bewachsenen Innenhof und kündet noch heute vom Leben in verschwenderischem Glanz. Dann schließen die Tore, die Besichtigungszeit ist vorbei, und wir kehren zurück nach Ghom. Zum Glück steht heute keine Einladung zum Essen mehr an.

Am nächsten Tag besuchen wir den Basar. Ghoms Markthallen sind bei Weitem nicht so verwirrend wie die Märkte in Teheran oder Täbris, dafür sind sie genauso atmosphärisch und genauso konservativ. Die Basare im Iran sind eine Hochburg altmodischer Kräfte und Traditionen. Auch der Markt in Ghom steht dem in nichts nach. Dass wir ohne Tschador durch die Gänge laufen, bleibt nicht unkommentiert. Im Vorbeigehen murmelt ein älterer Herr mit zerfurchtem, rissigen Gesicht und unrasierten Wangen in unsere Richtung. Es passt ihm offensichtlich nicht, dass wir so, und damit meint er ohne einen Tschador, aus dem Haus treten durften. Dabei sitzt unsere Kleidung religionskonform. Haar, Knöchel, Handgelenke, Hintern – alles ist ordentlich bedeckt. So bummeln wir durch die Gassen des Marktgebäudes. Grüne Fahnen hängen von der Decke. Sie sym-

bolisieren sowohl den Islam als auch den Propheten Mohammed. Daneben wechseln Töpfe und Tischläufer ebenso den
Besitzer wie Gläser und Kissen. Ghoms Markt ist das Haushalts-
warenlager der Stadt.

Später, als wir den Markt bereits wieder verlassen haben, stehen wir vor der Imam al-Hasan al-Askari-Moschee. Es ist eines
der ältesten religiösen Gebäude der Stadt. Die Zwiebelkuppel
mit ihrem türkis- und cremefarbenen Streifenmuster ist schon
von Weitem zu sehen. Auf dem Vorplatz stehen einige Frauen
eng zusammen. In ihre Tschadors gehüllt, sehen sie aus wie ein
schwarzer Felsen. Im Vorbeigehen erzählt uns Maryam vom gefährlichen Leben der konservativen iranischen Frauen. In der
Dunkelheit sind sie unter ihren schwarzen Stoffen praktisch
unsichtbar. Immer wieder kommt es nachts zu Verkehrsunfäl-
len, weil die Frauen im Tschador von Autofahrern schlicht über-
sehen werden.

Zurück zu Hause schleppen wir die schweren Einkaufsta-
schen, die wir auf dem Markt gefüllt haben, in die Küche. Dort
bereitet Zahra gerade neues Halva zu, und wir schauen ihr gerne
über die Schulter. Aus Zucker, Mehl und Öl knetet sie eine cre-
mig-zähe Masse, die nach ein paar Stunden im Kühlschrank
unsere liebste iranische Süßigkeit wird.

Die Tage in Ghom fliegen dahin, und unsere Gastgeber lassen
uns nicht ziehen. Wir verschieben unsere Weiterreise von einem
Tag auf den nächsten, so gut geht es uns mit Maryam und ihrer
Familie. Irgendwann finden wir dennoch die Kraft zum Aufbruch. Schnell sind uns Maryam und ihre Geschwister, Onkel
und Tanten, die gesamte Familie ans Herz gewachsen. Gerade
deshalb wird unsere Verabschiedung zu einem merkwürdigen
Erlebnis. Ich möchte überschwänglich Lebewohl sagen und darf
doch nicht eine unserer Gastgeberinnen berühren, geschweige
denn umarmen. So versuche ich, meine Dankbarkeit für die an-

genehme Zeit in Worte und Gesten zu packen, und habe doch das Gefühl, ihr nicht ausreichend Ausdruck verleihen zu können. Als wir uns schon auf der Türschwelle befinden, folgt uns Zahra mit einer Schale voller Wasser, die sie hinter uns auf die Straße kippt. Das Wasser, so erklärt uns Maryam, ist ein Abschiedsgruß. Möge unsere Reise so leicht und frei von Hindernissen sein wie der Lauf des Wassers. Gerührt von so viel Zuneigung verlassen wir Ghom, die heilige, die konservative Stadt und reisen weiter durch den Iran. Diesmal auf dem Weg nach Isfahan, der Stadt der traditionellen Künste und dem größten Touristenmagnet des Landes.

Isfahan ist die halbe Welt

Maryam bringt uns zu einer Mautstelle; dort positionieren wir uns am Straßenrand – unser Schild mit der persischen Aufschrift Isfahan in der einen und eine Tüte iranischer Chips in der anderen Hand.

Es ist ein kalter, klarer Wintertag am Rand der Dasht-e Kavir, der zweitgrößten Wüste des Landes, und nur wenige Fahrzeuge passieren die Mautstation in unserer Richtung. Aber wir genießen es, unter einem blauen Himmel zu warten, und sind sicher, dass früher oder später jemand anhalten wird. Tatsächlich dauert es nicht lange, bis ein Kombi langsam aus einer der Gassen der Mautstation herausfährt und anstatt geradeaus zu beschleunigen in unsere Richtung abbiegt. In seinem Inneren sitzt eine junge vierköpfige Familie. Vorne lächeln uns die Eltern entgegen, auf der Rückbank schauen uns große Kinderaugen neugierig und zugleich ein wenig skeptisch an. Als wir unser Gepäck im Kofferraum verstaut haben, winken wir ein letztes Mal Maryam, die noch immer in einiger Entfernung auf einem Parkplatz wartet. Sie wollte unbedingt sehen, wie dieses Reisen per Anhalter funktioniert, von dem wir ihr in den letzten Tagen so viel erzählt haben. Nun strahlt sie über das ganze Gesicht und verabschiedet uns mit einem lautlosen *Khodahafez*, auf Wiedersehen.

Als sich alle Türen des Autos schließen und wir neben den beiden Mädchen, vielleicht sechs und vier Jahre alt, auf der Rückbank Platz nehmen, haben diese uns schon vollkommen akzeptiert. Bereitwillig zeigen sie uns all ihr Hab und Gut – eine Puppe, ein Bilderbuch, ein paar Stifte und einen Malblock – und führen uns vor, was man damit alles anstellen kann. Am Rand der Ebene, die einst ein riesiges urzeitliches Binnenmeer war und nun ihr Dasein als lebensfeindliche Wüste fristet, passieren wir die alte Handelsstadt Kashan und rollen immer weiter in Richtung Süden. Drei Stunden später befinden wir uns nur noch 20 Kilometer vor Isfahan. Hier verlassen wir unsere Mitfahrgelegenheit, die nun in eines der nahen Dörfer von der Schnellstraße abbiegt. Auf einer Autobahnbrücke warten wir auf die nächste Möglichkeit, um weiter nach Isfahan zu gelangen und haben schnell Glück.

Abdul, ein Mann in seinen 30ern, nimmt uns mit bis Zarinshahr, eine Siedlung etwa 30 Minuten südwestlich von Isfahan gelegen, wo wir unseren Gastgeber P treffen. Doch vorher möchte Abdul uns noch eine Spezialität der Region servieren. Vanilleeis in Karottensaft. Skeptisch werfe ich einen Blick in meinen Becher, dann sauge ich vorsichtig am Strohhalm – und ertränke meine Zweifel in einem süßen, kräftig schmeckenden Shake. Ich bin überrascht von meiner eigenen Begeisterung. Karottensaft und Vanilleeis ist eine kolossale Kombination.

In Zarinshahr erwartet uns P bereits auf einem Parkplatz. Mit leicht gebücktem Gang kommt der breitschultrige junge Mann auf uns zu, begrüßt uns mit einem schüchternen Lächeln. Die

Hornbrille hängt dem 26-Jährigen locker auf der Nase. Obwohl am blauen Himmel vom Vormittag nun eine graue Wolkenfront aufgezogen ist, nutzen wir die erste Chance und laden P nicht ganz uneigennützig zum Picknick ein. Unsere Rucksäcke sind noch immer übervoll mit dem Besten, was Ghoms Küche an Früchten, Keksen und anderem süßen Backwerk zu bieten hat. In einem nahen Park machen wir es uns auf einer weiten Decke gemütlich. P ist grundsätzlich immer für ein Picknick vorbereitet. Im Freien zu essen ist einer der beliebtesten Zeitvertreibe im Iran.

Auch wir können uns nun endlich an alldem erfreuen, was wir von Maryam in Ghom als Reiseproviant zugesteckt bekamen. Wir öffnen Granatäpfel, knabbern karamellisierte Nüsse und Kekse und bewegen uns allmählich auf einen Zuckerschock zu. Am späten Nachmittag verdichtet sich die Wolkendecke und schickt eisige Regentropfen auf die Erde. Wir machen uns auf den Weg zu Ps Elternhaus. In der Seitengasse einer Seitengasse befindet sich das dreistöckige Gebäude, dessen obere Etage uns zur Verfügung steht. Wie überall in iranischen Wohnungen fallen wir vom Treppenhaus durch die Eingangstür direkt ins Wohnzimmer. Ein weiter Raum öffnet sich vor uns, dessen Boden ein schwerer roter Teppich gänzlich bedeckt. Dunkle Polstermöbel mit goldverzierten Ornamenten befinden sich entlang der Wände, schwere Vorhänge schmücken die Fenster. In der angrenzenden Küche bereitet P Chai zu, und wir richten uns im Nebenzimmer ein, wo dicke, weiche Decken auf dem Boden für uns bereitliegen. Die züngelnden Flammen einer Gasheizung wärmen das Wohnzimmer. P stellt Kerzen auf, deren schummriges Licht eine behagliche Atmosphäre erzeugt. Wir laben uns an süßem Chai und einem Reisgericht, das uns Ps Mutter in der unteren Wohnung zubereitet hat. P wirkt nervös, bedrückt, sein Blick geht ständig hin und her. Er schwitzt viel.

Unser Gastgeber leidet an Depressionen. Doch P erzählt, geht offen mit seiner Krankheit um. Für ihn ist Couchsurfing ein Ventil, um mit seinen Emotionen und Ängsten umzugehen, sie zu kommunizieren und sich für einen Moment von ihnen zu befreien. Schon von mehreren Psychologen hat er sich behandeln lassen. Doch Ps Seele ist empfindsam, knickt ein vor dem Leben im Iran. Ein Leben, das religiösem Fanatismus und Gesetzen aus lange vergangenen Jahrhunderten ausgesetzt ist. Ein Leben, das vor allem Verbote kennzeichnet und wenig Toleranz für Andersartigkeit übrig hat. P hat das Pech, zur falschen Zeit im falschen Land zu leben. Sein ganzes Wesen scheint eine Opposition zum iranisch-islamischen Alltag zu sein. P ist sensibel und zu empathisch für eine derart archaische Gesellschaft, wie sie im Iran herrscht. Vielleicht ist er aber auch zu empathisch für ein Land, das von der westlichen Staatengemeinschaft seit Jahrzehnten mit Sanktionen erpresst wird, die nicht die Mächtigen, dafür aber die einfache Bevölkerung hart treffen. Doch das Volk schweigt – wird unter Repressalien zum Schweigen gebracht. Für P ist dieser Zustand unerträglich. Das Volk als Geisel der Obrigkeit, damit kann er sich nicht anfreunden. Dann spricht P von Armut und Bildung, von sozialer Ungerechtigkeit, von religiösen Zwängen, von der autoritären Herrschaft Einzelner. Im Hintergrund erklingt der Buena Vista Social Club aus Computerboxen: Hasta Siempre, Commandante. P ist ein überzeugter Linker, der Einzige, mit dem wir im Iran ins Gespräch kommen, und zerbricht an den unüberbrückbaren Differenzen zwischen seiner Ideologie und der Wirklichkeit.

Dabei schien ein Wandel noch vor wenigen Jahren möglich zu sein. Nach den Präsidentschaftswahlen 2009 erhebt sich eine laute oppositionelle Stimme im Iran. Millionen demonstrieren friedlich in den Straßen gegen eine zweite Amtszeit des damaligen Präsidenten Mahmud Ahmadinedschad. Die Bilder der Proteste gehen als *Grüne Bewegung* um die Welt. Das Land vibriert. P lächelt noch heute, wenn er sich an die Hochstimmung erinnert, die damals in der Bevölkerung herrschte. Doch Regierungstruppen schlagen die *Grüne Bewegung* gewalttätig nieder, stellen ihre Anführer unter Hausarrest und inhaftieren Tausende Oppositionelle. Das iranische Regime zertrümmert den Aufstand effizient. Schon bald danach herrscht Hoffnungslosigkeit in weiten Teilen der Bevölkerung. Ein politischer Umsturz von unten gelingt nicht. Der Opposition fehlt eine gemeinsame Linie. Im Sommer 2009 eint sie der Wunsch, den damaligen Präsidenten Ahmadinedschad abzusetzen. Mit dieser Forderung mobilisieren sie die Massen. Doch über das Feindbild hinaus gibt es keinen gemeinschaftsfähigen Plan. Wie soll es weitergehen, wenn Ahmadinedschad sein Amt verlässt? – Darüber herrschen Dutzende verschiedene Ideen. Bis heute ist sich die Opposition nicht klar, in welche Richtung sie ihre Kräfte bündeln soll. Will sie zurück zur Monarchie, oder spekuliert sie auf den Neoliberalismus? Will sie einen laizistischen Staat, den die Sozialdemokraten führen, oder sollen es die leidenschaftlichen Kommunisten richten? Es gibt keine Antwort. Selbst den einzelnen politischen Strömungen fehlt häufig ein eigenständiges Programm, und so dümpelt die Opposition schwach und antriebslos in einem System, dem sie nichts entgegensetzen kann.

P erzählt uns von der Niedergeschlagenheit der jungen Iraner. Das konservative Machtgefüge im Iran lässt sich kaum überwinden. Zwar gibt es die vom Volk unmittelbar gewählten Vertreter, wie den Präsidenten und die Mitglieder des Parlaments, doch das iranische Wahlsystem ist Augenwischerei. Der gewählte Präsident, seit 2013 ist es der gemäßigte Reformer und Theologe Hassan Rohani, ist sowohl Regierungschef als auch Repräsentant des Staates. Doch politisch hauptverantwortlich sind andere. Die eigentliche Macht im Iran besitzt nicht das Volk, sondern das religiöse Staatsoberhaupt. Ihm unterstehen die Streitkräfte und das Oberhaupt der Justiz. Mit der Gründung der islamischen Republik 1979 übernimmt Ruhollah Khomeini das höchste Amt. Der Führer der islamischen Revolution hat die Befehlsgewalt bis zu seinem Tod 1989 inne. Sein Nachfolger, Ali Khamenei, entscheidet noch heute über die Geschicke des Landes. Ihm steht ein zwölfköpfiger Wächterrat zur Seite, der sich aus sechs muslimischen Klerikern und sechs islamischen Anwälten zusammensetzt. Es ist diese kleine Gruppe, die über den Iran herrscht. Sie besitzt ein Vetorecht gegen alle Beschlüsse, die im Parlament verabschiedet werden, und kann so verhindern, dass Gesetze rechtskräftig werden. Ganz nebenbei stellt der Wächterrat die Kandidatenlisten für die Wahl des Präsidenten und des Parlaments auf. Nur wer sich bei der Überprüfung durch das höchste Gremium als verfassungstreu, als den Prinzipien des Islam verpflichtet erweist, darf sich dem Volk zur Wahl stellen. Die iranische Verfassung strebt eine Gesellschaft »nach den Grundsätzen und Regeln des Islam« an. Kandidaten, die einen anderen Glauben besitzen, sind demnach verfassungswidrig.

Darüber hinaus untersteht dem religiösen Staatsoberhaupt eine private Armee, der Pasdaran, der sich aus mehreren Milizen und der Sittenpolizei, die das Einhalten islamischer Vorschriften überwacht, zusammensetzt. So hält Khamenei Legislative, Exekutive und Judikative in seiner Hand. Die Gewaltenteilung ist im islamischen Staat aufgehoben. Unter diesen Umständen scheint ein Wandel hin zur freien Demokratie, zu Grund- und Freiheitsrechten ausgeschlossen. Selbst ein Parlament voller Reformer wird keine Veränderungen im Land voranbringen können, solange der Wächterrat Einspruch erhebt.

P weckt uns mit Kräuteromelette und Chai, dann machen wir uns auf ins nahe Isfahan. Umgeben von Stahlindustrie und einem

Atomkraftwerk empfängt die drittgrößte iranische Stadt ihre Besucher nicht mit offenen Armen. Dennoch ist sie das bedeutendste touristische Reiseziel des Landes. Persische Gärten, islamische Architektur und altes Kunsthandwerk zeugen heute noch von der einstigen Grandezza der Stadt. Im 16. Jahrhundert, unter der Herrschaft der Safawiden, heißt es »Isfahan nesf-e jahan« – »Isfahan ist die halbe Welt«. Und auch wenn sich die halbe Welt zur Hauptverkehrszeit in ein Chaos aus ineinanderrutschenden Blechlawinen stürzt, die sich durch die Straßen zwängen, so verspricht die Stadt doch viel Herrlichkeit.

Wir stecken natürlich im Stau, als wir die Stadtgrenze erreichen. Es scheint, als seien alle 1,8 Millionen Einwohner auf einmal unterwegs. Nachdem wir uns endlich aus dem stockenden Verkehr lösen können, halten wir an einem begrünten Platz. Die belebten Straßen führen den Verkehr um ihn herum. Zwischen den Bäumen auf dem Platz befindet sich einer von mehr als 700 Taubentürmen, die sich in und um Isfahan befinden. Dicke Mauern ragen etwa zehn Meter in die Höhe, eine Tür führt ins Innere, Fenster suchen wir vergeblich. Dafür befindet sich auf dem Flachdach eine in mehrere Richtungen geöffnete Kuppel. Durch schmale Einfluglöcher flattern die Tauben hier ein und aus. In den vergangenen Jahrhunderten existierten etwa 3000 dieser mächtigen Bauten, und jeder einzelne bot Platz für 14 000 Vögel – 42 Millionen Tiere insgesamt! Die Exkremente der Tauben dienten den Bauern um Isfahan als Düngemittel, das sie auf ihren berühmten Wassermelonenfeldern einsetzten.

Vom Taubenturm folgen wir der Prachtstraße Chahar Bagh in Richtung Norden. P verabschiedet sich in die Bibliothek. Er arbeitet an seinem Universitätsabschluss in Psychologie. Wir hingegen biegen nach links ab und betreten Jolfa, das armenische Viertel Isfahans. Schah Abbas I., der ruhmreiche König der Safawiden, siedelt hier nach einem Feldzug gegen die Osmanen im 17. Jahrhundert eine Kolonie armenischer Christen aus der rund 1000 Kilometer entfernten Stadt Jolfa an. Er wollte sich ihre Fähigkeiten als Händler, Geschäftsmänner und Künstler zunutze machen und versprach ihnen im Gegenzug religiöse Freiheit. In ihrer Blütezeit lebten hier, südwestlich des Stadtzentrums, mehr als 42 000 Christen. Heute sind noch etwa 5000 von ihnen übrig. In den schmalen Gassen mit den blockähnlichen Häusern des Viertels begegnen uns kaum Menschen. Viel Christliches ist auch nicht zu erblicken, bis wir vor der Vank-Kathedrale stehen. In der Mitte des 17. Jahrhunderts erbaut, ist sie die erste armenische Kirche in Isfahan und stilprägend für viele weitere Kirchen im Iran.

So schlicht die Kathedrale von außen betrachtet erscheint, so fabulös ist ihr Inneres. Eine Explosion leuchtender Farben umgibt uns. Vom Boden bis zur Decke, über Bögen und Kuppeln, spannt sich ein buntes Bildermeer, das mit goldenem Schimmer durchzogen ist. Christliche Darstellungen und islamische Muster treffen hier aufeinander. Die biblische Schöpfungsgeschichte und die Vertreibung des Menschen aus dem Paradies werden großflächig thematisiert.

Wir kehren zurück auf die Chahar Bagh und wenden uns nach Norden, bis wir den Fluss Zayandeh erreichen. Mehrere alte Brücken aus der Zeit der Safawiden überqueren den Zayandeh. Die längste und berühmteste ist die Si-o-Seh Pol, die Brücke der 33 Bögen. Gebaut in der Wende zwischen dem 16. und 17. Jahrhundert, führt sie mit einer Länge von knapp 300 Metern über den Fluss. Wir schlendern über die gepflasterte Brücke, die zu beiden Seiten von mannshohen Backsteinmauern begrenzt wird. Auf der Brücke kommen uns vier Jugendliche entgegen, die uns fröhlich in Isfahan willkommen heißen. Als sie erfahren, dass wir aus Deutschland kommen, leuchten ihre Augen. Wir hingegen wissen nie genau, wie wir auf das reagieren sollen, was nun folgt: Begeistert erklären uns die vier Jungs, dass auch sie Arier seien und wir zur selben Rasse gehörten. Dann blicken sie uns erwartungsvoll an. Der dezente Hinweis, dass das mit den Ariern ja schon ziemlich lange her sei, schließlich siedelten sie vor nicht weniger als 5000 Jahren im Gebiet des heutigen Iran, weckt wenig Interesse. Auch dass die Abstammung eines Menschen im Hinblick auf seine Qualitäten nichtssagend sei, resultiert, wenn überhaupt, nur in Schulterzucken. Iraner sind stolz auf ihre arische Herkunft.

Im Jahr 1934 benennt der monarchische Herrscher Reza Pahlavi das Königreich Persien in Iran um. Der Name leitet sich vom Mittelpersischen »Eran« ab und bedeutet nichts anderes als Arier. Damit ehrt Reza Pahlavi nicht nur die Ahnen, sondern erkennt auch die unterschiedlichen ethnischen Gruppen im Vielvölkerstaat an. Zuvor war es den Azaris, den Luren, den Belutschen, den Kurden, den Turkmenen und anderen Ethnien, die auf persischem Staatsgebiet lebten, nur schwer möglich, sich mit ihrem Heimatland zu identifizieren. Schließlich sind sie keine Perser, und wie sonst soll man Menschen aus Persien nennen? Erst mit der Umbenennung in Iran wurden sie auch semantisch ins Land aufgenommen. Anders als in der Türkei, das seine ethnischen Minderheiten aus dem Ländernamen ausschließt und damit zu den innerstaatlichen Konflikten mit Armeniern und Kurden, die eben keine ethnischen Türken sind, beiträgt, greift der Iran auf eine Ahnengeschichte zurück, von der sich niemand ausgeschlossen fühlen kann. Arier sind im Iran also völlig in Ordnung.

Am nördlichen Ufer treffen wir P, der uns in einer Seitengasse in einen Imbiss zum Mittagessen führt. In das in Stücke zerrissene Fladenbrot mit Joghurtsoße und Koriander sickert eine dicke gelbe Speiseöllache. Auf dem Teller daneben ist leckeres Beryani, eine Spezialität der Stadt aus gehacktem Ziegenfleisch und Innereien, welches gekocht und anschließend mit Zimt und Mandelstreifen verfeinert in ein Fladenbrot geschlagen wird.

Während wir uns über das Essen beugen, erzählen wir P von einem bettelnden Jungen, den wir am Zayandeh gesehen haben und der plötzlich verschwand, nachdem ein Passant ihn ermahnt hatte. P lacht und verweist auf die iranische Gastfreundschaft. Selbst den Kleinsten wird bereits eingeflößt, Gästen großen Respekt entgegenzubringen. Der Passant habe den Jungen vermutlich nur daran erinnert, dass es nicht nett sei, Gäste anzubetteln. Dann erfahren wir einmal mehr, wie wirtschaftlich schlecht es den Menschen im Iran geht. Auch die Armen werden ärmer, und so gehören nun auch Bettler zum iranischen Alltag.

Nach dem Mittagessen besuchen wir mit P den Naqsh-e Jahan, den Königsplatz. Ende des 16. Jahrhunderts zum Protzen angelegt, ist der rund 90 000 Quadratmeter große Naqsh-e Jahan das historische Zentrum der Stadt. Um ihn herum arrangiert der persische Schah Abbas I. Isfahan als neue Hauptstadt. Der Naqsh-e Jahan ist der größte Platz des Landes. Zwölf Fußballspiele könnten hier zeitgleich ausgetragen werden, damals diente der Platz jedoch dem Polospiel, dem frühen Nationalsport Persiens. Religiöse und königliche Gebäude, die unter der Regentschaft Schah Abbas' I. in den Jahren zwischen dem 16. und 17. Jahrhundert errichtet werden, rahmen den Naqsh-e Jahan. Abbas I. stammt aus dem Schoß der Safawiden, einem Königsgeschlecht, das einst im 14. Jahrhundert in Ardabil, 900 Kilometer nördlich von Isfahan, gegründet wurde. Nach den persischen Imperien der Achämeniden und der Sassaniden errichtete Schah Abbas das Dritte Persische Reich und verewigte sich als Abbas der Große in den Geschichtsbüchern. Unter seiner Führung gelangen militärische Siege gegen Türken und Turkmenen, aber auch Kunst und Architektur lebten unter dem Herrscher auf. Der Naqsh-e Jahan ist eines der groß angelegten Projekte, mit denen Schah Abbas I.

seine Herrlichkeit in fantastischen Bauten zur Schau stellte. Er gehörte zum Prachtvollsten, was das Persische Reich zu bieten hatte. Hier empfing der König seine Gäste, hier brachen sich Pferde und Spieler zur Belustigung der Herrscherfamilie regelmäßig die Knochen.

Heute gilt der Naqsh-e Jahan als wichtiges Dokument für das gesellschaftliche und kulturelle Leben der damaligen Zeit. Mittlerweile ist der Platz die touristische Hauptattraktion Isfahans. Seine Mitte schmückt ein Wasserbecken, das von mehreren Grünflächen umgeben ist. An der Südseite des Platzes befindet sich die Masjid-e Shah, die Moschee des Königs, die nun, nach der islamischen Revolution von 1979, als Imam-Moschee bekannt ist. Heute ragt die 51 Meter hohe blaue Kuppel der Moschee gewaltig über die umliegenden Gebäude empor. Ein zwölffaches Echo klingt in ihrem Inneren, mit dem sich jeder Sprecher Gehör verschaffen kann. Immer wieder singen Besucher der Moschee kurze Liedtexte und erfreuen sich an der besonderen Akustik.

Doch so prächtig die Moschee auch ist, verbindet doch eine schwierige Beziehung den König mit seinem größten Bauprojekt. Die Legende besagt, dass Abbas I. während der Bauphase mit dem Fortschritt der Arbeiten nicht zufrieden ist. Mit jedem Jahr, das vergeht, sinkt seine Geduld. So entsinnt er Ideen, die die Arbeiten beschleunigen sollen. Eines der zeitaufwendigsten Projekte ist das Setzen der Mosaike an den Fassaden. Und hier fällt Abbas eine perfekte Lösung ein: Anstatt zerbrochene Kacheln zu kunstvollen Motiven zusammenzusetzen, lässt Abbas I. die Fassaden im Inneren der Moschee mit quadratischen bemalten Kacheln auskleiden. Hunderte Arbeitsstunden werden so eingespart. Diese von Abbas I. eingeführte Methode entwickelt sich in kürzester Zeit zum Standard für alle weiteren Bauprojekte im Land. Der Bau der Masjid-e Shah ist ein Wendepunkt in der persischen Dekorationsarbeit.

Tiefblaue Kacheln schmücken die zweistöckigen Wände des Innenhofes der Moschee. Ihre gemalten Muster zieren die Mauernischen und die Kuppel. Ranken und Blüten verbinden sich in symmetrischen Motiven. Besonders die Kuppeldecke über der Mihrab, der Gebetsnische, ist mit ihren kunstvollen Rankenbildern ausgesprochen sehenswert. Das Eingangsportal und die Moschee verbindet ein kurzer verwinkelter Korridor, denn während die Moschee nach Mekka ausgerichtet ist, passt sich das Portal der Geometrie des Naqsh-e Jahan an.

An der östlichen Seite des Naqsh-e Jahan befindet sich zwischen den vielen kleinen Geschäften in den Arkaden der Eingang zu einer weiteren Moschee. Es ist die zwischen 1602 und 1619 erbaute Scheich-Lotfollah-Moschee. Benannt nach dem Schwiegervater Schah Abbas' I., diente sie als Privatmoschee der Frauen des königlichen Harems. P macht uns gleich zu Beginn auf die fehlenden Minarette aufmerksam. »Keine Phallussymbole, keine Männer«, schlussfolgert er augenzwinkernd. In Wahrheit deutet die Abwesenheit der Minarette darauf hin, dass die Moschee nicht für die Öffentlichkeit zugänglich war.

Gleich gegenüber der Scheich-Lotfollah-Moschee, auf der anderen Seite des Naqsh-e Jahan, befindet sich der Ali-Qapu-Palast an der Westseite des Königsplatzes. Gegen Ende des 16. Jahrhunderts erbaut, empfing Schah Abbas I. hier den nationalen Adel und ausländische Gesandte. Heute blicken von der Fassade des 38 Meter hohen Gebäudes andere Herrscher mit strengen Augenpaaren über den Platz. Es sind die religiösen Oberhäupter des Landes, der Imam Khomeini und sein Nachfolger, der Imam Khamenei. So wie hier schauen die beiden Staatsoberhäupter überall im Iran von Bildern, Plakaten und Graffitis auf öffentliche Plätze hinab.

Am nördlichen Ende des Naqsh-e Jahan, gegenüber der prächtigen Masjid-e Shah, befindet sich das Qeysarieh Portal, der

Haupteingang zum Basar-e Bozorg, dem großen Markt von Isfahan. Die Reste eines riesigen Wandgemäldes prangen über dem Eingang. Es erzählt von der glorreichen Schlacht der persischen Armee unter Schah Abbas I. gegen die Usbeken zum Ende des 16. Jahrhunderts. Unter dem stillen Kampf schlendern wir durch das hölzerne Eingangstor und befinden uns direkt in den engen, geschäftigen Gassen. Neben Teheran und Täbris ist der Basar in Isfahan einer der bedeutendsten Märkte des Iran. Sein Inneres ist eine Wucht. Bereits wenige Meter hinter dem Naqsh-e Jahan befinden wir uns in einer völlig anderen Welt. Um uns herum drängen sich Menschen in alle Richtungen. Stoffe werden verkauft, Anzüge und Kleider, Schmuck und Uhren, Bilderrahmen, Gürtel, Armreifen. Irgendwo hängt die iranische Nationalflagge von der Decke. Die Gänge sind mit Kuppeln überdacht. Sonnenlicht fällt durch schmale Öffnungen in der Decke. Ein paar Bereiche des Marktes sind bis zu 1000 Jahre alt, doch der Großteil des heute noch erhaltenen Basars stammt aus dem frühen 17. Jahrhundert. Ein Labyrinth aus Gassen und Gängen verbindet die verschiedenen Warenbereiche. Karawansereien und Medresen – islamische Schulen – befinden sich im Markt. Timchehs, Innenhöfe, in denen etwa Teppiche oder Gewürze verkauft werden, zweigen von den Gassen ab.

Wir lassen uns durch die Hauptgänge des Marktes treiben, kommen an der Hakim-Moschee, der ältesten Moschee Isfahans, vorbei. Seit mehr als 1000 Jahren befindet sie sich an dieser Stelle. Eingequetscht zwischen den umliegenden Geschäften ist nur ihr Eingangsportal sichtbar. Der Lage geschuldet, wirkt die Hakim-Moschee weit weniger pompös als die herrschaftlichen Gotteshäuser am Naqsh-e Jahan. Männer schieben schwer beladene hölzerne Karren an der Moschee vorbei durch die Gassen des Marktes. Sackkarren klappern neben uns her. In schwarze Tschadors gehüllte Frauen erledigen die Einkäufe des

Tages. Kleinkinder schreien. Neben Kleidung und Haushaltswaren gibt es auch viel Plastikschrott. Da sind Luftballons und riesige Seifenblasenstäbe, Pistolen und Handschellen, Spielzeuglaster in Neongrün. Doch der Basar-e Bozorg bietet darüber hinaus die vermutlich größte Kunsthandwerksdichte des Landes. Neben allerlei Nippes bestaunen wir richtige Schätze. Schon am Naqsh-e Jahan hämmern und klacken die Handwerker mit ihren Werkzeugen. Doch auch in den Gängen des Basar-e Bozorg sehen wir immer wieder kleine Manufakturen, in denen wahre Kunstwerke entstehen. Hier werden feine Metallarbeiten hergestellt. An anderer Stelle besetzt ein Arbeiter eine hölzerne Schmuckdose mit hauchdünnen Scheiben aus Kamelknochen. Bunte Holztäfelchen zwischen den Knochenstücken zieren die Oberflächen der Schatullen.

Ein paar Ecken weiter betreten wir ein Leinengeschäft. Dutzende Oberteile, Decken, Tücher, Tischläufer und Bettwäsche hängen von den Wänden oder liegen ausgebreitet auf großen Tischen. Jedes Stück ist ein handbedrucktes Unikat. In der hinteren Ecke des Raumes sitzt der Drucker vor einer langen Stoffbahn. Ausgestattet mit einem Stempel und einem Holzblock, der um sein rechtes Handgelenk gebunden ist, bearbeitet der Mann den Stoff. In mehreren Lagen und unter Verwendung verschiedener Stempel und Farben werden die Muster auf das Gewebe gebracht. Hier im Basar-e Bozorg fühlen wir uns wie in einem lebendigen Museum alter Handwerkstradition. Schritt für Schritt verfolgen wir die althergebrachten Arbeitsweisen und schauen dabei nicht nur dem Textildrucker über die Schulter, sondern auch dem Messingschmied, dem Metallbildner, dem Porzellanmaler und dem Drechsler.

Etwa zwei Kilometer vom Naqsh-e Jahan entfernt enden die schmalen, überfüllten Gassen, und der Markt öffnet sich zu einer belebten Straße. Wir befinden uns nun ganz in der Nähe der Freitagsmoschee, der Jame Masjid. Sie ist ein Sammelsurium persischer Baustile der letzten 1000 Jahre. Hier finden wir die Geometrie der Seldschuken, Einflüsse aus der Epoche der Moguln und barocke Feinheiten der Safawiden. Die beeindruckend zusammengesetzten Mosaike – Arabesken, Ranken und religiöse Inschriften – zeugen von persischer Handwerkskunst, die der ungeduldige Schah Abbas I. der Vergessenheit überließ. Mit einer Fläche von 20 000 Quadratmetern, auf der man beinahe drei Fußballfelder anlegen könnte, ist die Freitagsmoschee in Isfahan die größte Moschee des Landes. In der Mitte des weiten Innenhofes befindet sich ein Wasserbecken, an dem die Gläubigen vor dem Gebet ihre rituellen Waschungen der Hände, Füße und des Gesichts vollziehen. Über dem Becken erhebt sich eine steinerne Bühne, die als stilisierte Nachbildung der Kaaba in Mekka dient. Hier trainieren zukünftige Pilger die Rituale, die sie an der heiligsten aller islamischen Stätten vollführen, bevor sie sich auf die Hadsch, die Pilgerreise nach Saudi-Arabien, begeben.

Abends sitzen wir erneut auf den weichen Teppichen im Wohnzimmer unseres Gastgebers P. In einem Samowar köchelt Chai. P schneidet eine Wassermelone in große Scheiben. Dazu serviert er uns Gaz – weißen Nougat. Hergestellt aus Honig, Eischnee, dem Saft der Tamariske, Pistazien und Rosenwasser ist Gaz eine persische Süßigkeit und besondere Spezialität aus Isfahan. Wir klauben die spröden, trockenen Pralinen aus einer Pappschachtel und werden politisch. Es ist nicht einmal zehn Tage her, dass auf das Redaktionsgebäude des französischen Satiremagazins *Charlie Hebdo* ein Anschlag verübt wurde. Zwölf Mitarbeiter kommen dabei ums Leben – Redakteure, Zeichner und Herausgeber. Die Polizei berichtet von islamistisch motivierten Tätern, die Tage später gestellt und getötet werden.

Charlie Hebdo veröffentlicht mehrfach Karikaturen des Propheten Mohammed und erlangt damit internationales Aufsehen. Die arabische Welt reagiert stets empört. Doch die Macher von *Charlie Hebdo* lassen sich nicht beeindrucken. 2013 verlangt der Terrorverbund Al-Qaida sogar den Tod des Herausgebers Stéphane Charbonier wegen »Verbrechen gegen den Islam«. Den Anschlag vor wenigen Tagen verstehen Frankreich und Europa als Trauma für die Pressefreiheit. Unfassbare Sprachlosigkeit und weltweite Solidarisierungsbekundungen begleiten das Entsetzen. Betroffenheit macht uns alle plötzlich zu Charlie. Auch auf dem Teppich im Iran verabscheuen wir den Anschlag, doch schon bald sprechen wir über das Wesen der Satire. Was ist erlaubt, was nicht, und wo verlaufen die Grenzen?

Obwohl ihm Religion ziemlich gleichgültig ist, spricht sich P vehement gegen die Peinigung der Gefühle gläubiger Muslime aus. Auch Satire ist ihm in dieser Hinsicht ein Dorn im Auge.

»Warum«, so fragt er uns, »müssen Karikaturen über den Propheten Mohammed veröffentlich werden?«

Im Islam sind solche Abbildungen tabu, und aus Respekt vor der Religion sollte dieses Verbot bewahrt werden. Gerade im Hinblick auf den Pauschalverdacht des Terrorismus, den die muslimische Gemeinschaft seit dem 11. September 2001 ertragen muss, wäre ein milderer Umgang mit den religiösen Gefühlen wünschenswert, so P. Der Islam sei bereits stigmatisiert, seine Anhänger gedemütigt. Dabei sei es nicht die Aufgabe der Satire, Religionen zu diffamieren, argumentiert unser Gastgeber, sondern Missstände aufzuzeigen. Doch stattdessen bringen satirische Abbildungen in der westlichen Welt den Propheten Mohammed immer wieder mit Gewalt in Zusammenhang und zementieren so Angst, Vorurteile und Ungerechtigkeit gegenüber allen Mitgliedern des Islam. Ps Logik erschließt sich auch mir, und dennoch belle ich ihm entgegen: »Satire darf alles!« Aber dann werde ich doch nachdenklich.

Am nächsten Morgen erkunden wir erneut die Stadt. Wieder verschlägt es uns zum Naqsh-e Jahan. Diesmal überqueren wir hinter dem Ali-Qapu-Palast die Straße und stehen in einem riesigen Persischen Garten. Mitten in der Anlage befindet sich der Tschehel Sotun, der »Palast der 40 Säulen«. Erbaut im 17. Jahrhundert ist es der letzte noch erhaltene Palast in den königlichen Gärten des Safawidengeschlechts. Hier hielten die persischen Könige ihre festlichen Empfänge ab. Wir betreten den Palast über eine riesige Terrasse, deren hölzerne, mit geometrischen Figuren bemalte Dachpaneele von 20 mächtigen Säulen aus Zypressenholz getragen werden. Ihre Spiegelungen im nahen Wasserbecken geben dem Palast den Namen.

Doch wirklich beeindruckend ist der Palast der 40 Säulen erst in seinem Inneren. Der Thronsaal ist der einzige Raum des Palastes. Groß wie das Gebäude selbst, kündet er vom Glanz eines vergangenen Reiches. Fresken, Miniaturzeichnungen, Spiegelscherben und Stuck verzieren in ungeheurer Pracht die Mauern. Leuchtende Farben fallen uns von den Wänden entgegen. Sechs gewaltige meterhohe Wandbilder zeigen bedeutende Ereignisse am königlichen Hof und berühmte Schlachten der Safawiden aus dem 16. und 17. Jahrhundert. Sie sind herausragende Beispiele für den einzigartigen Stil der persischen Malerei. Vor uns erhebt sich die gewaltige Schlacht des persischen Herrschers Nadir Schah im Kampf gegen die Moguln unter Sultan Mohammed in Indien. Selbst Kriegselefanten kommen auf der indischen Seite zum Einsatz. Ein anderes Wandgemälde hält einen königlichen Empfang mit Musik und Tanz fest. Die Wandbilder sind episch und die überbordenden Abbildungen kaum als Ganzes wahrnehmbar.

Später machen wir uns auf den Weg zurück zum Naqsh-e Jahan, wollen den weitläufigen Platz am frühen Abend erleben, wenn die Touristenströme des Tages vorüber sind. Ein paar Streuner überqueren den Platz – junge Männer, die nicht so aussehen, als würden sie einem legalen Gewerbe nachgehen. Ständig taxieren sie ihre Umgebung, immer auf der Suche nach einer Gelegenheit. Dann spazieren wir weiter zum Fluss Zayandeh.

Als wir das Ufer erreichen, machen wir in einem der kleinen Lokale halt. In der Nähe der Si-o-Seh-Brücke sitzen wir auf roten Plastikstühlen, schauen den Passanten zu, die die Straße hinunterlaufen. Der Wirt serviert uns zwei große Becher mit frisch gepresstem Karottensaft und Vanilleeis. Als die Dämmerung hereinbricht, schlendern wir am Zayandeh entlang. Die Ufer des Flusses sind die wichtigsten sozialen Treffpunkte der Stadt. Hier flanieren die Bürger Isfahans durch die sauberen Parkanlagen. Gepflasterte Wege führen zwischen den antiken Brücken Chubi, Khaju und Si-o-Seh umher. Sie alle stammen aus dem 17. Jahrhundert und sind bis heute wichtige Wahrzeichen der Stadt. Besonders die zweistöckige Khaju-Brücke ist in den Abendstunden ein beliebter Treffpunkt für die Jugendlichen der Stadt. Wenn die Bögen und Nischen der Brücke in gelbem warmem Licht angeleuchtet werden, spazieren sie hier auf und ab. Paare sitzen versteckt Arm in Arm im Halbschatten zwischen den Lichtern. Jemand zupft auf einer Gitarre und singt dazu eine melancholische Melodie. P wartet am Rand der Brücke. Wir sind zum Abendessen verabredet. In einem nahen Restaurant verspeisen wir Lammrippchen, Reiskuchen, Hühnerkeule und zum Nachtisch Safranjoghurt. Das volle Programm iranischer Delikatessen. Dann besorgen wir uns von einem Freund Selbstgebrannten und verbringen den Rest des Abends gemütlich schwatzend im Wohnzimmer. Es ist unsere letzte Nacht in Isfahan, unser letzter Abend mit P. Morgen geht es in die Wüste.

Mehriz und die Schätze der Wüste

Südlich des Elbrusgebirges im Norden des Iran beginnt die Dasht-e Kavir, die große Salzwüste. Auf einer Fläche von 77 600 Quadratkilometern, die ganz Schottland Platz bieten könnte, reicht sie weit in das iranische Hochplateau hinein. Im Süden geht die Dasht-e Kavir fließend in die Dasht-e Lut über. Mit 166 000 Quadratkilometern ist sie Irans größte Wüste. Zwischen diesen beiden unwirtlichen Gebieten befindet sich die Stadt Yazd im Herzen des Iran mit ihren mehr als 400 000 Einwohnern. Eingebettet in die Brauntöne der Dasht-e Kavir und Dasht-e Lut ist sie eine der ältesten Städte des Landes. Ihre Siedlungsgeschichte reicht 5000 Jahre zurück. Hier kennt man sich aus mit dem Leben in der Wüste.

Rund um Yazd scheint die Weite zwischen Himmel und Erde endlos zu sein. Schon der karge Weg nach Yazd kitzelt einige Endorphine aus meinem Hypothalamus. Mahan, ein gut gelaunter junger Mann, nimmt uns bis nach Nā'in mit. Er hat gerade seinen ersten Poesieband veröffentlicht. Auch wir bekommen einen Band als Geschenk überreicht. Dass wir gar kein Farsi lesen können, spielt dabei keine Rolle. In den Abendstunden erreichen wir Nā'in und verabschieden uns von unserem Poeten an einer Polizeistation auf der Schnellstraße nach Yazd. Wir stehen im Lichtkegel einer Laterne, und die nächtliche Kälte der Wüste zieht bereits unter unsere Kleider, als Eddin uns in seinen Pkw einlädt. Noch liegen 170 Wüstenkilometer vor uns, von denen wir im Dunkel der Nacht nichts zu sehen bekommen. Eddin, Ende 20, bringt nur ein paar kurze Sätze heraus, doch teilt er ein Paket leckerer Dattelkekse mit uns.

Nach zwei Stunden gemeinsamer Fahrt erreichen wir Yazd und verabschieden uns wieder voneinander. Kurze Zeit später treffen wir Mehdi, unseren Gastgeber für die nächsten Tage. Der 20-jährige Medizinstudent hält gleich mehrere Überraschungen für uns bereit. Erstens wohnt er, anders als verkündet, gar nicht in Yazd, sondern in der 50 Kilometer entfernten Kleinstadt Mehriz. Zweitens wird er nicht unser Gastgeber sein. Stattdessen kommen wir bei seinem besten Freund Milad unter. Als wir Milads Elternhaus in Mehriz erreichen, wirkt dieser sichtlich aufgeregt. Er hat sturmfrei, und wir sind die ersten Fremden, die er ohne Beisein seiner Eltern willkommen heißt. Trotz seiner merklichen Anspannung begrüßt er uns mit einer Kanne heißem Chai und öffnet ein paar Granatäpfel so geschickt, dass er nicht einen Tropfen auf den dicken, teuren Perserteppich vergießt.

Milads Familie lebt in einem bürgerlichen Reihenhaus in Mehriz. Wir machen es uns auf dem weich gepolsterten Boden bequem. Milad und Mehdi rollen dagegen einen Gebetsteppich in einer Ecke des Raumes aus und beten nacheinander. Damit gehören sie zu den wenigen tatsächlich religiösen jungen Menschen im Land, denen wir begegnen. Nach dem Gebet essen wir gemeinsam Burger aus einem nahen Imbiss, und Milads Nerven entspannen sich allmählich. Wie Mehdi ist auch Milad 20 Jahre alt, doch anders als sein Freund studiert er nicht Medizin, sondern Wirtschaftslehre. Wenn die beiden miteinander reden, können wir uns selten ein Grinsen verkneifen. Der Dialekt, der hier in der Wüste gesprochen wird, klingt selbst für unsere Ohren lustig. Verglichen mit anderen Ort im Iran, plaudert man hier in einem melodischen Singsang, der alles ein bisschen niedlicher klingen lässt.

Wir vertreiben uns die Zeit mit Scharade. Milad ist ganz aus dem Häuschen, als ich ihm Ali Daei, Irans berühmtesten Fußballer, allein mit Körperbewegungen erklären kann. Fußball ist Milads Leidenschaft, und er beginnt, von großen Fußballhelden und spektakulären Spielen zu schwärmen. Im Flüsterton verrät er uns sogar, dass er den Sport in jedes seiner Gebete einschließt. Unsere Gespräche mit den Jungs bieten ansonsten jede Menge Kontroversen. So sind Milad und Mehdi etwa davon überzeugt, dass eine Ehefrau ihrem Gatten unterstellt ist. Zu ihren Aufgaben zähle vor allem, den Mann entsprechend seiner Vorlieben zu bekochen. Auch die Ehe verstehen die beiden völlig falsch. Im Islam gilt die Ehe als Vertrag, und so wird sie auch geschlossen. Im Ehevertrag werden Pflichten und Aufgaben beider Ehepartner aufgenommen. Dazu zählt die Festlegung einer sogenannten Morgengabe, einer Geldsumme, die vom Ehemann hinterlegt und im Scheidungsfall an die Frau ausgezahlt wird. Die Morgengabe ist als finanzielle Unterstützung gedacht und so etwas wie die Lebensversicherung einer geschiedenen Frau. Traditionell wird die Morgengabe an den Vater der Braut übergeben, heute existiert sie jedoch nur noch formal. Nichtsdestotrotz interpretieren Milad und Mehdi die Morgengabe als Kaufpreis. Ihrer Ansicht nach wird die Frau damit zum Eigentum des Mannes. Schließlich habe er eine stattliche Summe bezahlt. Dass dies nur theoretisch geschieht, stört die beiden in ihrer Argumentation wenig. So konservativ das Gedankengut der Jungs auch ist, spiegelt es doch die Mentalität der Region wider. Hier in der Wüste, rund um Mehriz und Yazd, gelten die Menschen als besonders althergebracht und traditionsgebunden.

Die Wüste rund um Mehriz ist reich. Historisch-archäologische Schätze sprudeln wie Oasenquellen aus dem staubigen, trockenen Boden. Mit Mehdi, Milad und Sosha, einem Freund unserer Gastgeber, erkunden wir Saryazd, ein kleines Dorf ganz in der Nähe. Hier, umgeben von feinem Wüstensand, befindet sich eine ehemalige Karawanserei. Zur Zeit der Safawiden, irgendwann im 16. Jahrhundert, waren Karawansereien so etwas wie

antike Motels. Damals, als Pferde, Esel, Maultiere und Dromedare noch regelmäßig schwer beladen mit allerlei Handelsgü-
tern durch die Wüste zogen, konnten Kaufleute und Reisende
hier mit ihren Karawanen einkehren, um sich von den Strapazen
des Weges zu erholen. Es heißt, dass unter Schah Abbas I., dem
berühmtesten der Safawiden-Könige, ein Netzwerk aus 999 Karawansereien entlang der Handelsrouten des Persischen Reiches
erbaut wurde. Etwa 30 bis 40 Kilometer trennen die Rasthöfe
voneinander. Damals, vor 400 Jahren, eine Tagesreise für die
Händler mit ihren Lasttieren.

Vom Dach der heute verlassenen Karawanserei, das wir über
eine gemauerte Treppe erreichen, genießen wir einen fantastischen Blick. Im Westen liegt das Dorf Saryazd mit seinen schmalen Gassen und den traditionellen braun- und beigefarbenen
Lehmhütten mit ihren typischen Flachdächern. Etwa 140 Familien leben hier von Viehzucht und Landwirtschaft. Felder schmiegen sich um den Ort, auf denen je nach Jahreszeit Melonen und
Pistazien, aber auch Weizen, Gerste und Gemüse angebaut werden. Dahinter erheben sich die ersten schneebedeckten Ausläufer des Zagrosgebirges, des höchsten Gebirges im Iran. Es
gehört zum Alpidischen Gebirgssystem, das sich von Nordwest-
afrika über Europa und Asien bis nach Malaysia erstreckt. In
allen anderen Himmelsrichtungen blicken wir hinaus in die
Wüste, die Weite, die Leere.

Wir verlassen die Karawanserei und besichtigen eine nahe
Festung, die ebenfalls noch zu Saryazd gehört. Erbaut im zweiten persischen Großreich von den Sassaniden, zwischen dem
3. und 6. Jahrhundert unserer Zeitrechnung, ist die Festung ein
Abenteuerspielplatz, der mir ein breites Grinsen unter die Nase
zaubert. Herrlich heruntergekommen! Wir zwängen uns durch
die verfallenen Mauerreste. Der heiße Wüstenwind längst vergangener Dekaden hat dem Lehmsteinkomplex heftig zugesetzt.

Staub und Sand schmirgeln noch heute wie Schleifpapier an den Mauern; liegen zentimeterdick in den Gängen innerhalb der Festung.

Stunden später beschließen wir, in Milads Garten zu fahren, und erleben iranische Schrebergartenkultur: Sie imponiert mit riesigen Anwesen, ausgedehnten Gemüsebeeten und prächtigen Obstbäumen. Häufig gehört ein Pool zur Ausstattung der Gärten, der im heißen Wüstensommer als Wasserreservoir für die Pflanzen genutzt wird.

Im Garten sitzen wir zwischen Granatapfelbäumen und bereiten mit Sosha Schisch-Kebab zu – marinierte Geflügelteile, die auf Spießen über offenem Feuer gegrillt werden. Milad und Mehdi sind im Gartenhaus verschwunden. Es ist Zeit für das Gebet. Außerdem beginnt in wenigen Minuten das Viertelfinale der Asienmeisterschaft: Der Iran spielt gegen den Irak. Milad betet inständig um Beistand. Auf einem Teppich, der auf der Terrasse vor dem Haus ausgebreitet ist, lassen wir uns den Kebab schmecken. Mit großen Stücken Lavash ziehen wir die saftigen Fleischstücke vom Spieß. Dann richtet sich unsere Aufmerksamkeit auf ein kleines knackendes Kofferradio, in dem ein Moderator gerade den Anpfiff kommentiert, während wir mit vollen Bäuchen in der Nachmittagssonne liegen. Nach 120 Minuten steht es 3 : 3 – Elfmeterschießen. Milad hält die Spannung kaum noch aus. Aufgeregt tigert er hin und her. Zwei Minuten später sinkt er tieftraurig in sich zusammen. Iran scheidet aus dem Turnier aus, und Milads Laune ist ruiniert.

Als sich das Kebab im Bauch in Energie umwandelt, beschließen wir, eine nahe gelegene Gesteinsformation zu erklettern. Sie gehört zu den beliebtesten Ausflugszielen in Mehriz. Zusammen mit Sosha und Milad erklimmen wir zunächst die Düne, die sich an den Fels schmiegt, bis der weiche Sand hartem Fels weicht. Von hier geht es noch ein gutes Stück weiter steil bergauf. Über loses Geröll und leichte Felsvorsprünge suchen wir uns einen Weg bis auf die Spitze des Massivs. Gut 20 Minuten kraxeln wir in die Höhe. Mehdi, der unten an der Düne auf uns wartet, verschwindet bald aus unserem Blickfeld. Dafür erleben wir eine fantastische Rundum-Aussicht auf die Ausläufer der nahen Zagrosgebirgskette mit der untergehenden Sonne, die Wüste und natürlich Mehriz, das sich farblich kaum von seiner Umgebung abhebt. Der Abstieg ist etwas umständlicher. Unten angekommen wirkt Mehdi mürrisch. Schnell macht er uns auf unseren schlecht sitzenden Hidschāb aufmerksam, mit dem wir vermeintliche Blicke auf uns ziehen. Artig richten wir die Kleinigkeiten an unserer Kleidung und fühlen uns von dem konservativen jungen Mann unangenehm bevormundet.

Am nächsten Morgen nähern wir uns endlich Yazd, nicht ohne uns jedoch vor den Toren der Stadt eine weitere Wüstenstätte anzuschauen. Die Dakhmeh-ye Zartoshtiyun, ist eine alte, spätestens seit den 1960er-Jahren verlassene zoroastrische Siedlung. Die Zoroastrier ließen sich irgendwann zwischen dem 7. und 4. Jahrhundert vor Christus im heutigen Iran nieder. Sie bilden eine der ersten Religionsgemeinschaften überhaupt, die einen allgegenwärtigen, unsichtbaren Gott voraussetzt. Der Zoroastrismus war lange Zeit die Hauptreligion in dieser Gegend, bevor die Araber den Islam einführten. Heute gilt sie als die älteste noch aktive Religionslehre des Landes. In Yazd, nach Teheran die zweitgrößte zoroastrische Niederlassung im Iran, zählt die Religionsgemeinschaft noch etwa 4000 Mitglieder. Die Zoroastrier glauben an einen Dualismus von Gut und Böse, an den immer fortwährenden Kampf zwischen diesen beiden Kräften und sind vielleicht die erste grüne Religion der Menschheitsgeschichte. Neben ihrem Gott Ahura Mazda und dem Propheten Zarathustra werden auch die vier Elemente Feuer, Erde, Wasser und Luft heiliggesprochen. Eine Umweltreligion, die großen Wert auf die Reinheit der Natur legt.

Berühmt sind die Zoroastrier deshalb auch für ihre Bestattungszeremonien. Ihrem Glauben entsprechend würde das Begraben oder Verbrennen ihrer Toten entweder die Erde oder die Luft verunreinigen. Stattdessen wurden die Verstorbenen in sogenannten Türmen der Stille aufgebahrt. Einer dieser Türme erhebt sich nun vor uns. Auf einem staubigen, steinigen Wüstenhügel ragt eine mächtige kreisförmig angelegte Mauer in die Höhe. Eine Grube befindet sich in der Mitte des nach oben offenen Raumes. Hier legten die Zoroastrier ihre Toten ab und überließen sie den Geiern und anderen Aasvögeln, welche die Körper bis auf die blanken Knochen abfraßen.

Mit Mehdi und Milad schlendern wir durch die zoroastrische Anlage. Die jungen Männer sind jedoch wenig interessiert. Wir lassen die beiden zurück und erkunden die Überreste der religiösen Stätte. Im Zoroastrismus verschmelzen Einflüsse der antiken griechischen Kultur mit animistischen, naturreligiösen Ritualen lokaler Glaubensrichtungen. Feuer wurde zum göttlichen Symbol, weshalb die Zoroastrier häufig auch als Feuertempler bezeichnet werden. In Yazd befindet sich ein solcher Feuertempel, ein Atashkadeh. In seinem Inneren züngeln Flammen hinter Glasscheiben in einem schweren metallenen Kelch. Es heißt, das heilige Feuer brenne hier seit 1600 Jahren ununterbrochen. Der Tempel an sich ist wenig beeindruckend. Ein modernes Gebäude aus der ersten Hälfte des 20. Jahrhunderts. Über dem Eingang prangt das uralte Zeichen der Zoroastrier, der Beschützergeist Fravashi.

Außerhalb des Feuertempels tauchen wir in das Yazd der Gegenwart ein. Der konservative Ruf der Stadt spiegelt sich auch im Straßenbild. Hier hüllt sich beinahe jede Frau in ihren dunklen Tschador. So viele in wallende Tücher gewickelte Frauen haben wir bisher nur in Ghom gesehen, und wie hier war auch dort für den liberalen Geist kein Platz. Doch anders als in Ghom erscheinen die Einwohner Yazds gelassener. Hier lässt man uns einfach sein. Die Weite der Wüste prägt auch die Atmosphäre der Stadt: Es gibt Platz für jedermann.

Yazd und ein Hauch von 1001 Nacht

Yazd, die Wüstenstadt. Jahrtausende überdauert sie bereits in der unerbittlichen Ödnis zwischen Salzschichten und groben Felsen, zwischen Sanddünen und Geröllebenen. Wir schlendern entlang der breiten Imam Khomeini Straße, der Hauptverkehrsachse der Stadt. Graue und schwarze Abgaswolken wehen über den Asphalt – eine leichte Brise trägt sie hinaus in die Wüste. Die Häuser um uns herum sind allesamt sandsteinfarben. An Strommasten führen Kabel kreuz und quer durch die Stadt. Kahle Bäume säumen die sauberen, gepflegten Fußwege. Fernsehantennen und alte, schwere Klimaanlagen ragen über den Flachdächern empor. In der verlassenen ersten Etage eines Hauses sind die Fensterscheiben zerbrochen. Die wenigen Passanten haben keine Eile. Die Gemächlichkeit der Wüste ist schon lange in die Stadt eingezogen. Vor einem Süßwarengeschäft bleiben wir stehen. Yazd ist im ganzen Land für seine Zuckerkunst berühmt, und die Konditorei Haj Khalifeh Ali Rahbar ist die beliebteste der Stadt. Hinter einem langen steinernen Tresen reichen Verkäufer unaufhörlich Süßes an ihre nimmersatten Kunden. In der Küche im hinteren Teil des Hauses werden Mandeln, Pistazien, Walnüsse, Rosenwasser und jede Menge Zucker zu vorzüglichen Leckereien verarbeitet. Manches Gebäck ähnelt unseren Kipferln, Plätzchen und Oblaten, anderes lässt sich kaum mit mitteleuropäischer Bäckereikunst vergleichen. Egal ob das beliebte

Baklava, Koluche oder Ghotab: Die meisten Leckereien wechseln kiloweise ihren Besitzer.

Direkt hinter dem Tempel der Zuckergötter öffnet sich ein weiter Platz. Der Amir-Chakhmaq-Komplex mit der gleichnamigen Moschee ist das bedeutendste Wahrzeichen der Stadt. Die Moschee erstreckt sich über die gesamte Breite des Platzes. Bögen stehen in symmetrisch geformten Nischen in drei Etagen übereinander. Zwei hohe Minarette bilden das Zentrum der Fassade. Die Amir-Chakhmaq-Moschee ist eine der größten Gedenkstätten im Iran, an denen um den Märtyrer Hussein Ibn Ali, einen Enkel des Propheten Mohammed, getrauert wird. Erbaut wurde der Amir-Chakhmaq-Komplex im 15. Jahrhundert. Nach einem Gouverneur benannt, verfiel die Anlage bis in die Gegenwart gleich mehrfach; nur um nun als Prachtstück der Stadt bewundert zu werden.

Wenige Gehminuten vom Amir Chakhmaq Komplex entfernt befindet sich die Freitagsmoschee. Das riesige Eingangsportal ist vollständig mit einem Mosaik aus gebrochenen blauen und türkisfarbenen Kacheln verziert. Sie formen florale Muster und religiöse Inschriften. Zwei 48 Meter hohe Minarette krönen die Freitagsmoschee. Am gegenüberliegenden Ende des Innenhofes befindet sich ein hölzernes Tor, das direkt in die historische Altstadt führt – in den Teil der Stadt, in dem vor unendlich langer Zeit Yazd an einer Oase gegründet wurde. Häuser aus Lehm und rohen Ziegeln schmiegen sich lückenlos aneinander. Zwischen den Mauern führen Gassen entlang, die so schmal sind, dass ein Motorradfahrer nur mit viel Feingefühl an einem Fußgänger vorbeirutschen kann, ohne ihn zu berühren. Yazd wird von der UNESCO als die älteste Lehmziegelstadt der Welt geführt. Über den engen Wegen schließen Ziegelbögen und Kuppeln, die von einem Haus zum gegenüberliegenden gespannt sind, Tageslicht und drückende Hitze aus. Nur gelegentlich fallen Sonnenstrahlen durch Öffnungen im Gewölbe und erhellen die sandfarbene Altstadt. Bögen und ins Mauerwerk eingelassene Holzpfähle stützen über unseren Köpfen die Wände der gegenüberliegenden Gebäude. Sie bewahren die Häuser vor einer gefährlichen Neigung und dem möglichen Einsturz.

Wir sind umgeben von gelbem, braunem und beigefarbenem Mauerwerk. Ein Labyrinth aus sich windenden Gassen, Gängen und Pfaden, die gelegentlich in einem offenen Hof enden. Die Orientierung zu behalten ist nicht einfach. Wir verlaufen uns mehrfach. Unser Spaziergang durch die Altstadt ist ein pures Erlebnis. Hier treffen wir weder auf andere Touristen noch werden wir von Neppern behelligt, die uns Unnützes zu überhöhten Preisen andrehen wollen. Yazds Altstadt ist charakterfest. Sie verbiegt sich nicht für eine Handvoll Rial.

In dem Wirrwarr der Gänge begegnen uns zwei Frauen. Gänzlich in ihre schwarzen Tschadors gehüllt, schweben sie leichtfüßig an uns vorbei. Sie vervollkommnen das zauberhafte Bild einer Wüstenstadt, das wir begeistert anstarren. Yazds sonnengetrocknete Altstadt wirkt, als wäre sie aus dem staubigen Wüstenboden gewachsen; als klammerten sich Stadt und Wüste mit all ihrer Kraft aneinander. Bereits seit Tausenden von Jahren besteht diese Verbindung. Eine lange Zeit, in der die Menschen gelernt haben, sich mit der Wüste, der Hitze und dem knappen Wasservorkommen zu arrangieren.

Über den Dächern der Stadt ragen viereckige Türme in den Wüstenhimmel. Die Badgirs, antike Windtürme, kühlen noch heute als natürliche Klimaanlagen unzählige Wohnungen in Yazd. Die Türme sind zu allen vier Himmelsrichtungen geöffnet. In ihrem Inneren führen Schächte selbst den leichtesten Wüstenwind abwärts, der, durch Ventile kanalisiert, häufig an Zisternen vorbeigeleitet wird. Über dem Wasser kühlt der warme Luftstrom und bringt angenehme Frische. Ebenso entweicht die warme Luft aus den Wohnräumen nach außen. Der Effekt ist großartig. Der Luftzug unter einem Badgir ist so unerwartet stark und belebend, dass er nicht nur die Schweißperlen auf der Stirn trocknet, sondern auch die von der Wüste schweren Glieder erleichtert. Die Windtürme sind klassische Elemente der alten persischen Architektur. Sie sind sowohl in der Wüste als auch an der hitzeerprobten Küste des Arabischen Meeres zu finden. In Yazd, in Kerman, in Bandar Abbas – überall hat sich dieses System der kühlen Winde bewahrt.

Noch älter als Yazds Belüftungssystem ist jedoch die Lösung zur Wasserversorgung. Diese geschieht durch unterirdische Kanäle, sogenannte Qanate, die Wasser vom Rand der Wüste aus über 70 Kilometer Entfernung in die Stadt transportieren. In regelmäßigen Abständen führen Schächte hinab in das leicht abwärts geneigte Röhrensystem. In der Wüste erkennen wir sie als überdimensionale Maulwurfshügel. Arbeiter klettern in ihnen unter die Erde, wo sie kriechend die Qanate graben und ausbessern. Ein harter, ein gefährlicher Beruf. Seit mehr als 2000 Jahre werden im Iran auf diese Art Quellen angezapft, um Felder zu bewässern und Trinkwasser in die Wüste zu befördern. Gravitation ist die treibende Kraft. Es heißt, dass heute noch immer etwa 50 000 Qanate durch die iranischen Wüsten führen. Hunderte Städte und Dörfer, darunter die Handelsstadt Kashan und die Weltkulturerbestätte Bam, hängen von der antiken Wasserversorgung ab. Auch Yazds glorreiche Vergangenheit wäre ohne die Qanate nicht möglich, denn trotz der harten Lebensbedingungen entwickelte sich die Stadt bereits in lange vergangenen Jahrhunderten prächtig. Yazd besitzt schon im Altertum den Ruf einer reichen und herrlichen Stadt. Es ist einer der bedeutendsten Orte entlang der Seidenstraße mitten in der Wüste. Im 13. Jahrhundert berichtet Marco Polo hingerissen von der Stadt, in der Kaufleute und Adlige auf weichen Polstern zusammensitzen, Chai trinken und Geschäfte abschließen. Datteln, Safran, Seide, Teppiche, Opium, Dromedare – alles wird hier gehandelt. Nomaden, die den Stoff ihrer Turbane als Schutz vor Sand und Sonne auch um das Gesicht schlagen, führen die Händler durch die Wüste. Von Karawanserei zu Karawanserei, bis sie den nächsten Markt erreichen. In Yazd herrscht ein ständiges Kommen und Gehen.

Noch heute zeugen prachtvolle Bauten vom einstigen Wohlstand. Die früheren Eigentümer, reiche Händler und Geschäftsmänner, sind zwar schon lange ausgezogen, aber Spuren ihres Vermögens sind noch immer sichtbar. Dazu gehören detailreich verzierte Türflügel, feine ornamentreiche Steinmetzarbeiten, bunt schimmerndes Fensterglas, das im Sonnenlicht funkelt, großzügige grün bewachsene Innenhöfe, in denen Wasserbecken die heiße Wüstenluft kühlen, und natürlich mehrere Windtürme, unter deren Schächten ein angenehm frischer Luftzug herrscht. Eines dieser herrschaftlichen Häuser ist das Khan-e Lari mitten in Yazds Altstadt. Auf einer Fläche von 1700 Quadratmetern stehen hier insgesamt sechs Häuser im Stil persischer Wüstenarchitektur. Es ist nicht schwer, sich die feine Gesellschaft von damals vorzustellen, wie sie auf ihren Tachts, hölzernen Emporen, Wasserpfeife rauchend auf gemütlichen, lang gezogenen Kissen lag und vom Dienstpersonal mit allerlei Delikatessen versorgt wurde.

Der Garten Dolat Abad ist ein weiteres Beispiel der früheren Blütezeit der Stadt. Erbaut in der Mitte des 18. Jahrhunderts diente die großzügige Parkanlage als Wohnsitz des damaligen Gouverneurs und späteren persischen Königs Karim Khan Zand. Für die Herrscherfamilie war der Garten ein Ort der Erholung, des Lustwandelns, aber auch des Philosophierens.

Am Abend besuchen wir ein altpersisches Fitnessstudio. Im Zur-Khan-e, dem Haus der Stärke, beobachten wir den traditionellen Kraftsport der Wüste varzesh-e bāstāni, was nichts anderes bedeutet als »antiker Sport«. Etwa 2000 Jahre ist diese Form der Körperertüchtigung alt. In den Häusern der Stärke wurden einst Soldaten mit athletischen Übungen für den Kampf trainiert. Unter einer hohen Kuppel aus getrockneten Lehmziegeln stehen sich Männer in einem etwa einen Meter tief in den Boden eingelassenen Kreis gegenüber. Breitschultrige Jugendliche und grauhaarige Alte treten gemeinsam an. Begleitet von motivierendem Trommelklang wuchten sie hölzerne Keulen in kreisenden Bewegungen über ihre Schultern, oder sie spannen im Takt rasselnde Ketten an metallenen Bögen und verschießen imaginäre Pfeile. Immer wieder wirbeln die Athleten um die eigene Achse. Die vollführten Drehungen sind den spirituellen Praktiken des Sufismus entliehen und sollen ebenfalls zur Bildung der Stärke beitragen. Das gesamte Training erinnert an kriegerische Aufwärmübungen, doch verbindet das antike Bodybuilding Körpertraining mit moralischen, ethischen und philosophischen Aspekten. Der Trommler gibt nicht nur den Rhythmus vor. In einer erhöhten Kabine seitlich des Turnkreises sitzend, rezitiert er während seines Spiels Gedichte des altpersischen Dichters Hafis oder singt Verse aus der Schāhnāme. Schnell und hart fliegen seine Hände auf das Instrument, lassen die Membran unaufhörlich schwingen. Im Haus der Stärke werden nicht nur Körper gestählt. Es schwingt auch jede Menge Spiritualität und geistige Schulung mit. Seit Jahrhunderten werden in den Zur-Khan-es moralische Werte und Patriotismus vermittelt. Doch die Häuser der Stärke sind mehr als nur Trainingshallen. Sie dienen als Versammlungsorte und sind ein wichtiger Bestandteil der Gemeinschaft.

Als wir das Haus der Stärke verlassen, ist es bereits Nacht. Mittlerweile haben wir unsere Gastgeber Milad und Mehdi aus Mehriz gegen ein Hostel nahe der Altstadt von Yazd eingetauscht. Der Innenhof der ehemaligen Karawanserei ist mittlerweile überdacht und in ein gemütliches Restaurant umgewandelt. Auf typisch persischen Tachts liegen Dutzende Kissen und Teppiche, auf denen sich die Gäste gemütlich ausstrecken. Der Rauch von Wasserpfeifen wabert durch die Luft, Chai und Reisgerichte werden gereicht. Auch wir legen uns nieder, lassen uns ein paar Datteln schmecken und entspannen wüstenmäßig in unseren Kissen. So losgelöst scheint ein Leben in der Wüste gar nicht mehr so abwegig.

Garmeh – eine Wüstenoase in der Dasht-e Kavir

Gemütlich brausen wir in einem verbeulten Lkw hinein in die iranische Salzwüste Dasht-e Kavir bis in die Kleinstadt Khur, etwa 400 Kilometer von Yazd entfernt. Unser Fahrer, ein magerer, wettergegerbter Kerl, mustert uns immer wieder mit freundlicher Neugierde. Nicht besonders gesprächig, aber stetig lächelnd, versorgt er uns mit saftigen Gurken und ausgezeichneten Datteln. Viel leere Weite streicht an unseren Fenstern vorbei.

In Khur, einer 6000-Einwohner-Stadt, angekommen, warten wir hinter einem großen Kreisverkehr am Straßenrand, und lange Zeit passiert absolut nichts. In der Nachmittagssonne scheint hier alles stehen geblieben zu sein. Dann endlich, als die Sonne bereits dem Horizont entgegensinkt, nähert sich ein Fahrzeug. In dem weißen Pkw sitzen zwei junge Männer in ihren 20ern. Beide sehen aus, als kämen sie gerade von einem gemeinsamen Bodybuilder-Work-out. Muskelbepackte Arme schieben Sonnenbrillen in gegeltes Haar zurück. Ein Stück tiefer quillt schwarzes Brusthaar aus geöffneten Hemden. Doch hinter dem proletenhaften Äußeren stecken nette, redselige Jungs, die es ganz besonders lustig finden, uns im Nirgendwo der Wüste aufzulesen. Eine halbe Stunde fahren wir durch die Dasht-e Kavir, bevor wir unser Ziel, die Oase Garmeh, erreichen. Nicht einmal 300 Menschen leben hier; sie teilen den Komfort von Dattelpalmen und Quellwasser mit 20 Ziegen und zwei Dromedaren. Im Dunkeln wandern wir durch die leeren Gassen des Dorfes und stehen bald vor der geschwungenen Fassade eines zweistöckigen lehmverputzten Gasthauses, dem einzigen im Dorf. Durch die leicht geöffnete Holztür dringt warmes Licht heraus in die kalte Wüstennacht. Jetzt im Januar sinkt das Quecksilber nach Sonnenuntergang sogar bis an den Gefrierpunkt. Aber auch an den beständig sonnigen Wintertagen wird es hier kaum wärmer als 15 Grad.

Wir klopfen an die Tür und werden von einem jungen Mann hereingebeten, der uns gleich darauf dampfenden Chai reicht. Nach einem kurzen, freundlichen Gespräch mit dem Wirt stellt sich aber heraus, dass unsere Preisvorstellungen nicht zusammenkommen werden. Die Monopolstellung im Gewerbe nutzt der Mann schamlos aus, und wir kehren aus der orientalischen Behaglichkeit zurück in die kalte Nacht. Ein paar Ziegen starren mit ihren Glupschaugen zu uns herüber.

Wir sind gerade dabei, einen Platz für unser Zelt zu finden, als aus einer dunklen Gasse der junge Mann hervortritt, der uns soeben noch Tee servierte. Etwas geheimnisvoll, agentengleich, flüstert er uns zu, dass ein zweites, momentan ungenutztes Gebäude ebenfalls zum Gasthaus gehöre. Wenn wir wollten, könne er uns für etwas Geld unter der Hand dort einquartieren. Die Konditionen sind gut. Unser neues Apartment schmücken ebenfalls dicke Teppiche und weiche Matratzen, eine Petroleumheizung vertreibt die eisige Kälte, und im Eingangsbereich des lang gezogenen Lehmziegelraumes befindet sich sogar eine kleine Küchenzeile. Unter wärmenden Wolldecken schlummern wir bald seelenruhig vor uns hin.

Als wir am nächsten Morgen erwachen, ist die Sonne schon lange aufgegangen. Noch immer ist es unglaublich still. Vor unserer Wohnungstür führt eine Lehmtreppe hinauf auf das Dach unserer Unterkunft, und von oben verschaffen wir uns einen ersten Überblick. Kuppeln, Bögen und Mauern umgeben uns. Nebenan drücken sich Palmen um eine niedrige Gesteinsformation. Dahinter erstreckt sich die Dasht-e Kavir bis zum Horizont über das iranische Hochplateau. Tatsächlich ist es so still, dass wir kaum wagen, uns zu unterhalten.

Auf dem Dach wärmt die Sonne unsere Glieder, doch in den schmalen Gassen des Ortes ist es noch immer kühl. Die Häuser in Garmeh stehen so nah beieinander, dass erst gegen Mittag die Schatten aus dem Dorf verschwinden. Bei unserem Spaziergang durch die Oase entdecken wir nicht einen einzigen Bewohner. Allein eine gefleckte Katze auf einem Mauersims nimmt von unserer Anwesenheit Notiz. Es dauert nicht lange, bis wir das Dorf der Länge nach durchschritten haben. Viele Häuser sind in einem kläglichen Zustand. Lehmmauern bröckeln ab oder neigen sich in einem bedenklichen Winkel, tiefe Risse ziehen sich durch Wände, manche Häuser kollabieren. Lehm und Sand verwandelt sich zurück in Wüste. Telegrafenmasten halten Stromkabel über den Gassen und verteilen Elektrizität in die noch intakten Wohnungen. Ein Hund begleitet uns seit ein paar Metern und tut schon jetzt so, als seien wir unzertrennliche Freunde.

Hinter dem Dorf wachsen Hunderte Dattelpalmen in den Himmel. Seit jeher bilden sie die ökonomische Grundlage der Oase. Jede Familie des Ortes besitzt einen Garten oder eine Plantage und erntet regelmäßig die süßen, klebrigen Früchte. Niedrige Lehmmauern trennen die verschieden großen Parzellen voneinander, die mit einem gemauerten Kanalsystem und unter Zuhilfenahme mehrerer Stauventile bewässert werden. Feine Kieselsteine knirschen unter unseren Füßen, als wir über schmale Pfade und Straßen durch die Palmenhaine wandern. Dorniges Gestrüpp wuchert am Wegrand. Mittlerweile steht die Sonne weit oben am Himmel. Es sind gerade einmal zwölf Grad, und dennoch wärmt uns die Kraft ihrer Strahlen so sehr, dass wir unter unseren Jacken zu schwitzen beginnen. Zwischen den Palmen erblicken wir endlich die ersten Bewohner Garmehs, die sich auf ihrem Landbesitz nützlich machen oder mit einem Traktor und viel Erde die Wege ausbessern. Seit 1500 Jahren ist die Oase in der Dasht-e Kavir bereits bevölkert.

Die Palmengärten und Felder schmiegen sich an einen Felsen, der die Oase um einiges überragt. Im Gestein finden wir eine kleine Höhle. Kühles, klares Wasser sprudelt sacht aus dem Inneren des Massivs. Es ist die Quelle, die Garmeh das Leben schenkt. Ein gemauerter Kanal führt das Wasser hinaus aus der Höhle und einige Meter weit ins Freie. Hier waschen die Frauen des Dorfes ihre Wäsche; von hier fließt das Wasser weiter zu den Gärten und Plantagen. Als wir den Kanal erreichen, beginnt die Quelle mit uns zu sprechen. Wir erkennen einen alten Mann, der sich in der Höhle gerade der Körperpflege hingibt. Nackte Haut blitzt hervor, als er uns bedeutet, in einiger Entfernung auf das Ende seines Bades zu warten.

Wir spazieren umher, und als wir zur Quelle zurückkommen, sehen wir den Alten gerade zwischen den Palmen in Richtung Siedlung verschwinden. Hunderte kleine Fische tummeln sich im Wasser der Quelle. Die rötlichen Saugbarben sind Spezialisten in Sachen Fußpflege. Sie knabbern an im Wasser baumelnden Füßen und entfernen so an Hacken, Knöcheln und zwischen den Zehen Hornhautschuppen. Das natürliche Raspeln der Fischmäuler kitzelt und zwickt, dennoch nehmen wir die kosmetische Behandlung in der schattigen Höhle gerne an.

Garmeh eignet sich perfekt zum stoischen Nichtstun. Ein entspanntes Dorf mit Aussicht auf die Wüste. Unterhaltungsmöglichkeiten sucht man hier vergebens. Stress und Hektik haben es noch nicht durch die salzige Ebene bis hierher geschafft. Wir schlendern zwischen den Palmenhainen umher. Die weitgefächerten Blätter spenden uns etwas Schatten unter der sengenden Sonne.

Wir erreichen Garmeh an seinem anderen Ende, dort, wo eine kleine Moschee auf einer Anhöhe über der Siedlung wacht. Verglichen mit den imposanten religiösen Gebäuden, die überall im Iran zu finden sind, ist Garmehs Moschee sehr spartanisch. Auch das gehört zur Abgeschiedenheit des Ortes. Hier gab es niemals einen Herrscher, der sich mit prächtigen Bauten selbst in Szene setzen wollte. Hinter der Moschee befinden sich ein paar Reisfelder, deren trockene Erde sehnsüchtig auf Wasser wartet. Wenn man will, hat man in einer Stunde wirklich alles gesehen, was es in dieser Oase zu sehen gibt. Dennoch können wir uns nicht lösen. Die ungestörte Ruhe, das entspannte Ambiente, geprägt von jahrhundertealter Wüstenweisheit, lassen uns nicht ziehen. Zu friedlich streunen Ziege und Hunde durch den Ort, zu gemächlich wiederkäuen die Dromedare im Vorhof des Gasthauses, zu einladend ist das Lächeln des jungen Mannes, der uns heimlich hier einquartiert hat und jeden Abend mit etwas Petroleum für die Heizung versorgt.

An einem dieser Tage beschließen wir, hinaus in die Wüste zu gehen. Immer geradeaus. Wir legen uns einen Wasservorrat zu, packen ein paar Datteln und dicke Decken in unsere Rucksäcke und ziehen los. Wir wollen den Sternenhimmel in der Dasht-e Kavir bewundern; die leuchtende Nacht ohne irdische Lichtverschmutzung sehen. Wir überqueren die von tiefen Rissen durchfurchte Asphaltstraße und betreten die Wüste. Spröde Erde bröckelt unter unseren Füßen, als wir die Oase hinter uns lassen. Salze kleben wie ein weißer Teppich auf dem braunen Untergrund. Wolken ziehen am Horizont auf.

Weiter und weiter stapfen wir über den unebenen, vom Wind geformten Wüstenboden – eine Stunde, zwei, stetig vorwärts. Trotzdem scheinen wir kaum voranzukommen. Garmeh erhebt sich noch immer in einiger Entfernung vom Wüstenboden. In der weiten Ebene erscheinen Distanzen viel kürzer, als sie es eigentlich sind. Rebellisch trotzen zähe, dürre Büschel vereinzelt der Lebensfeindlichkeit ihrer Umgebung.

Kurz bevor es dämmert, schlagen wir unser Zelt auf. Als die Sonne sich gen Horizont neigt, wird es merklich kühl. Der Wind frischt auf und wirbelt feinen Sand auf. Die Wolkendecke über uns wird zunehmend dichter. Nur im Westen, dort wo die Sonne versinkt, ist es noch immer klar. Leuchtend orange verschwindet der Himmelskörper aus unserem Sichtfeld, und die Nacht bricht herein.

Mittlerweile ist es so bewölkt, dass nur gelegentlich ein paar Sterne zu uns hinunterblinzeln. Der Lichtkegel über Garmeh erstrahlt in der Ferne. Es ist still, so unglaublich still, und plötzlich ist er da, der Wüstenmoment. Mitten in der Stille schärft sich unser Gehör. Jedes noch so kleine Geräusch nehmen wir verstärkt wahr. Das leichte Ruckeln des Windes an der Zeltplane klingt wie ein Orkan. Der Herzschlag in meinem Inneren dröhnt wie die Pauke bei Richard Strauss – episch! In unsere Schlafsäcke und dicke Decken gewickelt sitzen wir vor unserem Zelt, gedankenverloren und Datteln knabbernd. Die große, leere Weite liegt vor uns. Es ist bitterkalt. Kleine Sandkörner umwehen uns, und für eine endlos lange Zeit, die vielleicht nur ein paar Sekunden dauert, befinden wir uns allein in diesem Moment.

Frühmorgens kehren wir aus der Wüste zurück und verlassen Garmeh erneut in Richtung Yazd. Zunächst gelangen wir bis nach Khur; dort geraten wir an einen jungen Mann mit seiner Familie, der begeistert ist, uns zu helfen. Dass er hier mitten in der Wüste zwei europäische Touristen trifft, die auch noch per Anhalter reisen, ruft in ihm die ganze iranische Gastfreundschaft hervor. Obwohl das Auto eigentlich voll ist, werden Koffer umgestapelt und Sitzpositionen verändert. Zwischenzeitlich wirkt es so, als ob der junge Mann überlege, welches seiner Familienmitglieder er am Straßenrand zurücklassen könnte, damit wir es bequemer haben. Mit erstaunlichem Geschick wird schließlich für alle Platz geschaffen, und gemeinsam fahren wir ins rund 50 Kilometer entfernte Bayazeh. Dort angekommen bedankt sich die ganze Familie dafür, dass wir mit ihnen gefahren sind. An der Straße nach Yazd haben wir erneut Glück. Zwei Lkws parken am Straßenrand, und ihre drei Fahrer machen gemeinsam eine Teepause. So wie wir wollen auch sie nach Yazd, und zusammen setzen wir unseren Weg fort.

Erst gegen Abend erreichen wir unser Ziel. Die stundenlange Reise durch die Wüste hat ihre Spuren hinterlassen. Wir sind kaputt, dehydriert und unglaublich hungrig. Heißer Chai, cremiger Dattelmilchshake und leckerer Kamelfleischeintopf, eine Delikatesse in Yazd, retten uns. Wir speisen fürstlich auf den für die Wüste so typischen hölzernen Tachts sitzend. Auf weichen Sitzkissen machen wir es uns anschließend mit wohlig gefüllten Bäuchen bequem und rutschen, einem Sultan gleich, in eine halb liegende Position. Welch luxuriöses Gefühl der Herrlichkeit! Der schwere Rauch einer Wasserpfeife wabert um unsere Köpfe, umhüllt unsere ohnehin schon müden Gedanken, und ohne es richtig zu begreifen, sinken wir in unsere vorerst letzte Nacht in der Wüste.

Schiras – Wohnzimmergespräche in der Stadt der schönen Künste

Unser nächstes Ziel ist die 450 Kilometer südlich gelegene Stadt Schiras. Nach langem Warten sind es zwei junge Männer, die uns schließlich in die 20 Kilometer entfernte Ortschaft Taft mitnehmen wollen – immerhin. Im Auto ist es wie so oft, wenn wir unsere Reisegeschichte erzählen: Unsere Gegenüber geraten vollkommen aus dem Häuschen. Die Idee des individuellen Reisens ohne eigenes Transportmittel ist im Iran so ungewöhnlich, dass wir regelmäßig für verrückt erklärt werden. Dennoch strahlen besonders die Augen der jungen Iraner, wenn wir vom Reisen durch die Welt erzählen. Jeder von ihnen würde gerne mit uns tauschen.

In Taft verabschieden wir uns an der Umgehungsstraße des Ortes und warten auf die nächste Mitfahrgelegenheit. Mittlerweile scheint die Mittagssonne auf die staubige graue Wüstenerde der Dasht-e Kavir. Trockene Sträucher schimmern in gelblichem Grün. Den Ausläufern des Zagrosgebirges sind wir nun ganz nah. Kaum eine halbe Stunde vergeht, da quietschen die Bremsen eines Lkws neben uns. Ehsan, der Fahrer, ist auf dem Weg nach Schiras und freut sich über unsere Begleitung für die anstehende fünfstündige Fahrt. Ein breiter Schnurrbart verdeckt seine Oberlippe. Über dem runden Gesicht wachsen nur noch vereinzelte, kurz geschnittene weiße Haare. Ehsan umgibt die Milde des Alters.

Aus den Lautsprecherboxen in der Fahrerkabine dringt traditionelle iranische Musik, langsam und leicht schwingend. Ein Gaskocher und eine Teekanne stehen zwischen Fahrer- und Beifahrersitz bereit. Hinter Taft durchqueren wir die Berge. Kurvig führt die Straße zwischen niedrigen Bergketten hindurch, bis sich erneut eine weite Ebene vor uns ausstreckt. Mehrere Lkws donnern mit uns durch die Wüste. Immer nach Südwesten, immer geradeaus, immer der gleißenden Nachmittagssonne entgegen. Gemächlich, aber stetig kommen wir voran. Als wir uns mitten in der Wüste befinden, beginnt Ehsan während der Fahrt einen dunklen Klumpen in der Größe einer Fingerkuppe zu bearbeiten. Er knetet die Masse, klebt sie an das abgeflachte Ende eines Metallstiftes und erhitzt einen zweiten Metallstab auf dem Gaskocher zu seiner Rechten. Währenddessen rollt er ein Stück Papier zu einem Rohr und steckt es sich in den Mund. Als ein Ende des Metallstabes auf dem Gaskocher vor Hitze glüht, führt ihn Ehsan an die weiche Masse auf dem Metallstift, die sofort zu qualmen beginnt. Mit dem offenen Ende des Papierrohres inhaliert er den Rauch. Unser Fahrer betäubt sich gerade mit Opium.

In der iranischen Wüste ist Opium seit Jahrhunderten ein wertvolles Handelsgut. Aus Afghanistan kommend, gelangt es über das iranische Hochland zu den arabischen und europäischen Märkten. Noch immer ist der Genuss von Opium in der Wüste allgegenwärtig. Ein ums andere Mal erhitzt Ehsan den Metallstab und zieht Rauch durch das Papierrohr. Opium gilt in der Medizin als schmerzlindernde Substanz. Darüber hinaus wird es seit jeher als Rauschmittel verwendet. Einmal im Körper, so heißt es, wirkt Opium belebend auf den Geist und regt die Fantasie an. Es ist aber auch ein Liebeselixier, das Körper und Geist mit der Welt versöhnt. Innere Ausgeglichenheit macht sich breit, die die Wahrnehmung von Schmerzen und Sorgen mindert. Ehsans Opiumvorrat schwindet dahin, und wir rollen weiter durch die endlos scheinende Weite.

Gegen 17 Uhr erreichen wir das Ballungsgebiet der Zwei-Millionen-Metropole. Der Verkehr ist einmal mehr abenteuerlich und rücksichtslos. Doch Ehsan bleibt entspannt, das Opium wirkt noch immer nach. Nur ab und an lässt er die tiefe Fanfare seines Gefährts über dem Asphalt dröhnen und macht so sein Recht geltend. Eine Stunde quälen wir uns durch den Verkehr, bis wir das trockene Flussbett des Khoshk überqueren und auf die südliche Stadtseite wechseln. Hier endlich erreichen wir unser Ziel. Freundschaftlich verabschieden wir uns, wünschen uns gegenseitig viel Glück, und Ehsan lässt zum Abschied noch einmal die Fanfare seines Lkws ertönen. Mittlerweile ist es Nacht geworden. Müde und hungrig von der Fahrt treffen wir unseren Gastgeber Ashkan, der uns mit einem herzlichen »Salam« in Schiras willkommen heißt.

Ashkan ist 24 Jahre alt und wohnt zusammen mit seinem Kumpel Hamid in einer Zweizimmerwohnung im Randgebiet der Stadt. Wir erreichen die umzäunte Hochhaussiedlung, steigen ein paar Stockwerke durch ein dunkles Treppenhaus hinauf, öffnen eine Tür und stehen mitten in einem Wohnzimmer. Vor uns auf einem dicken beigefarbenen Teppich sitzt bereits eine kleine Gruppe junger Menschen, heiter ins Gespräch vertieft. Wir treffen Hamid und Hamed, Amin, Sanjay, Omid, Hadi und Juana, eine Couchsurferin aus China, die gerade dabei sind, das Abendessen vorzubereiten. Als wir uns dazugesellen, bricht uns ein freudiges Stimmengewirr aus Willkommensgrüßen entgegen. Wir werden bereits erwartet. Die natürliche Distanz des Fremden haben wir an der Türschwelle abgelegt und fühlen uns augenblicklich von Freunden umgeben.

Da nun zu viele Personen im Wohnzimmer Platz beanspruchen, verlegen wir die Vorbereitung für das gemeinsame Essen auf den Küchenboden. Die einzige vorhandene Arbeitsfläche in der kleinen, sauberen Küche ist mit frisch gewaschenem, zum Trocknen gelagertem Geschirr belegt. Auf der Auslegware sitzend schneiden wir Salat und Auberginen, schälen Knoblauchzehen, würfeln Tomaten und filetieren Paprika. Amin serviert selbst gebranntes Hochprozentiges. Mittlerweile ist der Genuss von Alkohol für uns nichts Ungewohntes mehr im Iran. Dennoch sind wir immer wieder überrascht, mit welcher Selbstverständlichkeit Bier, Wein und Schnaps überall in iranischen Hinterzimmern hergestellt werden. Egal ob Whiskey in Ardabil, Rosinenschnaps in Rasht, Bier in Teheran oder wie jetzt irgendein hochprozentiges, nicht genau zu identifizierendes Getränk in Schiras – Alkohol scheint immer zugänglich zu sein. So viel wie im Iran haben wir auf unserer Reise bisher nirgendwo getrunken. Das ist vor allem deshalb bemerkenswert, weil der Staat Verstöße gegen das strikte Alkoholverbot mit 80 Peitschenhieben, Geldbuße und Gefängnis bestraft. Selbst die Todesstrafe ist möglich, sollte man drei Mal mit Alkohol erwischt werden.

Während wir den Schnaps in kleinen Schlucken unsere Kehle hinabfließen lassen, verwandeln sich in Töpfen und Pfannen die vorbereiteten Lebensmittel langsam in duftende Speisen. Unter Juanas Anleitung bereiten wir eine chinesische Tomaten-Eier-Suppe zu, schmoren Salat, Auberginen, Kohl und Bohnen, kochen Kartoffeln und Fleisch. Mehr als ein halbes Dutzend verschiedene Geschmacksrichtungen servieren wir auf der im Wohnzimmer ausgebreiteten Sofreh, der tischdeckenartigen Plastikfolie. Schüsseln und Dosen ersetzen die nicht ausreichend vorhandenen Teller. Wir greifen wild durcheinander, reichen Gerichte durch den Raum. Neben mir sitzt Hamed, ein junger Mann mit hoher Stirn und freundlichen Augen hinter einer schmalen Hornbrille. Überraschenderweise spricht Hamed ausgesprochen gutes Deutsch, das er sich im Selbststudium angeeignet hat. Er träumt davon, irgendwann in Deutschland Ingenieurswesen zu studieren und ist sehr interessiert an der deutschen Kultur.

Nach dem Essen bereiten Omid und Hadi einen Joint vor, der wenig später durchs Wohnzimmer wandert. Unsere Gespräche kreisen um das Leben in den vier Wänden, in denen wir uns befinden. Obwohl wir bereits seit einem Monat durch den Iran reisen, ist die Diskrepanz zwischen der hinter verschlossenen Türen zelebrierten privaten Freiheit um Alkohol, Marihuana und Obrigkeitskritik und den streng religiösen Dogmen des öffentlichen Lebens für uns noch immer schwer zu fassen. Als junger Mensch in einer eigenen Wohnung zu leben ist im Iran etwas Ungewöhnliches, Luxuriöses, Rebellisches. Die Familienbande sind stark, und üblicherweise leben Kinder bis zu ihrer Hochzeit mit den Eltern. Ashkan und Hamid bilden mit ihrer WG eine seltene Ausnahme. Das wissen sie, und das wissen auch ihre Freunde. Die eigene Unabhängigkeit auf wenigen Quadratmetern teilen sie sich deshalb auch mit ihren Gefährten, die oft tagelang bleiben.

In unserer Mitte interessiert sich keiner der Freunde für Religion. Ihre Sorgen tragen vielmehr die Namen Arbeits- und Perspektivlosigkeit, die mit einer historisch schwachen Wirtschaftssituation einhergehen. Seit der islamischen Revolution 1979 hat sich die Bevölkerung im Iran verdoppelt. Fast 70 Prozent der Iraner sind jünger als 30 Jahre. Nur wenige von ihnen finden eine Beschäftigung. Auf dem iranischen Arbeitsmarkt fehlen Stellen für Millionen gut ausgebildeter Menschen. Aber auch das Sozialverhalten leidet in der islamischen Republik. Ständig müssen Ashkan und seine Freunde auf der Hut sein, dass die Nachbarn nicht zu viel von all den ausländischen Gästen mitbekommen, die hier wegen der (im Iran verbotenen) Plattform Couchsurfing ein und aus gehen. Doch all die Schwierigkeiten der iranischen Wirklichkeit enden an der Türschwelle. Dahinter verlieren sich Ashkan, Hamid und die anderen in der freien Welt ihrer Wohnung. Auf knapp 40 Quadratmetern leisten sie den Repressionen der Außenwelt positiven Widerstand, und wir genießen es, in ihrer Gesellschaft zu sein.

So wie hier entstehen in vielen iranischen Wohnungen Parallelgesellschaften zum öffentlichen Leben. Die Gedanken sind frei! Ashkan, Hamid und all die anderen sind aufgeschlossen, mit klarem Verstand. Sie können die Probleme in ihrem Land benennen, kritisch kommentieren und sachlich über Politik und Gesellschaft sprechen. Das klingt in unseren europäischen Ohren zunächst selbstverständlich, ist es in der iranischen Wirklichkeit aber absolut nicht. Wer sich öffentlich negativ über die Regierung äußert, dem drohen lange Haftstrafen. Je weiter die Nacht voranschreitet, je weiter sich die Flüssigkeit in Amins Flaschen dem Boden neigt, je duftender die Haschischwolken durchs Wohnzimmer gleiten, desto amüsanter, anekdotenhafter wird es. Erst als Mitternacht schon lange hinter uns liegt, lichtet sich unsere Gruppe. Während Amin und Hamed nach Hause gehen, bereiten Ashkan und Hamid ihr Schlafzimmer für Juana und uns vor. Die übrig gebliebenen fünf Jungs machen es sich auf dem weichen Teppich im Wohnzimmer unter dicken Frotteedecken bequem.

Am nächsten Vormittag erwachen wir spät. Schwere Regentropfen klatschen an die Fensterscheiben, eine dunkelgraue triste Wolkenfront hängt über der Stadt. Für unser Frühstück – Fladenbrot, Spiegelei und jede Menge süßer Chai – nehmen wir uns Zeit und lernen unsere Gastgeber noch ein bisschen besser kennen. Schiras, die südliche Metropole, das kulturelle und intellektuelle Zentrum des Landes, ist ein Auffangbecken für die unterschiedlichen ethnischen Gruppen des Vielvölkerstaates Iran. Auch unsere neuen Freunde kommen aus ganz verschiedenen Ecken des Landes. Hamid, Ashkans Mitbewohner, ist der einzige echte Schirasi, also ein Einheimischer aus Schiras, und zugleich ein lebensfroher Perser. Die Geschichte seines Volkes auf dem Gebiet des heutigen Iran geht bis ins dritte Jahrtausend vor unserer Zeitrechnung zurück. Mittlerweile gehören sechs von zehn Iranern zur Ethnie der Perser, die vor allem in den Großstädten Teheran, Maschhad, Isfahan, Yazd und natürlich Schiras leben. Hamid, mit schulterlangem Haar und Dreitagebart, ist die coole Socke im Wohnzimmer. Lässig, gut gelaunt, locker, aber auch immer um das Wohl der Gäste besorgt, ist er uns absolut sympathisch.

Ganz anders sind dagegen Omid und Hadi. Zwei Luren, deren Volksgruppe ausgehend vom zentralen Zagrosgebirge im Westen des Iran bis in den Südosten des Irak siedelt. Die Luren gelten als sehr stolzes Bergvolk und sind angeblich Nachfahren der ersten Siedler in dieser Region. Sie sprechen ihre eigene Sprache, eine Mischung aus Arabisch und Farsi, und werden im Rest des Landes als unseriös und aufbrausend mit einem Hang zur Handgreiflichkeit charakterisiert. Tatsächlich ziehen auch Ashkan, Hamid und Sanjay immer wieder über die angebliche Aggressivität Omids und Hadis her und warnen uns lachend, niemals Streit mit den beiden anzufangen. Dabei wirken Omid und Hadi etwas schüchtern, sprechen wenig, wohl auch, weil ihre Englischkenntnisse nicht ganz mit denen ihrer Freunde mithalten können. Beide eint ein durchtriebener Blick, der sie wirklich etwas unberechenbar erscheinen lässt. Doch ihre Gesten zeugen von Zuneigung, ihr Lächeln ist herzlich.

Sanjay, der Vierte im Bund, ist ein groß gewachsener Azari und Angehöriger der zweitgrößten ethnischen Gruppe im Iran. Azaris haben sich beinahe überall im Iran niedergelassen, doch beheimatet sind sie im Nordwesten des Landes, rund um Täbris und Ardabil. Aufgrund ihres türkischen Dialekts werden sie im Iran häufig als Türken bezeichnet, und Sanjay macht auch gar keinen Hehl daraus, dass er sich selbst als Türke sieht. Die vielen stolzen Ethnien des Landes verspotten sich gern gegenseitig, und auch zwischen den Jungs geht es ständig hin und her.

Sanjay hat besondere Freude daran, Hamid als fabelhaftes Beispiel für die Menschen in Schiras zu beschreiben: faul und spaßsüchtig!

»Das ist der Grund, warum uns alle lieben«, kontert Hamid belustigt.

Die Jungs machen darüber hinaus Witze über Kurden, Araber, Turkmenen und andere Volksgruppen im Iran.

Auch Ashkan ist Teil des Hohns. Er gehört zum nomadischen Stamm der Qashqa'i, dessen Wanderrouten in der Provinz Fars zwischen den Bergen des Zagrosgebirges nördlich von Schiras und den warmen Ebenen am Persischen Golf liegen. Bis zu 45 Tage ziehen sie mit ihren Herden vom Sommer- zum Winterlager und legen dabei eine Strecke von fast 500 Kilometern zurück. Bereits seit dem 11. Jahrhundert leben die Qashqa'i im Iran, deren turkmenische Vorfahren aus Zentralasien hierherkamen. Obwohl von staatlicher Seite viel Druck ausgeübt wird, wandern noch immer etwa zwei Millionen Nomaden durch den Iran. 400 000 von ihnen gehören zum Stamm der Qashqa'i, die stolz und unabhängig ihre Traditionen bewahren. Doch ihr Schicksal ist ungewiss. Trotz eines sehr genügsamen Lebensstils können die meisten Mitglieder des Stammes ihren Kindern kaum mehr als eine Behausung und Nahrung bieten. Es fehlt an qualifizierten Kräften, an Lehrern, Erziehern und Ausbildern. Wer es sich leisten kann, schickt seine Kinder deshalb zur Schule in die Stadt. Ashkan ist eines dieser Kinder, das von den Weiden in die Großstadt siedelte, um eine bessere Ausbildung zu erhalten. Die Schule hat er bereits beendet, den Militärdienst hinter sich gebracht, und nun will er studieren.

Strahlend erzählt Ashkan von seinen Eltern, gleichzeitig fühlt er sich jedoch hin und her gerissen. Er ist dankbar für die Chance, die ihm gegeben wurde, zurück will er aber nicht, weil er sich kein dauerhaftes Leben als Nomade mehr vorstellen kann. Ashkan steckt fest zwischen der lieb gewonnenen Moderne und der Loyalität zur Familie.

Wir haben bereits drei Kannen Chai auf dem Wohnzimmerboden sitzend ausgetrunken, als der Regen über der Stadt langsam nachlässt. Zusammen mit Ashkan, Hadi und Juana beschließen wir, Schiras zu erkunden. Etwa 700 Kilometer von Teheran entfernt, gehört sie zu den fünf größten Städten des Landes. Zwischen den Gebirgszügen des südlichen Zagrosgebirges gelegen, gilt Schiras seit Jahrhunderten als kulturelles Zentrum, als Stadt der feinen Künste und der Schönheit. Tönerne Schrifttafeln belegen, dass hier, auf 1500 Höhenmetern, bereits 2000 Jahre vor unserer Zeit ein städtischer Siedlungsraum erschlossen war.

In der Nähe der Festung Arg-e Karim Khan bricht endlich die Sonne durch die graue Wolkendecke. Wir sind im alten Basarviertel der Stadt. Hier reihen sich gleich mehrere Märkte aus verschiedenen Epochen aneinander. Der größte und berühmteste von ihnen ist der Vakil Basar. Im Auftrag des Herrschers Karim Khan errichtet, sollte er Schiras zu neuem Glanz verhelfen. Das prächtige Isfahan, in dem ein Jahrhundert zuvor die Safawiden unter Schah Abbas I. herrschten, galt als Vorbild.

Wie alle persischen Märkte ist auch der Vakil Basar ein überdachtes Schmuckstück traditionsreicher Architektur. Wir atmen die Luft des Basares, lauschen dem Stimmengewirr um uns herum, erwidern freundliches Lächeln, strömen mit der Menschenmenge durch die Gassen. Manchmal wechseln wir ein paar Worte mit den Händlern der Souvenirgeschäfte, doch meistens erfreuen wir uns allein an den Auslagen. An einer Ecke des Marktes gelangen wir in die Seray-e Moshir. Im Innenhof der ehemaligen Karawanserei laden Sitzbänke unter Orangenbäumen zum Verweilen ein. Ein Wasserbecken befindet sich in der Mitte der Anlage. Um uns herum erhebt sich das zweistöckige, etwa

250 Jahre alte Gebäude, das nun vor allem Souvenirhändlern einen Platz für ihre Waren bietet. Direkt an den Basar grenzt die Vakil-Moschee, die ebenfalls unter der Herrschaft Karim Khans in der zweiten Hälfte des 18. Jahrhunderts erbaut wurde. Eng an das Marktgebäude geschmiegt, ragt sie weit über die umliegenden einstöckigen Bauwerke hinaus. Ihr beeindruckendes, mit bunten Kacheln versehenes Eingangsportal gehört zu den schönsten der Stadt.

Doch noch eindrucksvoller als die Vakil-Moschee ist die Moschee Nasir-al-Molk. Am späten Nachmittag schlendern wir entlang der Zandstraße von einer Moschee zur anderen. Die Bürgersteige sind zu beiden Seiten der Straße belebt. Mitten im Gewirr der Menschen berichtet uns Ashkan von der islamischen Rechtsprechung. Er erzählt von einer Räuberbande, die mehrere Banken und ein Goldgeschäft überfiel. Ihre Mitglieder wurden öffentlich, unter dem Beisein einer großen Menschenmenge, vor dem Goldgeschäft, das sie ausraubten, erhängt. In einem anderen Fall wurde einem Dieb am Tatort öffentlich die Hand abgehackt. Praktiken, die uns an dunkle Vergangenheit erinnern, hier aber zuletzt vor einem Jahr ausgeübt wurden.

Wir erreichen die Nasir-al-Molk-Moschee, die sich zwischen den umgebenden Wohn- und Geschäftshäusern versteckt. Von außen wirkt sie nicht attraktiver als andere iranische Gebetshäuser. Dafür ist ihr Inneres umso imposanter. Erbaut im 19. Jahrhundert zur Zeit der Kadscharen ist die Moschee eines der meistfotografierten religiösen Gebäude des südlichen Iran. Im Innenhof befindet sich ein mit niedrigen Pflanzen umstelltes Wasserbecken. Die Wände schattenspendender Säulengänge sind über und über mit Kacheln, floralen Mustern und religiösen Schriften geschmückt. Doch neben dem üblichen Blau sind es in der Nasir-al-Molk-Moschee vor allem Rosa- und Rottöne, die die Motive bestimmen. Rosa Blüten, rosa Säulen, rosa Ornamente.

Das Gebetshaus ist deshalb auch landesweit als die pinke Moschee bekannt.

Abends sind wir wieder in Ashkans und Hamids Zweizimmerwohnung. Omid, Hadi und Sanjay sind noch immer da. Die Jungs verbringen so viel Zeit wie möglich in der Wohnung ihrer Freunde.

Dann trifft Mansood ein. Der schlaksige junge Mann, ein weiterer Freund Ashkans, grüßt uns schüchtern und zaubert zur allgemeinen Freude eine Flasche Wein aus seinem Rucksack. Schiras und Wein, das ist so eine Geschichte. Tatsächlich hat die Erfolgsgeschichte des Weines im antiken Persien ihren Ursprung. Einer Sage zufolge lagert König Dschamschid etwa 2500 Jahre vor unserer Zeitrechnung Trauben in seinem Keller. Als diese gären, denkt man zunächst, sie seien von bösen Geistern besessen und vergiftet. Doch wie es die Geschichte will, leidet die Frau des Königs an fürchterlicher Migräne, und in einem melodramatischen Anflug kostet sie vom Saft der Trauben, um sich durch Selbstmord von ihrem Unbehagen zu befreien. Doch die Tragödie wendet sich zum Guten. Der Wein hilft der Königin nicht nur über ihre Kopfschmerzen hinweg, sondern versetzt sie darüber hinaus in vorzügliche Stimmung. Seit diesem Tag wird dem Wein in Persien gehuldigt, der in den Wogen der Geschichte schließlich ins antike Griechenland und ins Römische Reich schwappt. Über Jahrhunderte ist Schiras berühmt für seine Weine. Die Stadt genießt den Ruf, die besten Weine im Nahen Osten zu produzieren. Selbst mit der arabischen Machtübernahme im 7. Jahrhundert und dem damit einhergehenden Weinverbot bleibt Schiras eine wichtige Produktionsstätte. Sogar persische Nationalikonen, wie der im 14. Jahrhundert lebende Lyriker Hafis, huldigen dem Wein in theatralischen Worten.

Zwischen dem 17. und 19. Jahrhundert berichten europäische Reisende immer wieder von der hervorragenden Qualität des Traubensaftes, den sie hier kosten dürfen. Letztendlich jedoch, nach der islamischen Revolution 1979, kommt der staatliche Weinanbau im Iran zum Erliegen. Auf den Rebflächen des Landes werden nun vor allem Tafeltrauben und Rosinen produziert. Das bedeutet nichts Gutes für die iranischen Weine der Gegenwart. Auch unsere Gläser in Ashkans Wohnzimmer sind nur dem Namen nach mit Wein gefüllt. Die leuchtend rote Flüssigkeit, hergestellt in irgendeinem Hinterzimmer, schmeckt nach alkoholisiertem Zuckerwasser, süß und klebrig. Wie gern ich jetzt doch Hafis wäre und Schiras' edlen Tropfen in meinem Glas schwenken würde. Nicht nur ich bin ein Anhänger des altpersischen Dichters. Ganz Iran liegt dem Poeten zu Füßen. Es heißt, in jedem Haushalt des Landes finden sich mit Sicherheit zwei Dinge: der Koran und eine Ausgabe der Werke des 1315 in Schiras geborenen Schriftstellers. Hafis dichtete natürlich über die Liebe, tragisch und unerwidert, über Trennung, Sehnsucht und Schicksal, aber auch über die Schönheit, den Genuss des Lebens und Religiosität.

Die Worte des Poeten sind noch immer von großer Bedeutung. Einige seiner Verse sind sogar als Sprichwörter in die iranische Sprache eingegangen. Hafis' berühmtestes Werk ist der Gedichtband »Diwan«, der nach seinem Tod in etwa 1000 Abschriften in Europa und im Orient verbreitet wurde. 1812 übersetzt der österreichische Diplomat und Orientalist Joseph von Hammer-Purgstall den »Diwan« in die deutsche Sprache und erweckt damit leidenschaftliches Interesse von keinem Geringeren als Johann Wolfgang von Goethe. Der deutsche Nationaldichter ist derart inspiriert von den Texten, dass er bereits zwei Jahre später mit der Arbeit an dem Gedichtband »West-östlicher Divan« beginnt, der 1819 veröffentlicht wird. Goethe selbst beschreibt seine Beziehung zu Hafis als die von »Zwillingsbrüdern im Geiste«.

Hafis' Grabmal in Schiras zieht jährlich Tausende Besucher an. Darunter viele heimliche Liebespaare, die sich vor Hafis' steinernem Sarkophag die ewige Treue schwören. Das marmorne Grab liegt in einem charmanten Garten. Ein achteckiger fein gearbeiteter Pavillon schützt Grab und Besucher vor den Unannehmlichkeiten des Wetters. Die Unterseite seiner Kuppel ist mit einem beeindruckenden Mosaik aus gebrochenen Kacheln verziert. Auf dem Grabstein ist ein Gedichtvers Hafis' eingraviert. Immer wieder nähern sich Besucher dem Pavillon und halten ehrfürchtig vor dem Grab inne. Sie rezitieren Strophen aus dem Werk des Poeten und legen Blumen als Respektbekundung ab. Das Mausoleum ist eine regelrechte Pilgerstätte. Bei Sonnenuntergang ist Hafis' Grabmal besonders beliebt. Wenn die Nacht hereinbricht und der Garten nur spärlich beleuchtet ist, klingen Gedichte des Lyrikers über knackende Lautsprecher durch die Anlage. Liebespaare genießen die romantische Atmosphäre. Sie sitzen in den verwinkelten, versteckten Ecken des Gartens und säuseln sich unentdeckt gemeinsame Zukunftspläne ins Ohr.

Draußen vor dem Eingang des Gartens sitzt ein Mann auf einem schmalen Klapphocker. Er hält eine Schachtel mit gefalteten bunten Zetteln in der Hand. Jeder ist mit einem Zitat des großen Poeten bedruckt. Daneben sitzt ein Sittich, der mit einem Faden an das Handgelenk des Mannes gebunden ist. Mensch und Tier bieten ein beliebtes Spiel mit der Zukunft an; eine literarische Form des Glückskekses. Wer sich darauf einlässt, sieht zu, wie der Mann seinen Vogel vorsichtig über die Schachtel hebt. Gleich einem Orakel pickt dieser mit seinem Schnabel einen Zettel und damit auch ein zukunftsweisendes Zitat aus ihr heraus.

Doch der Iran kennt mehr als nur einen Poeten. Ein weiteres Grabmal eines hochverehrten Dichters ist das Mausoleum des Sa'di. Der altpersische Lyriker wurde im 13. Jahrhundert in Schiras geboren und widmete sich in seinem Werk exzessiv der Schönheit der Gärten. Obwohl weit weniger berühmt als Hafis, zählt auch Sa'di zu den ganz Großen der persischen Dichtung. Seine Werke trugen maßgeblich dazu bei, dass die persische Sprache und Kultur auch in Zeiten der Belagerung und Unterdrückung überdauerte und bis heute lebendig ist.

Sa'dis leidenschaftliche Hingabe an den Garten können wir in Schiras nur zu gut nachvollziehen, denn die Stadt ist nicht nur berühmt für hervorragende Lyriker, sondern auch für ihre Gärten. In einem Land, das zu weiten Teilen aus Wüste besteht, gelten prächtige Gärten natürlich als etwas ganz Besonderes. Seit jeher sind sie wichtiger Bestandteil der persischen Kultur. Persische Gärten werden regelrecht zelebriert. Sie sind Symbole des Lebens in einer kargen Landschaft. Sie offenbaren Farben und Düfte, Frische und Frohsinn. Es sind Orte der Leichtigkeit, des Vergessens, der Liebe. Einer dieser Gärten ist der zur Zeit der königlichen Kadscharenfamilie in der Wende vom 18. zum 19. Jahrhundert angelegte Bagh-e Eram, der Garten des Paradieses. Wie der Dolat-Abad-Garten in Yazd befindet sich auch der Bagh-e Eram auf der Liste der UNESCO-Weltkulturerbestätten. Stolze Zypressen stehen um den weitläufigen Garten Spalier. Kieselsteinwege führen vorbei an ausladenden Palmen, Nadelbäume formen Alleen, in deren Mitten schmale Wasserläufe fließen. Orangenhaine stehen in voller Pracht. Künstliche Wasserläufe, die sich hier und da in einen Springbrunnen ergießen, durchziehen den Garten. Symmetrie und Parallelität gehören zu den wichtigsten Kennzeichen Persischer Gärten. Das Zentrum des Gartens bildet ein großes palmenumstandenes Wasserbecken, vor dem ein mehrstöckiger Palast in die Höhe ragt.

Als sich der Nachmittag gen Abend neigt, verlassen wir den Garten des Paradieses und machen uns auf den Weg zur heiligsten Stätte der Stadt. Mitten in Schiras' Zentrum befindet sich das Mausoleum des »Königs des Lichts«. Es ist Sayyed Mir Ahmad gewidmet, einem der 17 Brüder des Imam Reza – dem einzigen heiligen Imam der Schiiten, der im Iran begraben liegt –, der an dieser Stelle im Jahr 835 ermordet wurde. Jeden Tag pilgern Hunderte Gläubige hierher, um des Verstorbenen zu gedenken oder um Beistand zu erbitten. Es heißt, dass nur Muslime den Schrein betreten dürfen, doch wir haben wohl Glück und gelangen ohne Schwierigkeiten in eine der heiligsten schiitischen Stätten des Iran.

Das Innere des Schreins ist überwältigend. Auf dicken, weichen Perserteppichen sitzen Gläubige ins Gebet vertieft. Hunderte Glühlampen in riesigen, eindrucksvollen Kronleuchtern strahlen unter den Kuppeldecken. Glaskristalle hängen schwer von ihnen herab. Jede Wand, jede Nische, jeder Bogen ist mit arabesken Spiegelmustern verkleidet. Spiegel an Spiegel reiht sich eng aneinander. Sie reflektieren das Licht der Kronleuchter hundertfach. An das schummrige Licht der hereinbrechenden Nacht gewöhnt, blendet die Helligkeit im Schrein so intensiv, dass unsere Augen schmerzen.

Als wir den Schrein des Sayyed Mir Ahmad verlassen, fängt es erneut an zu regnen, und wir kehren zurück in Ashkans gemütliche WG. Es ist unser letzter Abend in Schiras, und ein bisschen Wehmut schwingt mit jedem Wort mit. Morgen verlassen wir nicht nur eine wunderschöne Stadt, sondern auch lieb gewonnene Freunde.

Rasende Schmuggler, ein einsamer Hippie und die freundlichsten Drogendealer am Persischen Golf

Wir haben Persepolis besucht und eine anstrengende 350 Kilometer lange Fahrt nach Lar hinter uns gebracht. Jetzt ruhen fünf Augenpaare auf uns. Fünf bärtige Köpfe neigen sich zur Seite, um uns besser beobachten zu können. Es dauert nicht lange, und fünf von Motorenöl und Staub befleckte Kanduras, lange arabische Gewänder, schwingen gleichmäßig auf uns zu. Fünf Arme weisen in die Richtung eines Taxistandes. Die Sonne ist schon lange hinter dem Horizont verschwunden. Abgase und Staub schwängern die noch immer heiße Luft. Wir sind erschöpft von der Fahrt, denn manchmal gerät man beim Trampen an Gesprächspartner, die nicht leicht zu ertragen sind. Besonders dann, wenn es um die Deutung der deutschen Geschichte geht. Je weiter wir uns von unserem Heimatland entfernen, desto diffuser erscheint das Wissen über die deutsche Vergangenheit und den Nationalsozialismus. Stattdessen wächst die unreflektierte Euphorie gegenüber obsessiven Persönlichkeiten. Es ist schwer, solche Gespräche auszuhalten, und so nutzen wir die erste Möglichkeit zum voreiligen Abschied. Noch immer liegen 250 Kilometer zwischen uns und Bandar Abbas am Persischen Golf. Niemand hält an. Stattdessen versuchen die fünf Bärtigen uns noch immer an einen Taxistand zu verweisen und belehren uns, dass es gefährlich ist, zu nah am Straßenrand zu stehen.

Irgendwann lassen sie uns in Ruhe, und nach einer Weile hält tatsächlich ein Pkw. Drinnen sitzen zwei junge Männer, ausgestattet mit Jogginganzug und Anglerhut. Sie hätten uns hier bereits länger stehen sehen, erzählen sie euphorisch und möchten uns nun gerne nach Bandar Abbas fahren. Etwas zögerlich verfrachten wir unsere Rucksäcke in den Kofferraum. Beim

Einsteigen stocken wir kurz. Wo sich eigentlich die Rückbank befinden sollte, klafft eine Lücke. Lediglich die mit Auslegware bestückte Karosserie dient uns als Sitzfläche. In der Nacht sind Mitfahrgelegenheiten jedoch rar, und so fügen wir uns in unser Schicksal. Die beiden Jungs sind aufgeschlossen und redselig, und es dauert auch nicht lange und wir erfahren, warum die beiden so spät noch auf dem Weg nach Bandar Abbas sind. Eine Schiffsladung Handys aus Dubai ist unterwegs und muss heute Nacht noch bis nach Schiras gelangen. Wir trampen mit Schmugglern.

Wir verlassen Lar, biegen auf den Highway, und plötzlich fühle ich mich wie auf dem Beifahrersitz von Tarantinos Stuntman Mike. Mit irrer Geschwindigkeit schießen wir über den Asphalt, drängen uns durch jede Lücke, überholen im Gegenverkehr, bis schließlich ein weißer Hyundai vor uns auftaucht. Schelmisches Grinsen schleicht sich auf das Gesicht unseres Fahrers, als er mit Tempo 140 nur noch wenige Zentimeter vom Heck des Hyundais entfernt ist. In unseren Gesichtern steht dagegen die aufkommende Panik. Dann berühren sich die Stoßstangen beider Autos. Während unser Fahrer vor Freude lacht, möchten wir am liebsten schreien. Zwei weitere Male schubsen wir den Hyundai an, bevor dieser in den Gegenverkehr ausschert und beide Fahrer ein Rennen über die Fernstraße beginnen. Ich rechne jeden Moment mit dem Tod, als eine Stimme neben mir den Fahrer anmault: »Weißt du, was du dir von meiner Mutter anhören muss, wenn ich wegen so einer Scheiße draufgehe?« – Zack, das hat gesessen. Augenblicklich verlangsamt der Fahrer das Tempo auf eine Geschwindigkeit, die noch immer weit über dem Limit liegt, uns aber nicht mehr den Angstschweiß auf die Stirn treibt. Dann klingelt das Telefon. Der Fahrer des weißen Hyundais will wissen, was passiert sei, warum wir das Rennen abgebrochen hätten.

Den Rest der Strecke versuchen wir, unsere Nerven wieder zu beruhigen, was vor allem gelingt, als uns unser Fahrer an einer Tankstelle ein Eis spendiert. Danach ist alles vergessen. Spät erreichen wir Bandar Abbas, wo sich unsere Wege trennen. Wir gehen zu unserem Gastgeber Omid, und die beiden Schmuggler fahren zum Strand und warten auf ihre Fracht.

Als wir Omids Wohnung betreten, ist diese bereits voll. Couchsurfer aus Deutschland und Portugal lümmeln überall herum. Wir gesellen uns dazu, erzählen von unseren Schmugglerfreunden, die uns soeben hierherbrachten, und erfahren mehr über Bandar Abbas und – das Schmuggeln. Als größter Hafen des Iran und in unmittelbarer Nähe zu Dubai und den Arabischen Emiraten blüht das Schiebergeschäft in der Stadt. In jeder Nacht kreuzen dunkelgraue Schnellboote im Persischen Golf, warten Pkws an Stränden, geben Lichtzeichen hinauf aufs Meer. Vor allem Elektronik wird hier verschoben. Bandar Abbas ist wohl die einzige Stadt weltweit, in der ein LCD-Händler am Strand seine Waren verkauft. Heimlichtuerei scheint nicht vonnöten zu sein. Die Schaufenster des geräumigen Ladens sind voll bepackt und hell erleuchtet. Doch der Strand ist mehr als nur Schmugglergebiet. Im Schutz der Dunkelheit werden hier Gesetze zu Richtlinien degradiert. Jugendliche rauchen Marihuana, Liebespaare treffen sich – alles, was bei Tageslicht unmöglich scheint, wird in der Nacht verwirklicht. Das nächtliche Sozialleben profitiert dabei von den Schmugglern, die mit etwas Schmiergeld die Polizei vom Strand fernhält.

Darüber hinaus bietet Bandar Abbas, benannt nach dem persischen König Schah Abbas I., nicht besonders viel. Allein der bunte quirlige Markt in Ufernähe ist einen Besuch wert. Einige der Marktfrauen tragen die für die Region typische farbenfrohe Tracht und verdecken ihr Gesicht mit der Burka, einer ebenso farbenfrohen Stoffmaske. Es sind Bandari, Bewohner der Golfregion – die einzigen Farbtupfer im sonst dunklen, farblosen Hidschāb-Sumpf des Iran.

Von Bandar Abbas aus besuchen wir Hormus, eine kleine vorgelagerte Insel. Es sind nur 40 Minuten mit dem Boot, aber Bandar Abbas und Hormus trennen Welten. Dort die große Stadt mit all ihrer Geschäftigkeit, dem Hafen, den Schmugglern, und hier die Insel mit gerade mal 7000 Einwohnern in einem einzigen Dorf. Zusammen mit Aaron, Till und Alfons – drei Couchsurfern aus Deutschland – betreten wir Hormus, wo wir an der Ufermauer entlangspazieren. Ein paar Alte sitzen vor ihren Haustüren, folgen uns mit ihren Blicken, um sich dann wieder ganz sich selbst zu widmen. Kinder spielen Fußball am Strand. Es dauert nicht lange, und wir stehen vor einer alten verfallenen Festung. Die Portugiesen, einst mächtige Kolonisatoren am Persischen Golf, bewachten von hier den Eingang zum Gewässer.

Als es dunkel wird, machen wir uns auf den Weg zum Strand. Wir haben von einer kleinen Künstlerkolonie gehört, die es sich zum Projekt gemacht hat, aus unterschiedlich farbigem Sand ein Bild zu erschaffen. Versteckt zwischen Dünen und Sträuchern finden wir mehrere Zelte und Holzkonstruktionen, Lagerfeuer, eine Schaukel am Baum, Wasserpfeifen, Marihuanageruch und das Rauschen des Meeres. Ein kleines Paradies, so scheint es. Etwa 30 Personen, Männer, Frauen, Kinder leben hier bereits seit einem Monat zusammen. Stolz erzählen sie von ihrer Vision, von dem Projekt aus farbigem Sand. Das Areal sei bereits abgesteckt. Dann macht ein weiterer Joint die Runde. Eine Gitarre erklingt, und jemand beginnt zu singen. Alle sind sich einig: »Morgen fangen wir an – vielleicht.«

Wir übernachten etwas abseits der »Künstler«-Kolonie. Unter einem sternenklaren Himmel sitzen wir in schwarz glitzerndem Sand und schauen hinaus auf den Golf. Das Rauschen des Meeres wiegt uns, macht uns schläfrig.

Der nächste Morgen beginnt mit einem Sprung in den Persischen Golf. Schon am frühen Vormittag brennt die Sonne ohne Gnade auf uns herab. Dann geht es auf die Nachbarinsel Qeshm. Jetzt, im Winter, ist Qeshm ein beliebtes Urlaubsziel für iranische Touristen. Das Wetter ist herausragend und die Insel eine Duty-free-Zone. Strand und Shoppen – das sind die zwei wichtigsten Gründe für einen Besuch in Qeshm Town, dem Hauptort der Insel. Hier treffen wir Ali, der sich selbst als Irans ersten und einzigen Hippie betitelt.

Je besser wir Ali kennenlernen, desto deutlicher wird die Motivation für sein Hippietum: Eigentlich sucht Ali nur einen Grund zum Kiffen. Inspiriert von einigen Trash-Hippie-Komödien und entsprechenden Facebookgruppen entwickelt Ali seine ganz eigene Theorie: Wer ein richtiger Hippie sein will, muss viel kiffen. Dann verbrennt wieder etwas Gras in seiner Pfeife. Auch Alis sonstige Vorbilder überraschen wenig. 2Pac gehört dazu, und seit Ali weiß, dass Snoop Dogg angeblich 75 Joints am Tag raucht, ist er sein größter Held.

Am Abend treffen wir Alis Freunde in ihrer Wohnung. Ein bunter Haufen Mittzwanziger, die auf den ersten Blick kaum etwas gemeinsam haben. Sie alle sitzen um einen niedrigen Tisch, gebastelt aus einem Lkw-Reifen, herum. Gras gibt es in großen Mengen und wird beinahe im Minutentakt von einem der Anwesenden in Papier gewickelt und herumgereicht. Hier auf Qeshm, so erfahren wir, sind die Menschen wesentlich entspannter und toleranter, was das Gesetz angeht. Außerdem gibt es kaum genügend Polizisten, um Razzien durchzuführen.

So sitzen wir also in einer dichten, süßlichen Rauchwolke und lernen Alis Freunde kennen. Keiner von ihnen ist ein Hippie – natürlich nicht, denn Ali ist ja der erste und einzige im Iran. Dafür haben sie ganz ähnliche Hobbys. Die Vierer-WG ist ein Drogenumschlagsplatz. Amin, mit drahtiger Statur und nachdenklichem Blick, dealt seit erfolgreichem Abschluss des Ingenieurstudiums mit Marihuana und Koks. Ali, genannt Shir Ali – Löwe Ali –, ist immer fröhlich, muskelbepackt und bringt vor allem Opium unter das Volk. Ahmed, schmächtig und mit wachen Augen, macht sich demnächst mit einer Ladung LSD auf den Weg zum Festland. Es ist sein erster Auftrag als Zulieferer und entsprechend nervös ist er. Mohsen, mit 34 Jahren der WG-Opa, baut irgendwo in der Nähe Marihuana an.

Die Dealer-WG nimmt uns in Anspruch. Jeden Abend verbringen wir hier. Jeden Abend lernen wir andere Menschen kennen: Kiffer, Konsumenten, Kuriere, Dealer oder auch einfach nur ein paar Jugendliche und Möchtegern-Hip-Hopper, die sich darüber ereifern, heute besonders bekifft zu sein. Die WG wächst uns schnell ans Herz. Nicht wegen der Leute, die hier ständig herumlungern, sondern wegen ihrer eigentlichen Bewohner. Amin, Shir Ali, Ahmed, Mohsen – sie sind so ausgesprochen freundlich, dass sie unserem Stereotyp eines Dealers überhaupt nicht entsprechen. Ihre Wohnung ist sauber, wir bekommen ständig Chai serviert und Obst angeboten, es wird für uns gekocht – eine WG perfekter Gastgeber. Als wir einmal mit Ali unangemeldet reinschneien, wischt Shir Ali, der sich ausnahmslos mit Opium und dem feinsten schwarzen Haschisch aus Afghanistan zufriedengibt, gerade beschwingt den Boden. Mit den Klischeevorstellungen versiffter Drogen-WGs hat diese Wohnung in Qeshm Town nichts gemein.

Während wir fröhliche Nächte mit unseren Dealer-Freunden verbringen, erkunden wir tagsüber die Insel. Auf einem dieser Ausflüge bringen wir unserem Gastgeber Ali das Trampen bei. Wir geraten ausgerechnet an zwei schillernde Typen, Schmuggler und Messerstecher, die als Auftragsleute für sämtliche Tätigkeiten angeheuert werden können. Wir nehmen die Aussagen ganz locker – es sind nicht die ersten Verrückten, zu denen wir ins Auto steigen –, doch Ali scheint ernsthaft besorgt. Auf der Rückbank drückt er sich an die Hintertür, jede Sekunde zum Sprung ins Freie bereit. Erst als wir das Fischerdorf Laft erreichen, beruhigt sich Ali wieder und ist sichtlich froh, sein erstes Tramper-Abenteuer überlebt zu haben.

Laft ist bezaubernd schön. Das Dorf, eingeklemmt zwischen Persischem Golf und schroffem Fels, ist seit Jahrhunderten unverändert. Lehmhäuser, niedrige Türen, enge Gassen, Windtürme, Minarette. Selbst unter der gleißenden Mittagssonne finden wir an jeder Ecke ein Fotomotiv. Hier hören wir seit langer Zeit wieder die lauten Rufe des Muezzins, an die wir uns in der Türkei so gewöhnt hatten. Im größtenteils schiitischen Iran sind die Rufe zum Gebet dagegen etwas Besonderes. Bald kommen wir ins Gespräch mit einem älteren Herrn in arabischer Kleidung, der uns während der größten Hitze des Tages kurzerhand in sein Haus zu einem Tee einlädt. Danach führt er uns durch sein Dorf, zeigt uns den Wasserspeicher, die alte portugiesische Festung und antike Brunnen. Am späten Nachmittag trampen wir zurück nach Qeshm Town, und wie es der Zufall will, landen wir wieder im Wagen eines Schmugglers. Diesmal ist Ali schon wesentlich entspannter.

Unser letzter Weg auf Qeshm führt uns in den Süden der Insel. Wir wollen nach Hengam, eine weitere kleine Insel, rund zehn Bootminuten von Qeshm entfernt. Hengam ist vor allem für seinen Artenreichtum berühmt. Vor der Küste schwimmen Delfine, die wir während der Überfahrt immer wieder aus dem Wasser auftauchen sehen. Hengam selbst ist eine schläfrige Insel. Hier verläuft das Leben noch langsamer als auf Qeshm. Ein paar Strandrestaurants bieten den Delfintouristen eine Stärkung, und auf einem kleinen Souvenirmarkt werden Muschelketten und Muschelmännchen angeboten. Von alldem bekommen wir nur wenig mit. Gleich hinter dem Souvenirmarkt am Strand herrscht

Stille. Das Dorf scheint vor allem von Ziegen bevölkert zu sein, die durch die Gassen laufen. Am kleinen Hafen liegen ein paar Fischerboote. Wir laufen unter der brennenden Sonne aus dem Dorf heraus, finden einen passenden Strand, schlagen unser Zelt auf und springen hinein in den Persischen Golf – nicht ohne uns vorher zu vergewissern, dass wir wirklich alleine sind, denn Frauen ist das Baden nur gestattet, solange sie dabei die islamischen Kleidungsvorschriften beachten.

Am nächsten Tag kehren wir nach Qeshm Town zurück. Es ist unser letzter Tag auf Qeshm, und bevor unsere Fähre zurück nach Bandar Abbas fährt, werden wir noch einmal in die Drogen-WG eingeladen. Wir könnten hier so lange bleiben, wie wir möchten, wird uns gleich an der Tür erklärt, während uns Ahmed bereits einen heißen Tee serviert. Die Zeit vergeht. Wir trinken Chai, spielen Backgammon und übernachten am Ende erneut bei den wohl freundlichsten Dealern der Welt. Der Persische Golf lässt uns erst am nächsten Tag ziehen.

Kerman, die Kaluts und der Kampf mit dem Sandsturm

Von Bandar Abbas reisen wir mit zwei Männern ins 300 Kilometer nördlich gelegene Sirdschan. Beide tragen lockiges Haar und finden offensichtlich Gefallen an Kraftsport. Noch während der Fahrt kochen sie auf einem kleinen Gaskocher Kaffee, der so stark ist, dass mein Herz von einem einzigen Schluck zu rasen beginnt. Von Sirdschan sind es weitere knapp 200 Kilometer durch karge Landschaft, die wir im Auto eines jungen Mannes zurücklegen. Erst gegen 20 Uhr erreichen wir unser Ziel Kerman. An einer lebendigen Straße, in der viele Lichter und Leuchttafeln über den Geschäften auf den Bürgersteig strahlen, treffen wir unseren Gastgeber Amin. Der junge, groß gewachsene, schlaksige Mann begrüßt uns mit einem strahlenden Lächeln. Breite Augenbrauen wölben sich über seinen aufgeweckten Augen, während eine hohe Tolle weit über seine Stirn hinaufreicht. Amin lehnt lässig an einem Chevrolet Nova aus den 1970ern. Was für ein Anblick. Wir machen uns direkt auf den Weg in das Gartenhaus eines Freundes.

Dort sitzen wir in dem großen, kalten, weich gepolsterten Raum zwischen kahlen Wänden. Die Flammen des einzigen Gasofens sind zu schwach, um eine angenehme Temperatur zu schaffen. Sechs Freunde – Mehdi, Marjan, Moazameh, Amir, Alice und Amin – sitzen mit Schal und Mütze um eine Wasserpfeife. Sie alle sind Anfang 20; junge, lebensfrohe Menschen. Schwerer Rauch wird in die Luft geblasen. Wasserpfeifen gehören in Kerman zum guten Ton. Es gibt kaum einen Anlass, der ohne das Blubbern im gläsernen Gewand auskommt. Nicht selten filtert das Wasser dabei mehr als nur Tabakrauch. In Kerman gilt es als besonders gastfreundlich, wenn zur Wasserpfeife auch noch Chai und Opium gereicht werden. Aus Afghanistan kommend, wird die Droge seit Jahrhunderten von hier durch die Wüste und weiter zu den arabischen und europäischen Absatzmärkten geschafft. Doch wir bleiben nüchtern, spielen stattdessen eine Partie nächtliches Volleyball hinter dem Haus und ziehen später in eine Fast-Food-Filiale um.

Am nächsten Morgen erkunden wir die Stadt. Kerman gehört mit knapp einer Million Einwohnern zu den zehn größten Städten des Iran. Vor allem Perser leben hier, und es gibt noch immer eine kleine, aber kulturell bedeutsame Gemeinde der Zoroastrier. Kerman blickt auf eine lange Geschichte zurück. Auf einer Anhöhe am südlichen Rand der Wüste Lut von den Sassaniden gegründet, bietet sie ihren Bewohnern seit dem 3. Jahrhundert Zuflucht vor den harschen Lebensbedingungen der Region. Ihre Sommer sind heiß, im Frühjahr fegen heftige Sandstürme über die Stadt hinweg, und im Winter sind vor allem die Nächte klirrend. Rund 1000 Kilometer von Teheran entfernt ist Kerman seit Jahrhunderten eines der wichtigsten Handelszentren des Nahen Ostens. Seit jeher machen hier Reisende auf dem Weg nach Indien halt. Auch Marco Polo erkundete einst die Stadt.

Ausgehend vom Tohid-Platz im historischen Zentrum Kermans besuchen wir den Basar Sartasari, der sich über knapp anderthalb Kilometer bis zum Shohada Platz und Kermans Freitagsmoschee erstreckt. Der Basar ist einer der ältesten Märkte im Iran und weit über die Landesgrenzen für die Qualität seiner Teppiche berühmt. Noch heute werden Perserteppiche aus Kerman in die ganze Welt exportiert und erzielen sagenhafte Preise. Im Jahr 2010 versteigert das Auktionshaus Christie's in London einen Teppich aus Kerman aus dem 17. Jahrhundert für 5,5 Millionen Pfund. Auf dem historischen Markt, auf dem wir uns gerade befinden, sind die Preise dagegen etwas moderater. Wir schlendern durch die verschiedenen Sektionen des Basars, vorbei an Säcken voller Nüsse, Datteln und trockener Früchte. Die Region um Kerman ist berühmt für Kümmel und Pistazien. Vor allem die Felder der nahen Kleinstadt Rafsandschan liefern Früchte erster Güte. Fast alle im Iran produzierten Pistazien kommen von dort. Zu unserer Linken öffnet sich der Ganjali-Khan-Platz. Von Backsteinmauern umgeben, säumen die Gassen des Marktes den weiten, leeren Platz. Gusseiserne Bänke stehen hier. Ein alter Mann in fleckiger Anzughose verkauft Strohhüte. Seine Wangen sind eingefallen, die Augen liegen tief unter buschigen grauen Brauen. Seinen Kopf schützt eine Fellmütze vor der Kälte. Etwas weiter entfernt schnippen Kinder Murmeln durch die Gegend. Trotz der winterlichen Temperaturen tragen viele von ihnen nur Gummilatschen an den Füßen. Eine ehemalige Karawanserei nimmt die komplette Ostseite des Ganjali-Khan-Platzes ein.

Hinter dem Basar befindet sich die Freitagsmoschee, die Jame Masjid. Kermans Hauptmoschee besitzt, ähnlich wie die Scheich-Lotfollah-Moschee in Isfahan, keine Minarette. Dafür schmückt ein Uhrenturm das reich verzierte Eingangsportal aus dem 14. Jahrhundert. Die Dekorationen im Inneren der Moschee folgen der von Schah Abbas I. im 17. Jahrhundert eingeführten modernen Handwerkskunst der bemalten Kacheln. Lediglich das Hauptportal unter dem Uhrenturm zieren noch immer Mosaike aus bunten Scherben, die perfekt ineinandergesetzt sind. In der muslimischen Welt ist der Freitag ähnlich wichtig wie der Sonntag für die Christen. Die Freitagsmoschee ist dementsprechend bedeutsam. Hier treffen sich die Männer zum gemeinsamen Gebet und hören die Predigt eines Mullahs. Für muslimische Männer ist die Anwesenheit verpflichtend. Frauen, Kinder, Kranke und Reisende genießen dagegen die Freiheit, der Predigt fernzubleiben. Doch in den Freitagsmoscheen wird nicht nur gebetet, sondern auch Politik betrieben. Die Vorbeter in den Freitagsmoscheen gehören zur religiösen Elite im Iran. Es sind Gelehrte, die nicht weniger als 20 Jahre den Koran studierten und sich so ein extrem umfangreiches Wissen über den Islam aneigneten. Einige von ihnen sind mit dem höchsten religiösen Titel Ajatollah ausgezeichnet. Sie gehören zu den einflussreichsten Meinungsmachern im Land.

Wir gelangen auf den Shohada-Platz. Es ist der größte Kreisverkehr der Stadt. Vor uns, in einem meterhohen Metallrahmen, ragt ein aus bemalten Kacheln zusammengesetztes Bild über den Bürgersteig. Es zeigt ein männliches Gesicht, das symbolträchtig mit Krummsäbel, Koran und arabischen Schriftzeichen gerahmt ist. Es ist ein Porträt von einem der jungen Männer, die als Märtyrer im Iran-Irak-Krieg in den 1980er-Jahren starben. Überall im Land erinnern Kommunen und Gemeinden auf diese Art an ihre Gefallenen.

Hinter dem Shohada-Platz befindet sich das Mausoleum des Moshtaq Ali Schah, eines Anhängers des Sufismus. Ihm wird nachgesagt, ein hervorragender Sänger gewesen zu sein. Außerdem verdankt ihm die persische Laute Setar, die ursprünglich mit drei Saiten gespielt wurde, die bis heute verwendete vierte Saite. Ali Schah war ein Virtuose, ein musikalisches Genie, und hatte es nicht immer leicht. Die Legende besagt, dass der Mystiker sich mit der Religionsgemeinschaft in Kerman überwirft, als er den Koran auf seiner neu besaiteten Setar rezitiert. Die heilige Schrift mit Musik untermalt? Das ist für viele Zeitgenossen zu avantgardistisch, und Ali Schah wird in der Freitagsmoschee im Jahr 1206 gesteinigt. Heute liegt Moshtaq Ali Schah zusammen mit anderen lokalen Persönlichkeiten unter einer mit weißen und blauen Kacheln verzierten Kuppel begraben. Dahinter erhebt sich bereits das Kuhrudgebirge und bildet eine natürliche Grenze zur Wüste Lut.

Dann ruft Amin an, und wir verabreden uns mit ihm und seinen Freunden Mehdi, Marjan und Moazameh im Teehaus Vakil Hammam, einst das schönste Badehaus Kermans.

Als wir eintreten, unterhält eine kleine Gruppe die anwesenden Gäste mit traditioneller persischer Musik. Während ein Sänger melancholische Lyrik vorträgt, spielen seine Begleiter auf der Tombak, einer kelchförmigen Handtrommel, und dem Santor, einem trapezförmigen Kasteninstrument, dessen Saiten mit leichten Holzschlägeln zum Klingen gebracht werden. Die Männer sitzen unter eleganten weit geschwungenen Bögen und Kuppeldecken. Ein Ober in Hemd und Weste serviert uns Chai in einer Porzellankanne und dazu Safran-Kandiszucker an Holzstäbchen. Die Qelyan, die persische Wasserpfeife, bringt er natürlich auch, und so untermalt das Blubbern im Glasflakon die Geräusche im Gastraum, während wir Kolompeh, mit zermahlenen Datteln gefüllte Kekse, genießen.

Wir erzählen Amin und seinen Freunden von unserem Plan, die Dasht-e Lut, die größte Wüste des Iran, nördlich von Kerman zu besuchen und dort unter Tausenden Sternen die Nacht zu verbringen. Schon in Garmeh in der Dasht-e Kavir wollten wir das tun. Doch damals verbarg eine dichte Wolkendecke das Firmament. Unsere Freunde warnen uns: »Dort draußen«, so Mehdi, »ist es nicht besonders sicher.« In der Wüste trieben sich allerhand zwielichtige Gestalten herum. Schmuggler aus Afghanistan. Außerdem seien wir nicht mehr weit entfernt vom Territorium der Belutschen, in der Grenzregion zwischen Iran, Afghanistan und Pakistan. Die Belutschen sind mehrheitlich Sunniten und tragen ihr Shalwar Kamiz, ihre traditionelle Kleidung, bestehend aus einem knielangen Oberteil und einer weiten Pumphose, für die allein vier Meter Stoff vernäht werden. Ihre Bräuche und Sitten, ihr Kunsthandwerk, ihre Stickereien, ihre Sprache, selbst ihre dunklere Haut verbinden die Belutschen mehr mit Pakistan und Indien als mit dem Iran. Weil sie so anders sind, traut man ihnen in den übrigen Landesteilen nicht ganz über den Weg. Während wir aromatischen Rauch durch lange Schläuche ziehen und heißen Chai aus Porzellantassen trinken, sind wir darum bemüht, die Bedenken unserer Freunde zu zerstreuen. Amin ist auf unserer Seite. Die Wüste sei so riesig, dass es sehr unwahrscheinlich sei, jemanden zu treffen, der uns Schaden zufügen könnte.

Nach dem Teehaus-Besuch fährt Mehdi uns in Kerman herum und zeigt uns ein massives konisch geformtes Gebäude. Kein Fenster und keine Tür sind im Mauerwerk zu sehen. Vor uns befindet sich ein antikes Yakhchal, ein Eishaus. Etwa seit dem 5. Jahrhundert sorgen die Perser nahe der Wüste dafür, dass sie auch im Sommer kühle Drinks schlürfen können. Dabei wird rund um das Eishaus Wasser gesammelt, das im Winter gefriert. Kermans Höhenlage auf knapp 1800 Metern macht das trotz der

Nähe zur Wüste möglich. Das Eis wird im Yakhchal hinter zwei Meter dicken Lehm- und Ziegelsteinmauern bis weit in den Sommer hinein gelagert. In den heißen Monaten kühlen hier Lebensmittel für die gesamte Stadt. Dann fahren wir gemeinsam nach Mahan, ein Dorf etwa 35 Kilometer von Kerman entfernt. Wir besuchen den Schahzadeh-Garten, den Garten des Prinzen. In karger, eintöniger Landschaft umschließen hohe Lehmsteinmauern den rechtwinkligen, lang gezogenen Garten. Ein Wasserlauf teilt die Anlage in der Mitte. Acht Terrassen führen vom Eingangstor bis zum zweistöckigen Hauptgebäude im hinteren Gartenbereich, wo wir in einem kleinen Restaurant leckeres Āsh in uns hineinlöffeln. Die fettige, deftige Suppe mit Kräuter- und Nudeleinlage ist bis nach Kerman bekannt. Am Abend wird es immer kühler. Mittlerweile steht das Thermometer nur noch wenige Striche über der Null. Auf dem Weg zurück nach Kerman unterhalten wir uns noch immer angeregt über unseren Wüstenplan und die Belutschen. Unsere Zuversicht hat gesiegt, und auch Mehdi brummt sein tiefes »bashe« – »okay«.

Wir verlassen Kerman und brechen auf in die Dasht-e Lut. Das Abenteuer in der größten Wüste des Landes wollen wir uns nicht entgehen lassen. Die Dasht-e Lut, die leere Wüste, macht ihrem Namen alle Ehre. Auf einer Fläche so groß wie Serbien, Kroatien und Slowenien zusammen, erstreckt sie sich über die iranischen Provinzen Kerman, Sistan und Belutschistan bis nach Pakistan und Afghanistan. Im Südwesten grenzt sie an das Zagrosgebirge, im Norden an die zweite große Wüste des Iran, die Dasht-e Kavir. Diesen beiden Nachbarn verdankt sie ihr extremes Klima. Die Wüste Lut gehört zu den heißesten und trockensten Orten unseres Planeten. Im Jahr 2006 wurde hier ein Rekordwert von 70,7 Grad Celsius gemessen. Heißer ist es nirgendwo sonst auf der Erde. Natürlich ist die Lut lebensfeindlich.

Es gibt keine Belege für eine menschliche Siedlungsgeschichte auf ihrem Gebiet. Selbst Fossilien oder andere Hinweise auf einstiges und gegenwärtiges Leben sucht man bisher vergebens. Keine Skorpione, keine Wüstenfüchse, keine Menschen – über Tausende Quadratkilometer existieren hier lediglich ein paar Bakterien und Sporen. Mehr Leben gibt es nicht. Selbst die UNESCO zollt den harschen Bedingungen der Wüste Lut Respekt und nimmt sie als bisher einziges iranisches Naturerbe in ihre Liste der schützenswerten Stätten auf. Mitten in der Wüste befinden sich die Kaluts, etwa anderthalb Autostunden nordöstlich von Kerman. In diesem ungefähr 11 000 Quadratkilometer großen Gebiet schleifen starke Winde seit Jahrmillionen das lockere Sedimentgestein in skurrile Formen. Sandsteintürme, frei stehende Felsen und Skulpturen sind aus einer einst 150 Kilometer langen Bergkette herausgeschnitten.

In den Kaluts wollen wir zelten und hoffen an Kermans Ringstraße auf eine Mitfahrgelegenheit. Zwei junge Belutschen in ihren Shalwar Kamiz nehmen uns in ihrem alten Pkw mit. Sie sind auf dem Weg nach Bam. Als wir den beiden Männern das Ziel unserer Reise nennen, stockt ihnen der Atem. In die Wüste Lut wollen wir? Das sei unmöglich! Als die beiden merken, dass wir uns jedoch nicht von unserem Plan abbringen lassen, fahren sie uns kurzerhand selbst nach Shahdad, eine Wüstenoase in der Lut, was für sie einen 70 Kilometer langen Umweg bedeutet.

Shahdad ist ein kleines Dorf, in dem seit etwa 5000 Jahren Menschen in Lehmhütten leben. Es gehört zu einer Gruppe von etwa 30 kleinen Oasensiedlungen in der südlichen Peripherie der Dasht-e Lut und gilt als Tor in die Wüste. Es ist Mittag, als wir das Dorf erreichen. Zwischen Dattelpalmen und Feldern verabschieden wir uns von den hilfsbereiten Belutschen, die nun erneut 70 Kilometer zurück bis zur Kreuzung nach Bam fahren werden. Als wir hinter Shahdad an der Straße stehen, sind wir der Wüste bereits sehr nah. Dunkle Wolken hängen am Himmel, schützen uns vor der Sonne, und dennoch ist die Trockenheit überall auf der Haut spürbar. Hände und Gesicht sind in wenigen Minuten rau und spröde. Lange warten wir vergebens auf eine Mitfahrgelegenheit. Nur ein paar Dorfjungen fahren mit ihrem Fahrrad vorbei und betrachten uns, als kämen wir von einem fremden Planeten. Sonst passiert nichts. Bereits in Shahdad scheint das Leben jede überflüssige Aktivität eingestellt zu haben. Nach etwa zwei Stunden des Wartens nähert sich der erste Pkw und hält tatsächlich für uns an. Der Fahrer, ein älterer Herr, der über sein Shalwar Kamiz ein braunes Jackett gezogen hat, nimmt uns lächelnd mit. Er weiß bereits, wohin wir wollen. Wenn Fremde in Shahdad landen, so erklärt er, haben sie meist nur ein Ziel: die Kaluts. Die nächsten 40 Kilometer fahren wir durch die Wüste, die sich weit und staubig um uns erstreckt. Ein paar dürre Bäumchen ragen über sandige Hügel empor, die ihren Wurzeln Halt geben. Dann, weit in der Ferne, erheben sich Formationen aus dem Untergrund. Es sind die Kaluts, die uralten Sandsteinschlösser und Wahrzeichen der Wüste Lut, die bis zu 75 Meter in die Höhe ragen.

Die Asphaltstraße durch die Wüste führt auch mitten durch die Kaluts. Hier steigen wir aus, unsere Mitfahrgelegenheit rauscht gen Horizont davon, und nun sind es nur noch wir und die Wüste. Salz verkrustet den welligen Boden, gibt ihm das Aussehen von Raureif am Morgen. Mittlerweile ist der Tag weit vorangeschritten. Noch immer stehen dunkle Wolken am Himmel. Dann plötzlich erhebt sich ein Sturm, der uns den Wüstensand um die Ohren peitscht. Erst wirbelt er feinen Staub um unsere Knie, doch gleich darauf treibt er grobe Sandkörner mit enormer Geschwindigkeit in unsere Augen, Ohren und Nasen. Der Sturm kommt so heftig, dass er uns die Mütze vom Kopf reißt und sie weit in die Wüste trägt. Hastig hetzen wir ihr nach, verlieren dabei eine Wasserflasche aus dem Rucksack, die nun ebenfalls vom Wind erfasst wird und Meter um Meter über den Wüstenboden rollt. Als wir endlich Mütze und Flasche eingefangen haben, sind wir über und über mit Staub und Sand bedeckt. Der Sturm wütet noch immer um uns herum. Sandkörner schmerzen in den Augen, und während Tränen die alten Körner auswaschen, weht der Wind neue hinein.

Nach einer halben Stunde lässt der Sturm nach, und wir bauen unser Zelt auf einer weiten, ebenen Fläche zwischen den Sandsteintürmen auf. Dann ist es Zeit fürs Abendessen. Über unserem Gaskocher erhitzen wir eine Konserve Ghormeh Sibzamini – einen Kräuter-Kartoffel-Eintopf – und schauen beunruhigt hinauf in die Wolken. Eigentlich sind wir hierhergekommen, um den nächtlichen Sternenhimmel zu bewundern. Weit weg von jeder künstlichen Lichtquelle wollten wir die Schönheit des Universums bestaunen, doch daraus wird nichts. Zwar war die Wolkendecke nach dem Sandsturm kurzzeitig aufgerissen, aber nun, in der beginnenden Abenddämmerung, schließt sie sich wieder. Schlagartig wird es kalt. Auch die heißeste Wüste ist nachts im Winter ziemlich frostig. Gegen 20 Uhr dösen wir bereits im Zelt in unseren Schlafsäcken. Doch dann beginnt die schlimmste Nacht dieser Reise. Wieder ziehen Sturmböen über den Wüstenboden, rütteln und reißen an der Zeltplane, schrecken uns aus dem Dämmerzustand. Im Zelt knattert es so laut, dass wir befürchten, es reißt jeden Moment auseinander. Der Sturm drückt heftig gegen die dünnen Wände. Der Innenraum wird in Sekunden komprimiert. Wir sitzen in einer Falle, fluchen jämmerlich, während die Zeltplane uns ins Gesicht schlägt. Wir hecheln asthmatisch, Sand dringt durch die kleinsten Ritzen ins Zelt, wirbelt um uns herum, erschwert das Atmen zusätzlich.

Unser Handeln ist nur noch instinktiv. Mit Händen und Füßen, Armen und Beinen drücken wir auf dem Boden liegend die

Zeltplane von uns weg, versuchen, das Zelt von innen zu stützen. Damit gewinnen wir auch wieder etwas mehr Raum für Sauerstoff, unsere Atmung beruhigt sich. Doch nun liegen wir wie zwei Käfer mit ausgestreckten Gliedern auf dem Rücken und können nichts anderes tun, als der Naturgewalt Widerstand zu leisten. Der Sturm hält jedoch dagegen, immer ruppiger drückt, zerrt und reißt er an unserer dünnen Schutzbehausung. Dazu brüllt er wie ein wildes Tier. Wir sind erschöpft vom Kampf gegen das Unwetter, Sand klebt in unseren Gesichtern, schmerzt erbärmlich in den Augen. Unser Zeitgefühl löst sich auf. Wir sind gefangen im Augenblick. Einer folgt auf den nächsten; wie viele es sind, vermag ich nicht zu sagen. Das Knattern der Zeltplane nimmt wieder zu. Wie lange wird unser Zelt diesen Sturm aushalten können? Wann brechen die Stangen? Wann weht alles in Stücke zerfetzt davon? Wann sind wir der Wüste schutzlos ausgeliefert?

Noch während wir uns sorgenvoll diesen Gedanken hingeben, ist es plötzlich vollkommen still. Der Druck auf die Zeltplanen lässt schlagartig nach, und diese hängen nun wie erschöpfte Boxer in den Seilen. Es ist nach Mitternacht. Beinahe drei Stunden haben wir mit der Naturgewalt gerungen, doch nun scheint der Spuk vorbei. Langsam öffnen wir den Reißverschluss des Zelteingangs, schauen hinaus in die Wüste. Weit über uns ist die Wolkendecke an einigen Stellen aufgerissen. Darüber funkeln Dutzende Sterne. Um uns ist es still, nur ein leichter Wind säuselt über den Boden, wirbelt Staub ein paar Zentimeter weit auf. An unseren Rucksäcken vor dem Zelt haben sich hohe Sanddünen aufgetürmt. Wir krabbeln ins Freie und begutachten im Dunkel der Nacht unser Hab und Gut. Es scheint nichts beschädigt zu sein. Dennoch entscheiden wir uns, einen anderen Zeltplatz aufzusuchen. Auf der Ebene sind wir zu ungeschützt, und einen weiteren Kampf mit dem Sturm wollen wir nicht riskieren. Also bauen wir ab und ziehen in die Nähe eines der Sandsteintürme. An seinem Fuß liegt jede Menge Geröll. Doch Komfort ist uns im Moment ziemlich egal. Wir sind müde und hoffen, im Windschatten des Felsens endlich schlafen zu können. Doch dann, noch während wir das Zelt aufbauen, peitscht der Wind von Neuem auf uns ein. Dichte Sandwolken umhüllen uns, verkleben die Nasenhöhlen. Als wir den letzten Hering in den Wüstenboden geklopft haben, tobt der Sturm schon wieder mit aller Kraft. Drinnen im Zelt bedeckt eine feine Sandschicht unsere Isomatten und Schlafsäcke. Der Sturm wird immer heftiger. Nach wenigen Minuten spüren wir, wie draußen die Halterungen nachgeben. Ein Hering nach dem anderen löst sich aus dem Boden, und so flattert die Zeltplane an beiden Enden kräftig im Wind. Allein unser Gewicht ist es, das das Zelt nun noch auf dem Boden hält. Wieder liegen wir mit ausgestreckten Armen und Beinen auf dem Rücken, kämpfen gegen den Sturm. Momente der Angst kommen und gehen. Werden wir die Nacht durchstehen? Haben wir den Höhepunkt des Sturms schon erreicht, oder steht uns das Schlimmste noch bevor? Doch der Sturm zerrt weiter am Zelt, zerrt weiter an unseren blank liegenden Nerven. Irgendwann stelle ich das Denken ein. Mein Körper reagiert nur noch, stemmt sich gegen jede Böe, die das Zelt zu erdrücken versucht.

Gegen vier Uhr morgens ist es endlich vorbei. Der Wind flaut ab. Wir sind völlig entkräftet. Die Zeltplane hängt schlaff auf uns herab, bedeckt uns von den Zehenspitzen bis zum Schopf. Doch wir schlafen ein, ohne das Zelt wieder aufzubauen. Als wir am nächsten Morgen aufwachen, ist es bereits zehn Uhr, und in dem zusammengefallenen Zelt staut sich die Hitze. Wir betrachten das Resultat der vergangenen Nacht und können kaum fassen, dass das Zelt die Zerstörungswut des Sturmes schadlos überstanden hat. Doch nicht nur das: Wir finden sogar alle Heringe wieder, die weit verstreut um unseren Zeltplatz liegen.

Die dunkle Wolkendecke hat sich aufgelöst, dafür wölbt sich ein undurchsichtiger Schleier aus feinen Staubpartikeln über den Himmel. Wie Nebel verschluckt er in einiger Entfernung die Landschaft. Mit einem Gefühlsmix aus Frustration und Euphorie über die Ereignisse und den Ausgang der letzten Nacht versuchen wir, so viel Sand wie möglich aus unserer Kleidung und dem Zelt zu schütteln, bevor wir zurück zur Straße stapfen. Tiefe Augenringe zeichnen unsere Gesichter, wir sind über und über mit Sand verklebt. Er hängt in den Haaren, knirscht zwischen den Zähnen, füllt die Hosentaschen. So mitgenommen stehen wir am Straßenrand in einer grauen Landschaft. Grau ist der Himmel über unseren Köpfen, grau ist der Sand unter unseren Füßen, grau der Asphalt, auf dem sich nach nur fünf Minuten des Wartens ein Transporter nähert.

Zwei Männer sitzen im Fahrerhäuschen und bedeuten uns, auf der offenen Ladefläche Platz zu nehmen. Wir vermuten eine Mitfahrgelegenheit bis nach Shahdad, gelangen aber in einem Rutsch bis nach Kerman. Zwei Stunden dauert die Fahrt, dann stehen wir wieder vor Amins Haus. Erleichtert, uns wiederzusehen, erklärt er, dass es in der letzten Nacht etwas windig in Kerman gewesen sei. Unsere Geschichte bleibt das Thema für den Rest des Tages. Amin lässt keine Gelegenheit aus, seinen Eltern und Freunden zu erzählen, dass wir die Wüste Lut überlebt haben. Nachdem wir uns unter einer wohltuend heißen Dusche die letzten Sandkörner vom Körper gewaschen haben, serviert uns Amins Mutter köstliches Kashk-e Bademjoon, ein herzhaft cremiges Auberginengericht, das uns für die Anstrengungen der letzten Nacht entschädigt.

An unserem letzten Abend lassen wir uns noch einmal den vorzüglichen Chai im Teehaus Vakil Hammam schmecken. Dann verlassen wir Amin, verlassen Kerman und stehen erneut an der Straße, die uns wieder in die Wüste führen wird.

Zahedan und das Tor nach Pakistan

Wir verlassen Kerman in Richtung Osten. Zunächst nimmt uns ein kleiner, verschwitzter Mann mit wildem Haar mit nach Bam. Dann geht es weiter in die Grenzgebiete zu Afghanistan und Pakistan. Die Region Belutschistan, die nun vor uns liegt und weit über die Landesgrenzen des Iran hinausreicht, geriet in der Vergangenheit immer wieder durch Touristenentführungen in die Schlagzeilen. Ein langer Weg liegt vor uns. 333 Kilometer sind es bis nach Zahedan, der letzten iranischen Stadt vor der Grenze zu Pakistan. Es ist zehn Uhr morgens, die Sonne scheint. In Bam, an der Straße nach Zahedan, rufen uns die üblichen Taxifahrer »Hello Mister« und »Where are you going?« hinterher. Wenige Meter hinter einer Tankstelle halten wir unser Schild mit der Aufschrift Zahedan den Autofahrern entgegen. Nach zwei Stunden stoppt Hossein, ein älterer Herr in Hemd und Jackett. Er ist bereit, uns ins 40 Kilometer entfernte Narmashir zu bringen, wo die Straße nach Norden in Richtung Zahedan abbiegt. Allerdings hält gleich hinter Hossein auch die Polizei, die bereits bestens über uns und unser Ziel informiert ist. Die Beamten befassen sich nicht nur mit uns, sondern auch Hosseins Daten werden aufgenommen. Anschließend dürfen wir mit Hossein mitfahren, müssen aber dem Polizeiwagen folgen. Auf dem Beifahrersitz im Auto vor uns platziert, befindet sich ein Soldat mit einem Maschinengewehr. Wir entschuldigen uns bei Hossein für die Unannehmlichkeiten, doch unser Fahrer reagiert gelassen. Er stört sich nicht an der Eskorte. Stattdessen ist er sogar stolz, dass der Iran ein Land sei, in dem die Polizei die Bürger und ihre Gäste schütze.

Ein paar Kilometer weiter übernimmt ein anderes Polizeiauto, ebenfalls mit einem bewaffneten Soldaten in Camouflage, die

Führung. Das gleiche Spiel wenige Kilometer später. Kurz vor Narmashir halten wir an einem Militärposten und verabschieden uns von Hossein. Etwa 20 Minuten später fährt das vierte Polizeiauto vor. Diesmal werden wir aufgefordert einzusteigen. Der Wagen biegt auf die Straße nach Zahedan. Der obligatorische Soldat mit seinem halbautomatischen Gewehr sitzt nun vor uns. Draußen zieht die Wüste Lut vorbei. So fahren wir etwa eine Viertelstunde Richtung Zahedan dahin. Dann, mitten im Nichts, steigen wir in einen Polizei-Pick-up um. Unsere Rucksäcke auf der Ladefläche werden ab jetzt von zwei Soldaten bewacht. Unsere Begleiter sind streng. Sie verbieten uns jegliche Fotografie. Iranische Militärs dürfen nicht in Bildern festgehalten werden. Vielleicht 20 Kilometer später wechseln wir erneut den Pick-up. Dabei findet, szenisch perfekt inszeniert, ein Touristenaustausch statt. Unsere neue Mitfahrgelegenheit übergibt eine Chinesin an unsere alte Mitfahrgelegenheit, die nun zurück in Richtung Bam reist. Bei jedem Wechsel des Fahrzeugs werden die Daten unserer Pässe auf ein Stück Papier geschrieben und von mehreren Beamten per Unterschrift beglaubigt. Die Fahrt ist bis ins Detail dokumentiert.

Dann wird es plötzlich ernst. Über Funk erreicht unsere Besatzung die Aufforderung, eine Straßensperre zu errichten. Ein flüchtiges Auto muss gestoppt werden. Bei dieser Aufgabe sind wir jedoch etwas hinderlich und werden beim nächstbesten Militärposten abgegeben. Wenig später kauern wir auf der Ladefläche eines weiteren Militär-Pick-ups neben zwei jungen Soldaten. Der Fahrer rast durch die Wüste. Starker Wind zerrt an uns, peitscht uns jede Menge Sand und Staub um die Ohren, zaust durch die Haare. Mittlerweile haben wir jedes Gefühl für Zeit und Entfernungen verloren. Nach einer Weile halten wir erneut. Geschützt von dicken Mauern und schweren Geschützen macht unsere Eskorte Mittagspause.

Nach etwa einer halben Stunde geht es im selben Fahrzeug weiter. Nun begleiten uns vier schwer bewaffnete Soldaten. Mit der Kufiya, dem Palästinensertuch, schützen sie sich vor Sonne, Wind und Staub. Lediglich die Augen schauen noch aus dem Stück Stoff heraus. Nahe der Siedlung Nosrat Abad durchqueren wir eine niedrige Gebirgskette. Noch sind es etwa 100 Kilometer bis nach Zahedan, und über uns ziehen dunkle Wolken auf. Wenig später beginnt es zu regnen. Noch immer harren die Soldaten schutzlos auf der Ladefläche aus. Durch Sandsturm und Regen rasen sie in der Wüste hin und her, nur um ein paar Möchtegernabenteurern wie uns das Gefühl von Sicherheit zu gewähren. Auch wenn sie nur Befehle ausführen, haben sie sich unsere Sympathie verdient. Noch zwei weitere Male wechseln wir unser Fahrzeug, bis wir auf dem Beifahrersitz eines Pick-ups eine Polizeistation in Zahedan erreichen. Hier treffen wir unseren Gastgeber Hessam. Der Mann, etwa Ende 20, schaut uns schüchtern und angespannt hinter eckigen Brillengläsern an. Später erfahren wir, dass ihm die ganze Aufregung mit der Polizei nicht geheuer ist. Überhaupt sei man im Iran immer besser dran, wenn man die Polizei meiden könne. In der Wache gilt es, Papierkram zu erledigen. Hessam verpflichtet sich, für uns zu bürgen, solange wir uns in der Stadt aufhalten. Dann können wir endlich gehen. Mittlerweile ist es Nacht geworden.

Zahedan, die Hauptstadt der zusammengeschlossenen Provinzen Sistan und Belutschistan, ist die wichtigste Bastion der iranischen Sunniten. Nur etwa 40 Kilometer vom Dreiländereck Iran-Afghanistan-Pakistan entfernt, ist die Stadt aber auch fest in der Hand terroristischer Splittergruppen. Immer wieder kommt es hier zu Angriffen auf das iranische Militär und die schiitische Zivilbevölkerung. Obwohl die Anschläge seit 2010 spürbar zurückgegangen sind, gilt Zahedan noch immer als latent unsicher. Trotzdem halten Reisende auf dem Weg nach Osten, nach Pakistan und Indien, immer wieder in Zahedan an, ohne mit Schwierigkeiten konfrontiert zu werden. Ausländer sind hier nicht das Ziel der Terroristen. Dafür ist die Stadt zu wichtig. Die große Aufmerksamkeit der Weltpresse passt ihnen nicht ins Geschäft. Hessam fährt uns in seinem Familienauto nach Hause, wo wir seine Frau Azadeh und die gemeinsame kleine Tochter Somi kennenlernen. Somi ist ein Einzelkind – verwöhnt, quengelnd und sich stets der Aufmerksamkeit ihrer Mutter sicher. Die Familie wohnt in einer Zweizimmerwohnung im ersten Stock eines Mehrparteienhauses. Eine offene Küche grenzt an das geräumige, mit dicken Teppichen ausgelegte Wohnzimmer. Dahinter teilen sich Hessam, Azadeh und Somi ein Schlafzimmer. Die Wohnung gehört eigentlich Hessams Eltern. Zur Miete hätte er sie sich trotz mehrerer Jobs nicht leisten können. Azadeh serviert uns kleine pinke Würstchen, Pommes und Fladenbrot. Es ist die günstige Variante zu Reis und Kebab. Hessams Familie leidet wie viele andere im Iran an der wirtschaftlichen Schieflage des Landes. Zusammen sitzen wir auf dem gepolsterten Wohnzimmerboden. Hessam und Azadeh essen gemeinsam von einem Teller, und uns wird klar, wie nah wir bereits der Kultur des indischen Subkontinents sind. Zwar langt man überall im Iran gemeinsam in einen Topf, doch bisher aßen unsere Gastgeber immer von einem eigenen Teller.

Den Rest des Abends verbringen wir gemütlich schwatzend, Wasserpfeife rauchend im Wohnzimmer. Wir sind körperlich und mental erschöpft von der anstrengenden Reise. Unsere Gegenüber sind neugierig und naiv. Besonders Azadeh ist überzeugt, dass wir den Iran für das beste Land der Welt halten müssen – sie tut es jedenfalls. Obwohl ihre eigene Lebenssituation schwierig erscheint, äußert sie sich völlig kritiklos zum Iran. Es ist ein blinder Jubel über die herrschenden Zustände. Dabei hat Azadeh noch nie über Alternativen nachgedacht. Und wo stehen die gesellschaftlichen Grundrechte? Meinungs- und Versammlungsfreiheit, unabhängige Rechtsprechung? Zwar preisen staatliche Organe immer wieder die politische und gesellschaftliche Überlegenheit des Iran, aber für uns schwingt darin stets unverhohlene Propaganda mit.

Wir schlafen früh auf bequemen ausgerollten Matratzen und dicken Wolldecken im Wohnzimmer. Erst am Morgen bricht das Quaken, Brummen und Poltern des Berufsverkehrs die Stille. Von Hessam lassen wir uns wenig später durch die Stadt führen. Zahedan ist ein riesiger Markt. Die Stadt pulsiert. Von überall strömen Menschen herbei, quetschen sich durch enge Gassen und über schmale Fußwege. Mobile Verkaufsstände erschweren das Vorwärtskommen zusätzlich. Auf dem Bürgersteig werden tragbare Gasöfen, Stoffe, Taschen und Schuhe angeboten. Ein vielleicht 14-Jähriger verkauft von einer vollbeladenen Holzkarre Pistazien, Cashews, Mandeln und Trockenfrüchte. Viele Männer auf den Straßen tragen ihr Shalwar Kamiz, die traditionelle Kleidung der Belutschen. Manche von ihnen schützen sich zusätzlich mit dicken Jacken gegen die winterliche Kälte. Das Gedränge in den Gassen nimmt weiter zu, als wir in das Basargebäude treten. Unter hohen Deckenkuppeln aus Backstein treiben wir in einer undurchdringlichen Menschenmasse vorwärts. Mit geheimnisvollen Blicken bieten uns immer wieder Knirpse Kartenspiele an. Zunächst denken wir uns nichts dabei, doch die Häufigkeit macht uns schließlich stutzig. Hessam löst das Rätsel: Im Iran, so erklärt er uns, sei Glücksspiel verboten. Die Spielkarten dienten nur als Symbol und deuteten etwas viel Verruchteres an: Alkohol, Opium und dergleichen. Zahedan, 1600 Kilometer von Teheran entfernt, ist ein Paradies für Schmuggler. Die Stadt bietet kaum Sehenswertes, und ihre isolierte Lage, weit weg von den Autoritäten des Iran, aber nah an den Rückzugsgebieten islamistischer Terrorgruppen in der Grenzregion zu Afghanistan und

Pakistan lässt Zahedan wenig einladend erscheinen. Religiöse Spannungen prägen die Stadt. Im schiitischen Iran leben in Zahedan und der dazugehörigen Provinz Belutschistan vor allem Sunniten. Ihr wichtigstes Zentrum ist die Makki-Moschee mitten in der Stadt. Ihre Mullahs nehmen auf die gesamte sunnitische Gemeinschaft in der Region Einfluss. Im Jahr 2010 erweitert und mit vier hohen, frei stehenden Minaretten versehen, bietet sie auf 50 000 Quadratmetern Tausenden Gläubigen Platz. Auch viele Afghanen, die nach dem Einmarsch der Sowjetunion in den 1980er-Jahren in den Iran flohen, leben und beten hier.

Doch sie sind nicht die Einzigen. Die Kleriker der Makki-Moschee halten Verbindungen zu verschiedenen Terrorgruppen, von denen die Taliban und Al-Qaida die bekanntesten sind. Auch die sogenannte Sauerland-Gruppe, die 2007 in Deutschland festgenommen wurde, soll sich hier aufgehalten haben, bevor sie nach Pakistan ging, um dort an einem islamistischen Ausbildungslager teilzunehmen.

Am Abend besuchen wir Hessams Familie, seine Onkel, Tanten und Cousins. Wir sind zum Abendessen bei Hassan eingeladen. Hessams Onkel ist ein dicker, lustiger Mann. Von unserer Idee, nach Pakistan zu reisen, ist er aber ebenso wenig überzeugt wie alle anderen Anwesenden. Da seien doch so viele Terroristen, und sicher sei es dort auf gar keinen Fall. Es sind dieselben Bedenken, die wir zuvor in anderen Teilen des Iran über Zahedan gehört haben. Es sind dieselben Bedenken, die in der Türkei über den Iran geäußert wurden. Bestätigt haben sie sich nie. Auch Hessams Familie hat noch keinen Fuß ins Nachbarland gesetzt, und ihr gesamtes Wissen über Pakistan beruht nur auf Hörensagen.

Zurück bei Hessam stopfen wir eine letzte Wasserpfeife, und am nächsten Morgen bringt uns unser Gastgeber in aller Frühe zu einer Polizeistation am Stadtrand. So war es bereits bei unserer Ankunft mit den Autoritäten vereinbart. Doch einmal angekommen stellen wir fest, dass gar keine Eskorte für die Weiterfahrt an die pakistanische Grenze bereitsteht. Der Polizist, dem wir unsere Situation erklären, weist uns mürrisch zurück. Wir sollen draußen warten. Also setzen wir uns auf den staubigen Boden neben die geschlossene Einfahrt der Wache. Hessam ist bereits verschwunden. Anderthalb Stunden müssen wir warten, bis endlich gegen neun Uhr ein Pkw für uns organisiert ist. Der uns begleitende Polizist in Zivil sieht aus wie ein heruntergekommener Privatdetektiv aus einem Budget-Krimi. Alles an ihm ist nachlässig. Ein ungepflegter Dreitagebart wirft einen schmutzigen Schatten in sein Gesicht. Die Dienstwaffe steckt locker im Hosenbund. Nach ungefähr 30 Kilometern, einem knappen Drittel der Strecke bis zur pakistanischen Grenze, biegen wir von der Straße ab und parken vor dem großen Metalltor eines Militärpostens. Wieder zieht ein Sandsturm auf, und während der heruntergekommene Privatdetektiv seinen Wagen wendet und zurück nach Zahedan braust, kauern wir uns hinter eine gelbe Betonsperre und versuchen, dem harschen Wetter Paroli zu bieten. Als der raue Wind immer unbarmherziger tobt, werden wir vom diensthabenden Wachpersonal schüchtern in die Eingangsschleuse gebeten. Als der befehlshabende Kommandant eintritt, stehen die beiden Soldaten neben uns zackig gerade. Zu uns ist der Ranghöhere ausgesprochen freundlich. In knappen, scharfen Worten bellt er den Rekruten entgegen, warum uns Gästen noch nichts angeboten wurde. Nur wenige Minuten später serviert man uns Spiegeleier, iranisches Fladenbrot und Tee zum Frühstück.

Unser Aufenthalt in der Eingangsschleuse dauert etwa eine Stunde, bevor es auf einer offenen Ladefläche weiter in Richtung Pakistan geht. Feine Sandkörner peitschen unsere Körper, dringen in jede Öffnung unserer Kleidung. Alle paar Kilometer müssen wir irgendwo in der Wüste das Fahrzeug wechseln. Jeder neue Wagen ist mit einer eigenen Mannschaft besetzt, die uns freundlich, aber auch streng durch die Wüste befördert.

Bei einem weiteren Fahrzeugwechsel werden wir auf die Rückbank eines maroden Geländewagens gebeten. Dort liegen mehrere Gewehre lose zwischen einem uralten Feldtelefon und den Lehnen der vorderen Sitzreihe. Vor uns quetschen sich drei Soldaten auf den Beifahrersitz. Vier weitere Soldaten kauern auf der Ladefläche hinter uns im Sturm. Mit rauen Wolldecken schützen sie sich vor dem peitschenden Sand. Aber auch wir finden uns bald schutzlos dem Wetter ausgesetzt. Schon die nächste Eskorte bittet uns auf die Ladefläche eines Pick-ups. Hier versuchen wir uns so gut es geht vor dem tosenden Wind zu verstecken. Mitten im Sturm umklammern wir unser Gepäck, damit es nicht in die weite Wüste hinausgerissen wird.

Ein letztes Mal wechseln wir das Fahrzeug. Ungefähr 20 Kilometer vor der Grenze warten wir auf ein paar alten Autoreifen sitzend in der Mittagssonne. Der Sturm hat nachgelassen. Unser letzter Transport auf iranischem Boden wird nur noch von einem einzigen Soldaten eskortiert. Als wir die iranisch-pakistanische Grenze erreichen, gibt er uns in die Obhut der Grenzbeamten. Abgeschieden mitten in der Wüste liegt ein überraschend großes Migrationsgebäude vor uns. Ein weitläufiger gefliester Saal bietet uns Schutz vor der Hitze. Wir sind die einzigen Reisenden hier und kommen uns ziemlich verloren vor. Niemand kümmert sich um uns. Die Grenzbeamten haben sich gerade erst in ihre Mittagspause verabschiedet. Wir sind bereits erschöpft von der Reise. Zahedan liegt nur 100 Kilometer zurück, aber es kommt uns wie eine Ewigkeit vor, dass wir uns von Hessam verabschiedeten. Wir sind verschwitzt, durstig, und überall kleben feine Sandkörner an unserem Körper. Knapp anderthalb Stunden passiert nichts, bevor unsere Dokumente geprüft und wir letztendlich mit einem freundlichen Lächeln von iranischen Soldaten an ihre Kollegen im Nachbarland übergeben werden.

Auf der pakistanischen Seite betreten wir eine kleine Hütte, lassen uns auf einer Holzbank nieder, auf der sich bereits ein schmaler Käfig mit einer gefangenen Wachtel befindet. Trocken saust der Einreisestempel auf unsere Pakistanvisa. Jetzt sind wir da, im vielleicht gefährlichsten Land dieser Reise.

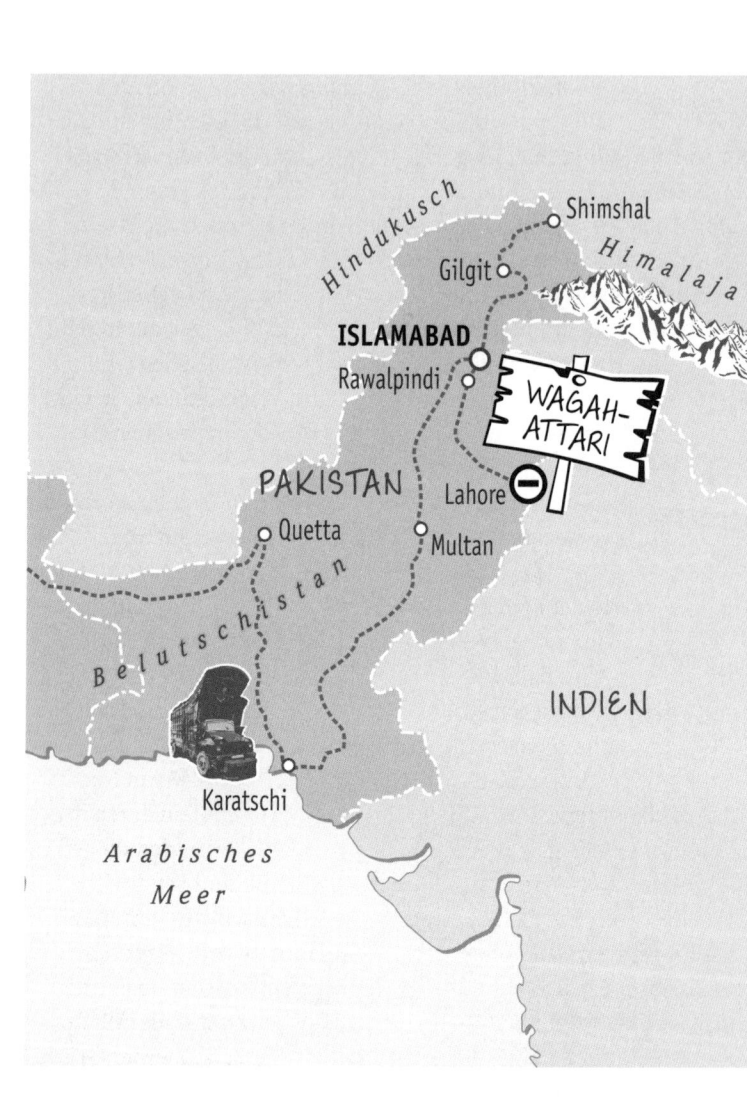

PAKISTAN

Mit den Levies durch Belutschistan - willkommen in Pakistan

Die Tinte des Stempels in unseren Pässen ist noch nicht ganz getrocknet, da betreten wir durch eine kleine Pforte Terrorgebiet – zumindest sagt das unser Auswärtiges Amt. Hier herrschen die Taliban, hier kommt es regelmäßig zu gewalttätigen Übergriffen und Entführungen. Doch die pakistanischen Grenzbeamten sind auffällig entspannt. Keine Wichtigtuerei; keine zur Schau gestellte Ernsthaftigkeit wie bei den iranischen Kollegen.

»Assalamu aleikum!«, grüßen sie freundlich, und wir antworten lächelnd: »Wa Alaikum Assalam.« – »Möge der Frieden mit dir sein.«

Wir erledigen die Einreiseprozedur und werden 500 Meter weiter querfeldein zur Polizeistation des Grenzortes Taftan geschickt. Niemand begleitet uns, niemand sorgt sich um unsere Sicherheit. Alles halb so schlimm?

In der Polizeistation sitzen wir im Dunkeln. Taftan, an das iranische Elektrizitätsnetz angeschlossen, ist vom erneut aufgezogenen wütenden Sandsturm lahmgelegt, der irgendwo im Nachbarland mehrere Strommasten umgeknickt hat. Allein durch die offene Tür dringt etwas Licht in das dunkle Büro des diensthabenden Kommandanten. Jede Menge Staub und Sand wirbelt herein. Auch das dicke Registerbuch, in das wir uns eintragen, ist mit feinem Sand überzogen. Heute gibt es kein Weiterkommen. Eine Eskorte, für Reisende durch Belutschistan unabdingbar, steht nicht zur Verfügung. Wegen des Stromausfalls fällt der Computer der einzigen Bank im Ort aus. Wir haben weder Geld für eine Unterkunft noch für die allerkleinste Mahlzeit. Stattdessen verbringen wir die Nacht bei Kerzenschein in einem Büro der Polizeiwache. Im schummrigen Licht machen wir es uns mit unseren Isomatten auf dem staubigen Boden gemütlich. Es dauert nicht lange, bis sich der Kommandant zu uns gesellt und uns freundlich zum Abendessen einlädt. Während der Mahlzeit, die wir auf dem Boden sitzend zu uns nehmen, gibt sich unser Gegenüber große Mühe, uns ein gutes Gefühl zu vermitteln. Ja, wir sind in Pakistan. Nein, das Kopftuch ist hier keine Pflicht mehr. Ja, in Belutschistan kam es bereits zu Entführungen und tödlichen Angriffen. Nein, wir brauchen uns nicht zu sorgen – heute Nacht können wir ganz unbeschwert schlafen. Wir sind sicher.

Am nächsten Morgen steigen wir in einen rostigen Geländewagen – das erste von vielen pakistanischen Militär- und Polizeifahrzeugen auf dem Weg durch Belutschistan. Eskortiert werden wir von drei bewaffneten Levies: Mitglieder einer paramilitärischen Einheit aus einheimischen Wehrpflichtigen, Offizieren, Soldaten und Polizisten. Nur wenige Kilometer trennen uns vom Territorium der Taliban in Afghanistan. Die Levies patrouillieren entlang der einzigen asphaltierten Straße, haben stets die Wüste und alles, was sich in ihr bewegt, im Blick. Sie sind täglich mit der Gefahr konfrontiert und riskieren im Notfall ihr Leben. Unsere drei Bewacher dienen schon lange in dieser Gegend. Weiße Bartstoppeln sprießen auf der wettergegerbten Haut ihrer Gesichter. Die Augen liegen in tiefen Höhlen. Die ganze Erscheinung der Männer lässt das harte Leben in Pakistans größtem Bundesstaat erahnen.

Seit der Gründung Pakistans 1947 schwelen immer wieder Konflikte in Belutschistan. Obwohl sich die Region gegen eine Fusion mit dem neuen Staat ausspricht, annektiert das pakistanische Militär 1948 das Gebiet. Unruhen und gewalttätige Auseinandersetzungen zwischen Separatisten und Militär gehören seitdem zum Leben in der ärmsten und unterentwickeltsten Provinz des Landes.

Die ersten von etwa 600 Kilometern durch die Wüste sind eine Katastrophe. Die Löcher in der Straße sind so tief, dass unser Fahrzeug alle paar Meter zu springen beginnt. Der Geländewagen ist außerdem zu klein für uns und unsere Begleiter, sodass vor allem der Levie im Kofferraum unter den Stößen leidet. Etwa eine Stunde reisen wir so durch Belutschistans Wildnis, bis wir an einer kleinen Hütte halten. Mitten im Nichts, umgeben von Sand, Staub und Wind, tauchen immer wieder kleine Baracken, Hütten und Unterstände am Straßenrand auf. Überall die gleiche Einrichtung: ein Raum, eine Pritsche, ein Stuhl, ein schweres Maschinengewehr und ein dickes Register. Von hier wird die Straße quer durch Belutschistan überwacht. Ein Wachposten folgt auf den nächsten, und jedes Mal heißt es für uns Pässe vorzeigen und im Register unterschreiben. Unsere Fahrt wird genauestens dokumentiert. Oft wechseln wir bei diesen Kontrollen auch das Fahrzeug, sodass wir im Laufe der Zeit immer mehr Levies kennenlernen. Von Beruf Soldat, aber keine Berufssoldaten. Statt einer Uniform tragen die Levies ihr Shalwar Kamiz. Gegen Wind und Sand schützen sie sich mit Decken und Tüchern, die sie um Kopf und Körper schlingen. Zwischen zwei Levies geht die Fahrt auf der Ladefläche eines Pick-ups weiter. Rechts von uns ein junger Mann mit schwarzem Kopftuch und brauner Cordjacke. Links von uns eine Gestalt, deren Gesicht hinter einer tief heruntergezogenen Kapuze und einem über Mund und Nase gezogenen Tuch verschwindet. Lediglich ein dunkles Augenpaar funkelt uns finster an. Es tobt noch immer derselbe Sandsturm vom Vortag, der wieder an Stärke zugenommen hat. Er lässt uns kaum atmen. Feiner Staub weht in unsere Gesichter, verklebt die Augen.

Zusammen harren wir auf der Ladefläche aus, ducken uns so gut es geht vor dem Wind, bis dieser endlich nachlässt und den Blick in die weite Wüste freigibt. Sand und grauer Stein erstrecken sich bis zum Horizont, wo ein grauer wolkenverhangener Himmel das Ende des Nichts begründet. Riesige Sandwehen versperren unsere Fahrbahn, denen wir in ständigem Zickzackkurs ausweichen. Ein paar Dromedare schaukeln nur wenige Meter neben der Straße durch die Wüste. Auf der Ladefläche lächelt uns der Levie in der Cordjacke aufmunternd zu. In gebrochenem Englisch erkundigt er sich nach unserem Wohlbefinden, bevor er nach rechts auf die Berg- und Hügelkette in einiger Entfernung weist. Dort drüben liegt Afghanistan. Hinter den Hügeln, keine 50 Kilometer entfernt, herrschen die Taliban, die auch immer wieder in pakistanisches Territorium eindringen. Dann sprechen wir über Familie, Frauen und Kinder. Terror und Alltag liegen in Belutschistan nah beieinander. Die Gelassenheit und Freundlichkeit, mit der die Levies uns begegnen, ist erstaunlich. Wir sind mit den Gedanken stets bei all den Schrecken, die uns hier zustoßen könnten. Doch unsere Begleiter freuen sich über unseren Besuch, und im Nu werden wir Facebookfreunde.

Gegen 15 Uhr erreichen wir die kleine Wüstenstadt Dalbandin und werden in einem Hotel einquartiert, das wir bis zum nächsten Morgen nicht mehr verlassen dürfen. Da uns immer noch die finanziellen Mittel fehlen, werden wir nach kurzer Beratung zwischen den Levies und dem Management freundlich vom Hotelbesitzer eingeladen. Selbst ein Abendessen lässt er uns aufs Zimmer bringen. Zwei Levies patrouillieren über den Flur unserer Etage.

Nach einer unruhigen Nacht geht es weiter in Richtung Quetta, der Hauptstadt Belutschistans. Wieder sitzen wir, eingezwängt zwischen vermummten und bewaffneten Levies, in einem Pick-up. Wieder müssen wir uns in regelmäßigen Abständen in kleinen Hütten und Unterständen registrieren. Wieder wechseln wir nach wenigen Kilometern das Fahrzeug. Und wieder machen uns die Levies das Leben so angenehm wie möglich. Mit ernsthaftem Blick werden wir in einer Lehmhütte empfangen, weil die nächste Eskorte auf sich warten lässt. Wir bekommen Chai, den würzigen Milchtee des Subkontinents, serviert, und die eben noch reserviert wirkenden Männer fragen uns staunend über unsere Reise aus. Saif, einer der Levies, präsentiert uns wenig später stolz seinen eben zubereiteten Salat. Gurken, Tomaten, Kichererbsen, Kartoffeln, Zwiebeln – gemeinsam greifen wir tief in die Schüssel, bis metallisches Kratzen am Boden das Ende der Mahlzeit verkündet. Wir sind satt und zufrieden. Dann kramt Saif ein Handy hervor. Mit breitem Grinsen zeigt er uns Fotos seines zweijährigen Sohnes und erzählt von den ersten Sprechversuchen des Nachwuchses.

Auch Baba Saeed bleibt uns im Gedächtnis: Sein ganzes Wesen strahlt eine unbändige Fröhlichkeit aus. Als wir vom Regen durchnässt in einer kleinen Baracke pausieren und erneut auf die nächste Eskorte warten, dreht Baba Saeed eine Karaffe auf den Kopf, schlägt ein paar Takte auf dem metallenen Boden und beginnt, für uns Liebeslieder auf Urdu und Belutschi zu singen. Mitten in der verregneten Wüste Belutschistans und weit weg von allem, was uns vertraut ist, fühlen wir uns plötzlich ganz heimisch. Wären da nicht die vielen Waffen und die Patrouille vor der Tür, wir würden nichts von der schwierigen Lage um uns herum bemerken. Dann geht es weiter durch die Wüste, und in strömendem Regen erreichen wir endlich Quetta. Das Hotel, in welches uns die Levies eskortieren, ist einfach und gemütlich. Ein großes Bett, eine heiße Dusche – wir sind glücklich.

Quetta gilt als Unruheherd. Hier leben Belutschen, Paschtunen, Schiiten, Sunniten und Hazaras nicht immer friedlich miteinander. In den letzten Jahren kam es mehrfach zu Anschlägen und Überfällen, bei denen Dutzende Menschen ihr Leben verloren. So ist es leicht erklärt, dass die pakistanische Polizei ausländischen Touristen nicht gestattet, allein durch die Straßen zu schlendern. Auch uns ist untersagt, das Hotel ohne eine Polizeieskorte zu verlassen. So weit die Theorie.

Am nächsten Morgen erwartet uns bereits ein Beamter in Zivil, der uns in einer Rikscha zum Polizeihauptquartier eskortiert. Dort angekommen führt man uns in ein Büro, in dem fünf massive Schreibtische stehen. Hunderte Aktenordner und Papierbündel liegen schwer in den Fächern riesiger Schränke, sodass sich die Holzböden bedrohlich nach unten biegen. Es gibt einen einzigen PC mit Röhrenbildschirm, an dem einer der Beamten unentwegt Solitär spielt. Obwohl uns bereits am Vortag eingebläut wurde, dass wir unbedingt eine NOC (No Objection Cerfication) für unseren Aufenthalt in der Stadt benötigen, fühlt sich hier nun niemand für uns verantwortlich. Stattdessen lesen die Beamten Zeitung, unterhalten sich, empfangen Freunde und Bekannte oder lassen sich von einem Angestellten Tee servieren. Doch irgendwann halten wir ein Formular in den Händen, das bestätigt, dass wir nun als Ausländer für zwei Tage in der Stadt gemeldet sind, uns allerdings nicht ohne Polizei bewegen dürfen. Diese 48 Stunden sind das Maximum, mehr Zeit war nicht verhandelbar. Danach müssen wir weiter, raus aus Belutschistan. Niemand will uns länger in der Stadt behalten als unbedingt notwendig.

Zurück im Hotel sind wir jedoch wieder allein. Wir wollen einen Bankautomaten suchen und lassen deshalb den Portier an der Rezeption mehrmals die nächstgelegene Polizeiwache anrufen; erfolglos. Stundenlang warten wir in einem Kämmerchen neben der Rezeption und wärmen unsere Glieder an einer kleinen Petroleumheizung. Es ist die einzige Wärmequelle im eiskalten Hotel. Wir sind hungrig. Eine Scheibe Toastbrot und ein Glas Tee ist alles, was wir bisher zu uns genommen haben. Hinter den milchigen Fenstern der Eingangstür treibt die pakistanische Wirklichkeit die Straße hinunter.

Nach vier Stunden vergeblichen Wartens entschließen wir uns, das Hotel ohne Polizeischutz zu verlassen. Kälte zieht schmerzhaft in unsere Lungen, als wir Quettas Luft einatmen. Männer mit weiten Kleidern und langen Bärten kommen uns entgegen. Sie hüllen sich in dicke naturfarbene Wolldecken. Die staubigen Pisten der Stadt sind mit Schlaglöchern übersät. Gefrorenes Wasser wartet darin auf den Frühling. Obwohl wir uns bereits seit drei Tagen im Land befinden, sehen wir hier in Quetta das erste Mal in Pakistan Frauen. Verhüllt in hellblaue afghanische Burkas, huschen sie gerade in einen Hauseingang. Dann sind es wieder nur noch Männer, denen wir auf der Straße begegnen. Eselkarren rattern über die erdigen Fahrwege, hupende Motorräder drängeln sich durch den Verkehr, schwarze Abgaswolken wabern durch die Stadt. Wir stecken in einem furchtbaren Gedränge, werden von allen Seiten angestoßen. Doch dann passiert etwas Wunderbares. Ein junger Mann im Shalwar Kamiz lächelt uns im Vorbeigehen an. In fließendem Englisch fragt er nach unserem Wohlergehen, unserer Herkunft, ob uns Quetta gefalle. Wir wechseln nur ein paar Sätze, bevor wir uns in der Menge wieder aus den Augen verlieren, doch sie reichen aus, um Quetta ins Herz zu schließen. Plötzlich sehen wir nicht nur die gefährliche Stadt, sondern auch die freundlichen Gesichter und die interessierten Blicke. Wir hören das »Hello, how are you?« und das »Welcome to Balochistan!«, das uns mal von hier und mal von dort entgegengerufen wird.

Zwei Tage verbringen wir in Quetta, ohne ein einziges Mal von der Polizei begleitet zu werden. Erst an unserem letzten Tag erscheint eine Eskorte, die uns von unserem Hotel zum Bahnhof bringt. Obwohl es auch eine Busverbindung in unseren nächsten Zielort Karatschi gibt, die lediglich acht Stunden dauert, wollte man uns im Polizeihauptquartier keine Genehmigung dafür ausstellen. Stattdessen verlassen wir die Hauptstadt Belutschistans also mit dem Zug und verlängern unseren Weg in die Megametropole Karatschi damit auf knapp 24 Stunden. Wir würden mehr vom Land zu sehen bekommen, hieß es. Diesmal eskortiert uns die pakistanische Polizei.

Karatschi – zwischen den Welten am Arabischen Meer

Zusammen mit dem Bahnhofsvorsteher trinken wir dampfenden Chai. Draußen rollen Züge quietschend und pfeifend in den Bahnhof ein. Bärtige Männer im Shalwar Kamiz warten in kleinen Gruppen entlang der Gleise. Mit dicken Wolldecken, die sie sich um Kopf und Schultern schlingen, schützen sie sich gegen die Kälte. Polizisten mit Sturmgewehren patrouillieren auf den Plattformen und in den Zügen, sorgen für die Sicherheit der Passagiere. All die Waffen um uns herum verunsichern uns. Das liegt auch am zweifelhaften, korrupten Ruf der pakistanischen Polizei. Wie viel Sicherheit kann eine Institution gewährleisten, wenn sie im entscheidenden Moment gegen Bezahlung wegschaut? Medial vorbelastet lassen wir den Blick schweifen. Die gleichen Personen, die uns die Tageschau in Bild- und Tonaufnahmen als Terroristen vorstellt, stehen nun neben uns und warten auf ihre Züge. Es sind die gleichen Männer mit den langen Bärten und der traditionellen Kleidung, die wir bisher nur als Komparsen islamistischer Terrorgruppen kannten. Aber hier am Bahnsteig begegnen uns weder Sprengstoffwesten noch Selbstmordattentäter. In den weiten Gewändern stecken Menschen, die wie wir nichts mit dem Terrorismus zu tun haben wollen. Es sind Menschen, die wir aufgrund ihrer Erscheinung nur zu leicht verurteilen. Hier in Quetta, fernab unserer Medienlandschaft, wird das Wertesystem neu justiert.

Dann fährt endlich der Zug ein, der uns bis ans Arabische Meer nach Karatschi bringen soll. Drei Polizisten begleiten uns auf dem Weg, und zusammen belegen wir ein Abteil. Blaue Polster, die sich zu jeweils drei übereinanderliegenden Betten umklappen lassen, sind nun unsere Unterkunft. Der Blick aus dem Fenster wird von dicken Gitterstäben beeinträchtigt, metallene Rollläden hängen davor wie in einem Gefängniszug. Die Fensterscheiben lassen sich nicht vollständig schließen. Fahrtwind zieht herein. Es ist bitterkalt.

Mit uns im Abteil, auf dem einzigen verbliebenen Platz, reist ein junger Mann mit langen dunklen Haaren, dichtem, struppigem Vollbart und dunkel funkelnden Augen. Wie sich schnell herausstellt, ist Karatschi unser gemeinsames Ziel. Mehr noch, wir haben einen Gesprächspartner für die gesamte Strecke gefunden. Doch ob wir uns darüber freuen sollen, wissen wir selbst nicht genau. Der junge Mann, Aalim, ist strenggläubig und überzeugt davon, dass der Islam die beste aller Religionen sei. Immer wieder zitiert er den Koran, lehrt uns muslimische Gebetsformeln und unterrichtet uns in fließendem Englisch in seinem Glauben. *Allahu akbar!*

Aalim ist penetrant. Es gibt kein anderes Thema für ihn als die Religion. Wir, die nicht an Gott glauben, dafür aber an Evolution und physikalische Gesetze, kommen mit ihm auf keinen gemeinsamen Nenner. Dennoch sehen wir, dass Aalim es nicht leicht hat. Die Liebe zu Gott steckt in seiner Brust, doch schleicht sich Traurigkeit in sein Herz. Aalim fühlt sich als gläubiger Muslim diskriminiert. Die internationale Berichterstattung kränkt ihn. Er fühlt sich in eine Schublade mit all den Verbrechen gesteckt, die angeblich im Namen seines Gottes geschehen.

Während unserer Gespräche patrouillieren Polizisten mit Maschinengewehren durch den Zug. Doch keiner der Passagiere scheint Notiz von ihnen zu nehmen. Um uns herum wird geraucht, Tee getrunken und palavert. Ein Jugendlicher läuft von Abteil zu Abteil und verkauft Päckchen mit Pistazien und Mandeln. Bis nach Karatschi wird der junge Verkäufer Dutzende Male an uns vorbeilaufen, jedes Mal stehen bleiben, uns mutig anlächeln und strahlend weiterziehen, sobald wir zurücklächeln.

Nach etwa zwei Stunden überqueren wir den Bolan-Pass. Knapp 50 Kilometer von Quetta entfernt, ist er das Tor nach Afghanistan und damit strategisch wertvoll. Dementsprechend umkämpft ist die Region. Immer wieder kommt es hier zu Anschlägen. Draußen zieht ein weites Tal an unserem Fenster vorbei. Grau- und Brauntöne zeichnen die Landschaft. Es ist ein wahnsinniges Gefühl: In einem klapprigen Zug, umringt von schwer bewaffneten Polizisten und einem religiösen Idealisten, rattern wir durch pakistanisches Bergland.

Am Nachmittag verlassen wir die Berge. Nun liegt ein weites Plateau vor uns. Sicherheitsposten säumen die Strecke im Abstand von wenigen Kilometern. Hier, so erfahren wir von den Polizisten, sei Terrorgebiet, der gefährlichste Abschnitt auf dem Weg nach Karatschi. Wir befinden uns im Sibi Distrikt, einem Gebiet, das immer wieder von Attentaten erschüttert wird. Nicht nur die Taliban sind hier aktiv, auch andere radikale Splittergruppen verüben immer wieder politisch motivierte Anschläge. 2014 verlieren hier 17 Menschen ihr Leben, als eine Bombe in einem Eisenbahnwaggon detoniert. Tatsächlich wirken die Beamten nun ernsthafter, angespannter. Der Polizist neben mir trägt sein Maschinengewehr auf dem Schoß. Ich wage einen Unterhaltungsversuch und frage, wie viel Munition denn im Magazin sei. Die Reaktion des Beamten: Er legt sein Gewehr weit aus meiner Reichweite. Ich glaube in seinem Blick etwas

Misstrauisches zu entdecken. Sicherheitshalber stelle ich die Kommunikation ein, schaue aus dem Fenster.

Mit gemächlichem Reisetempo ziehen wir an kleinen Dörfern vorbei. Reisfelder brechen die Monotonie der Wüste auf. Ziegen schlendern die Gleise entlang. Kinder spielen in weiter, luftiger Kleidung. Seit wir die Berge hinter uns gelassen haben, ist es merklich wärmer. Lehmhütten und Zeltdörfer drängen sich nah an die Schienen, Lumpen flattern im Wind. Jugendliche und junge Erwachsene treffen sich zum Kricket oder Fußball. Ich glaube sogar ein Deutschlandtrikot zu erblicken. Kinder streunen mit aufgeblähten Bäuchen und nackten Oberkörpern in Müllbergen umher. Ein kleiner Junge treibt einen alten Reifen mit einem Stock über die buckelige Ebene. Die Armut ist erschreckend. Es gibt weder Wasserleitungen noch Elektrizität. Dafür lebt man hier im eigenen Dreck. Die pakistanische Regierung kümmert sich kaum um die Bewohner Belutschistans, die immer wieder erfolglos nach einem unabhängigen Territorium streben. Separatisten bekämpfen die pakistanischen Autoritäten, und so fühlt sich die Regierung wenig motiviert, die ärmste Region des Landes mit mehr als dem Notwendigsten auszustatten. Dennoch blicken wir im Vorbeifahren in viele lachende Gesichter, Kinder winken unserem Zug freudig hinterher.

Als sich die Sonne langsam gen Horizont neigt, erreichen wir die Grenze zwischen Belutschistan und der Nachbarprovinz Sindh. Am Bahnhof der Kleinstadt Jacobabad verabschieden wir uns von den Polizisten, mit denen wir bisher reisten, und begeben uns in die Obhut ihrer Kollegen. Mit den neuen Beamten steigen auch einige neue Fahrgäste ein. Nun sitzen wir mit Aalim und einer pakistanischen Familie, Frauen und Kinder, zusammen. Obwohl wir bereits einige Tage im Land sind, ist es das erste Mal, dass wir in Pakistan mit Frauen in Kontakt kommen. Ihre bunten Kleider sind uns ein willkommener Kontrast in der Ödnis der Wüste. Rot, grün, violett, blau leuchten die Farben in unserem Abteil. Blütenmuster und einfache geometrische Motive zieren die Kurtas, lange traditionelle Oberteile. Bis hierher haben wir nur Männer am öffentlichen Leben teilnehmen sehen. Als die Sonne untergeht, macht sich Aalim zum Gebet bereit. Im staubigen Abteil trägt der findige Mann Kunststoffsocken, die er penibel mit einem feuchten Tuch reinigt. Im von Staub und Unrat gezeichneten Zug umgeht Aalim so die Waschung seiner Füße, ein traditionelles Ritual vor dem Gebet. Dann bittet er die Familie, die uns gegenübersitzt, aufzustehen, damit er auf der Sitzbank, auf der er einen Gebetsteppich ausrollt, seiner religiösen Verpflichtung nachkommen kann. Die Familie gehorcht, ohne zu zögern.

Gegen 20 Uhr klappen wir unsere Betten aus. Mit der Dunkelheit kehrt auch die Kälte wieder zurück. Durch die offenen Fenster unseres Abteils weht eisiger Wind herein. Das monotone Ruckeln des Zuges wiegt uns in den Schlaf. Am nächsten Morgen erwachen wir unter einer dicken Staubschicht. Kleidung, Polster, Rucksäcke, Taschen, Haare, Gesichter – alles ist mit einem braunen Belag aus feinem Sand überzogen. Zigarettenstummel, Plastiktüten und Trinkbecher rollen über den Boden. Es dauert nicht mehr lange, und wir erreichen Karatschi.

Doch die Megametropole mit ihren 23 Millionen Einwohnern empfängt uns zunächst mit ihrem hässlichsten Gesicht. Über die Gleise rattern wir von einer Armensiedlung zur nächsten. Auf Bergen von Schmutz und Abfall stehen unzählige aus Planen und Lumpen zusammengeschusterte Zelte. Menschen wühlen im Müll nach Verwertbarem, während im Hintergrund Hochhäuser und Bürotürme in den Himmel ragen. Wir fahren bis zur Endstation und sind die Letzten, die den Zug verlassen. Die Karachi City Station besitzt noch immer britisch-koloniales Flair. Es gibt großzügige Wartehallen für eine längst verschwundene

Upper Class und Büroräume eines aufgeblähten Verwaltungs-apparates. Die Bahnhofsuhren sind schon vor langer Zeit stehen geblieben. City Station versinkt in der Bedeutungslosigkeit. Kaum ein Mensch ist zu sehen. Stattdessen fliegen Krähen durch die offenen Waggonfenster der Züge, und Ziegen wandern über die Bahnsteige auf der Suche nach etwas Fressbarem.

In einem geräumigen Waschraum der Upper Class machen wir uns frisch, versuchen den Staub von unserem Gepäck und unseren Körpern zu entfernen. Anschließend treffen wir Madeeha, unsere Gastgeberin in Karatschi. Noch immer gerädert von der beinahe 24-stündigen Fahrt gehen wir gemeinsam in einem Bistro der reichen Oberschicht frühstücken. Wir lassen uns Omelette und Kaffee für einen Betrag schmecken, von dem sich die meisten Pakistanis eine Woche ernähren könnten. Während nur wenige Kilometer von uns entfernt Kinder in Lumpen im Dreck wühlen, wird unser Auto vom Einparkservice des Bistros in die nächste Parklücke chauffiert.

Madeeha wohnt mit ihren Eltern in Cantt, dem Militärviertel Karatschis. Da ihr Vater als Kapitän eines Marineschiffes häufig unterwegs ist, lebt sie allein mit ihrer Mutter in einem großen Haus mit Garten in einer abgeschirmten Nachbarschaft. Zwei Dienstmädchen, ein Gärtner und ein Schneider wohnen bei ihnen. Selbst ein Chauffeur gehört zum Aufgebot an Hilfskräften. Dennoch fühlt sich die Familie lediglich als Teil der pakistanischen Mittelschicht. Die kolonialen Angestelltenverhältnisse stellt sie nicht infrage. Auch wenn sie ihre Arbeitshelfer anständig behandeln, werden wir das Gefühl nicht los, von höheren und niederen Menschen umgeben zu sein. Die einen lassen arbeiten, die anderen haben keine Wahl. Die einen leben bequem, die anderen überleben. In einem Land, in dem Chai Nationalgut ist, hat Madeeha noch niemals eine Tasse Tee selbst aufbrühen müssen.

Unsere Gastgeberin, Mitte 20, ist jedoch mehr als die verwöhnte Göre. Madeeha arbeitet als Journalistin für die älteste und auflagenstärkste englischsprachige Zeitung Pakistans: DAWN. Im Kulturressort ist sie für alles zuständig, was die Literatur-, Musik- und Filmszene des Landes auf den Markt wirft. Gleichzeitig verfolgt sie eigene Projekte und steht gerade mit einer Dokumentation über Karatschis Schiffsfriedhof auf der Shortlist eines kanadischen Filmfestivals.

Mit Madeeha sprechen wir über das Wesen ihrer Stadt, über die Ambivalenz zwischen hauseigener Dienerschaft und dem Leben unterhalb des Existenzminimums in den Slums und Zeltsiedlungen. Wir erfahren von Gangs und Bandenkriegen, Drogenhandel und Kleinkriminalität, die zum Alltag in diesem Moloch gehören. Als Hafenstadt ist Karatschi außerdem prädestiniert für Schmuggler. Gleich hinter dem Arabischen Meer liegen die Vereinigten Arabischen Emirate und der Oman, und von dort gelangt nicht immer alles auf legalem Weg nach Pakistan. Doch haben Schmuggler oft gar keine Ahnung vom Wert ihrer Ware, berichtet Madeeha. Auf Karatschis Schmugglermärkten werden Güter daher nach Kilo verkauft. Fender-Gitarren, Boxen und Mischpulte erhalten einen Preis nach ihrem Gewicht. Ein Laptop kostet etwa zehn US-Dollar. Doch Karatschis Schmuggler liefern nicht nur Elektronik. Das Angebot ist enorm und reicht von Ersatzteilen für Motorräder bis hin zu voll funktionstüchtigen Hubschraubern.

Karatschi ist eine kriminelle Stadt, das erfahren wir immer wieder. Mit Freunden von Madeeha verabreden wir uns in einem kleinen Strandhaus an der Hawks Bay, etwas außerhalb der Stadt. Whiskey, Bier und ein paar Snacks, Meeresrauschen, Sand zwischen den Zehen – wir fühlen uns wohl. Irgendwann trudeln ein paar Nachzügler ein, die wenig emotional berichten, dass sie soeben mit der Pistole auf der Brust ausgeraubt wurden. Die anderen drücken statt Entsetzen nur Erleichterung aus: Handys und Portemonnaies sind weg, aber wenigstens sind die beiden unverletzt zu uns gekommen.

Niemand benachrichtigt die Polizei. Der Verlust wird hingenommen. Normalität in Karatschi. Den ganzen Tag treiben wir uns am Strand herum, werfen ein Frisbee durch die Gegend, bis wir am Abend ein paar weitere Freunde Madeehas besuchen. In einem riesigen mehrstöckigen Haus treffen wir Mouhsin, selbstständiger Filmemacher, Entrepreneur und Lebemann. In seinem Kühlschrank finden wir Essen und Bier, auf seinem Wohnzimmertisch Marihuana, in seinem Bett zwei Frauen – Models aus der Modebranche. Doch eigentlich schneidet Mouhsin gerade einen Werbeclip für eine Telekommunikationsfirma. Mit einem Freund sitzt er vor zwei Bildschirmen, verändert hier die Tonspur, schneidet dort etwas im Videomaterial herum. Sie lachen, diskutieren und fluchen ohne Unterlass. Zielgerichtetes Chaos mit einem Hauch von Dekadenz. Auch das ist Pakistan. Wir sind noch immer in derselben Stadt, in der verschmutzte Gesichter tief im Abfall von Millionen stecken, Partys am Strand gefeiert werden, Terrorgefahr droht und Mouhsin ein Leben im Rhythmus des Rock'n'Roll führt.

Ist Diversität noch immer das richtige Wort für eine Stadt mit derartigem Gefälle? Wir sind mitten im Crashkurs Pakistan, und Madeeha lenkt uns durch den realen Wahnsinn. Wir verabschieden uns von Mouhsin und besuchen Issam, ebenfalls Journalist. Issam wirkt reserviert, verloren im Blues. Wir erfahren von den neuesten Unannehmlichkeiten für die Pressefreiheit in Pakistan. Issam erzählt von einem Freund, kritischer Berichterstatter im Politressort, der auf seinem Wohnzimmertisch einen Zettel vorfindet: »*Watch out!*« Für Issam ist die Sache eindeutig. Pakistans Intelligence Service, der inländische Geheimdienst, schüchtert so kritische Stimmen ein.

Am nächsten Morgen stürzen wir uns in die Straßen Karatschis. Mitten in der Stadt herrscht ein beinahe undurchschaubares Gewusel. Autos, Motorräder, Motorrikschas und Eselskarren drängen sich über den Asphalt. Bunt bemalte Busse, unter denen dicke schwarze Abgasschwaden hervorkriechen, stottern durch die Stadt. An jeder Straßenecke quetschen sich mehr Passagiere in den voll besetzten Innenraum. Irgendwann sitzen die ersten Reisenden auf den Dächern der Busse, und auch dort wird der Platz bald knapp. Mobile Verkaufsstände verengen die Gehwege. Bärtige Männer in ihren luftigen Shalwar Kamiz lächeln uns freundlich zu, laden uns zum Tee ein. Sie rufen »Salam« und »Bhai«, halten uns zwei Pappbecher mit heißem Chai entgegen.

Während wir zusammen den Tee trinken, fordern sie uns auf, genau hinzusehen: »Ja, wir sind Muslime, wir glauben an Allah, aber wir sind keine Terroristen«, erklären sie beinahe flehentlich. Und uns zieht sich das Herz zusammen. Natürlich wissen die Menschen hier über die negative Berichterstattung im Westen Bescheid. Doch haben sie das gleiche Bedürfnis nach Frieden und einem würdevollen Leben wie überall auf der Welt.

Auf dem Gehweg qualmt es aus den Garküchen. Chai köchelt in großen Kesseln. Fladenbrot, Roti genannt, wird von flinken Bäckerhänden an die Innenwände massiver Lehmöfen geworfen, wo der klebrige Teig vom züngelnden Feuer gebacken wird. Der deftige Geruch des Essens vermischt sich mit den Abgasen vorbeikommender Fahrzeuge zum Duft Karatschis.

Mehrere Juweliergeschäfte, vor denen jeweils ein Wachmann mit einer Pumpgun steht, folgen aufeinander. Daneben trotten Ziegen über die Straße. Karatschi fesselt uns, ganz wortwörtlich. Es passiert mehr als einmal, dass wir von Polizei oder Militär festgenommen und verhört werden, weil wir angeblich das falsche Motiv abgelichtet oder in der Nähe des falschen Gebäudes mit unserer Kamera agiert haben. Unhöflich und grob führen sich die Staatsdiener auf. Allein die Tatsache, dass Polizei und Militär in Pakistan über ein Machtmonopol verfügen, ist für sie Grund genug, um Zivilpersonen als Menschen zweiter Klasse zu behandeln. Wir verstehen wenig von dem, was man uns vorhält, und finden auch keine Hinweise darauf, in welchem Teil der Stadt das Fotografieren erlaubt ist und wo eher nicht. So dauert es nicht lange, bis wir wieder in irgendeiner Polizeiwache sitzen und uns erklären müssen. Nicht ein einziger Beamter mag ernsthaft glauben, dass wir aus freiem Stück und als Touristen in Pakistan sind. Stattdessen hält man uns ganz offen für Spione. Eine handgezeichnete Karte, die wir aus Mangel an verfügbaren Alternativen selbst anfertigten, verursacht sehr viel Aufregung. Dass wir die Hauptstadt Islamabad mit einem Stern markiert haben, scheint für die Polizisten ein hinreichender Beweis, dass wir einen Terroranschlag planen.

Karatschi presst mehr Eindrücke in unsere Köpfe, als wir verarbeiten können. Selbst an ruhigen Orten werden wir von einer faszinierenden Wirklichkeit überschwemmt. Der stadteigene Strand Clifton Beach ist ein unfassbares Drecksloch vor den Hochhauswohnungen der Schönen und Reichen und dem größten Einkaufszentrum des Landes, der Dolmen City Mall. Im feuchten Sand liegt Plastikmüll jeglicher Art, alles fliegt unkontrolliert durch die Gegend. Einheimische sitzen auf Plastikstühlen und versuchen, ihre Füße am Abfall vorbei in den Sand zu schieben. Bunt herausgeputzte Kamele traben mit ihren Besitzern entlang des Arabischen Meeres. Für ein paar Rupien schaukeln Passanten auf ihren Rücken. Buggys knattern über den Strand. Fünf Jugendliche, allesamt gekleidet in Shalwar Kamiz, ziehen lachend an uns vorbei. Wie schon in Belutschistan tragen selbst hier in Karatschi, einer der modernsten Städte des Landes, die Menschen ausschließlich ihre traditionellen

Gewänder. Jeans, Hemden oder T-Shirts erblicken wir kaum. Auch die Frauen kleiden sich nach islamischer Vorschrift. Nicht jede bedeckt ihr Haar, doch tragen sie alle die konservativen Kurtas über ihren Hosen – lange, luftige Oberteile, die bis weit unter das Gesäß reichen.

An einem unserer letzten Tage stellt uns Madeeha Omayr vor. Als Sohn einer Diplomatin bedarf er offenbar andauernden Schutzes, denn Omayr ist immer in Begleitung eines Bodyguards. Schwer bewaffnet, mit tief liegenden Augen und wettergegerbter Haut erinnert er uns stark an die Levies in Belutschistan. Über breite Straßen verlassen wir Karatschi und fahren in das rund 100 Kilometer entfernte Makli. Auf einem Hügel liegt dort die größte Nekropolis, die größte Totenstadt der Welt. Auf einer Fläche von zehn Quadratkilometern reiht sich ein Grabmonument an das nächste. Hunderte Herrscher und Könige sind hier begraben, verdiente Militärs und etwa 125 000 Heilige und Anhänger des Sufismus. Die Sand- und Backsteinbauten geben die soziale und politische Geschichte der Region zwischen dem 14. und 18. Jahrhundert wieder. Seit 1981 gehört die Nekropolis zu den Weltkulturerbestätten der UNESCO.

Auf dem Rückweg machen wir halt an einem Dhaba, einem der vielen Straßenrestaurants. Das Lokal ist nichts weiter als ein offener Raum mit dünnen Außenwänden und einem Dach aus Palmenblättern. Auf dem erdigen Boden stehen mehrere hölzerne Plattformen, auf denen Männer in ihren traditionellen Gewändern sitzen, rauchen, essen, erzählen. Im hinteren Teil des Gebäudes, dort wo fette Fliegen um verkrustete Kochtöpfe schwirren, befindet sich die Küche. Wir lassen uns auf einer freien Plattform nieder. Madeeha wirkt angespannt, zu viele hygienische Bedenken sausen durch ihren Kopf. Sie verzichtet auf das Wasser, das uns in metallenen Krügen gereicht wird, da es ihr nicht sauber genug erscheint. Dann lassen Omayr und wir uns Hühnchen in einer würzigen Soße schmecken. Nur Madeeha bleibt skeptisch.

Es ist unser erstes Dhaba in Pakistan, und anders als Madeeha kommen wir auf den Geschmack. Die einfachen Gaststätten des Landes werden Fixpunkte unserer Reise – auf Landstraßen, in Rawalpindi und Islamabad, im eisigen Gebirge. Die Dhabas gehören zu unserer Pakistanerfahrung wie die Chai Wallahs in die Gassen Karatschis.

Phool Patti und die fliegenden Teppiche auf Rädern

In der Megacity Karatschi treibt es uns immer wieder auf die Straßen. Besonders faszinieren uns die aufwendig und eindrucksvoll dekorierten Lkws, die schwer durch die Stadt donnern. Die Könige der Straße erscheinen in majestätischem Gewand. Auf Hochglanz poliert, klingeln, rasseln und rauschen sie mit Hunderten kleiner Glöckchen und Ketten. Pakistans Lkws sind mit Abstand die schönsten der Welt. *Maschallah!* Den dekorierten Schwerlastern widmet sich eine ganze Kunstszene. Phool Patti – Blume und Blatt, so der Name dieser ureigenen pakistanischen Kunstform.

Irgendwo in der 23-Millionen-Metropole treffen wir Ali und Haider, zwei Truck Artists. Haider, 34 Jahre alt, schmückt seit seinem achten Lebensjahr Lkws, inzwischen mit etwa zehn Mitarbeitern. Ali und Haider schwärmen: Phool Patti ist tief verwurzelt in der pakistanischen Kultur. Es ist Pakistans einzige originäre Kunstform. Phool Patti besitzt einen eigenen rein pakistanischen Stil, eigene Designs, Muster und Motive. Sie verwandelt monströse Trucks und Abgasbestien in fliegende Teppiche auf Rädern, die überall die Blicke auf sich ziehen. Die dekorierten Lkws sind schillernde Statussymbole ihrer stolzen Besitzer. Nicht selten geben die Fahrer mehr Geld für die Verzierung ihrer Fahrzeuge aus als für ihre Häuser und Familien. Auf den Lkws prangen vor allem volkstümliche Motive Pakistans. Übergroße Blüten und Blätter, Landschaften und Wahrzeichen aus der Heimat der Fahrer werden auf den Außenwänden der Trucks verewigt. Auch Kalligrafie und Tierzeichnungen sind allgegenwärtig. Vor allem der Bengalische Tiger als Ausdruck für Stärke und Eleganz taucht immer wieder auf. Heldenszenen aus der pakistanischen Mythologie zieren einige Trucks, und nicht wenige Helden ähneln dabei ganz zufällig den Fahrern selbst. Mit diesen Darstellungen suchen die Straßenkapitäne spirituelle Unterstützung für die langen Wege kreuz und quer durchs Land – vom Arabischen Meer bis in den Himalaja. Religiös, sentimental, emotional, regional – das sind die prägenden Attribute Phool Pattis.

Doch Phool Patti ist mehr: Die Lkws werden komplett neu auf- und umgebaut, erzählen Ali und Haider und zeigen uns die Gasse mit den Werkstätten. Überall schweißen, klopfen, hämmern und feilen die Arbeiter, drehen Auspuffrohre, fräsen Gewinde, bauen Tanks, biegen Eisenstäbe, recyclen Reifen. An anderer Stelle werden gerade zwei Lkws lackiert. Sattler beziehen Fahrer- und Beifahrersitze. Es werden Achsen gerichtet, Fanfaren verschweißt und Dekorationen geformt.

Ali führt uns in einen weiteren Hof, wo gerade die letzten dekorativen Feinheiten an einem Lkw vorgenommen werden. Eine riesige bunt geschmückte Konstruktion ragt wie eine Krone über der Fahrerkabine. Verschiedenfarbige Aufkleber sind zu kunstvollen Motiven zusammengefügt, Ketten und Glöckchen an Stoßstangen und Kühlergrill befestigt. Kleine Spiegel lassen den Lkw im Sonnenlicht blinken. Dann entdecken wir Haider. Zusammen mit weiteren Dekorationskünstlern steht er auf einem hölzernen Podest neben einem zweiten Lkw. Zu seinen Füßen ein Dutzend Farbdosen. Gerade zeichnet er aus freier Hand einen Löwen auf die Außenwand des Lkws. Die Lkws erzählen Geschichten und Sagen; sie verkünden Leidenschaft, Tragik und Magie. Jedes Bild, jede noch so kleine Verschönerung hat eine Bedeutung. Keine Veränderung geschieht zufällig. Jedes Detail ist ein Talisman für den Fahrer, ein Glücksbringer auf dem Weg durch die Wüste Belutschistans oder die engen, kurvigen Gebirgsstraßen im Norden Pakistans.

Karatschi ist die wichtigste Stadt für die Kunst des Phool Patti. Aus dem ganzen Land kommen Anfragen für Lkw-Dekorationen und die Anfertigung spezieller Aufbauten. Einige Fahrer legen mehrere Hundert oder gar Tausend Kilometer zurück, nur um ihrem alten Redfort-Truck hier ein neues Gesicht zu verleihen. So verschieden die Dekorationen der einzelnen Lkws sind, so verschieden sind auch die Schulen der Dekorateure. Karatschi und die Provinz Sindh im Süden Pakistans sind berühmt für Arbeiten aus Kamelknochen. Besonders eindrucksvoll sind die aus Holz angefertigten Arbeiten in Belutschistan und um Peschawar im Nordwesten. Wunderschön geschnitzte Holzverkleidungen zieren die Fahrerkabinen, massive Holztüren ersetzen die Originale aus Metall. Rund um Islamabad setzt man dagegen hauptsächlich auf Kunststoff.

Phool Patti bleibt unser Begleiter. Im ganzen Land sehen wir die kunstvoll dekorierten Lkws, Minibusse, und Rikschas – in Karatschi, auf der Landstraße, in Islamabad. Überall begegnen uns die fliegenden Teppiche auf Rädern.

Madeeha verabschiedet uns mit sorgenvollem Blick. Dass wir durch Pakistan trampen wollen, ist ihr nicht geheuer. Doch sie wünscht uns Glück: Möge Allah uns beistehen! Ihr Schneider geleitet uns aus der bewachten Kolonie und setzt uns in ein Taxi, das uns an eine Mautstation an der Schnellstraße nach Hyderabad bringt. Am staubigen Straßenrand halten wir unser Schild dem Verkehr entgegen. Darauf steht in arabischer Schrift Bahawalpur, unser nächstes Ziel in der Nachbarprovinz Punjab. Es ist beinahe Mittag, die Sonne brennt heiß von einem wolkenfreien Himmel herunter. Gerade vertreibt der beginnende Frühling den Winter. Nun trampen wir tatsächlich das erste Mal ohne Begleitschutz in Pakistan. All die Eskorten durch Belutschistan, die Levies und Polizisten in Quetta und im Zug nach Karatschi liegen hinter uns. Die Freiheit der Straße hat uns wieder. Doch unter die Euphorie mischt sich ein leichtes Unbehagen. Ich denke nicht an Terror oder Entführung, sondern an die übermäßige Pflichterfüllung pakistanischer Beamter. Unsere Erfahrungen mit Verhaftungen und Verhören sind bereits nach einer Woche in Karatschi größer, als uns lieb ist.

Es fehlt die Zeit, dem Gedanken weiter zu folgen, denn bereits nach 20 Minuten stoppt ein Pkw neben uns und bietet uns eine Mitfahrgelegenheit bis nach Hyderabad, 166 Kilometer von Karatschi entfernt. Der Fahrer, Ali Musa, kommt aus Malaysia, arbeitet aber für einige Monate in Pakistan. Bereits nach wenigen Minuten gemeinsamer Fahrt lädt er uns in sein Heimatland ein. Wenn wir es bis dorthin schaffen. Trampen sei in Malaysia kein Problem. Hier in Pakistan jedoch sollten wir das lieber lassen. Gegen 13 Uhr erreichen wir Hyderabad. An einem staubigen, sandigen Straßenrand entlang der Fernstraße steigen wir aus.

Windböen peitschen über den Boden, wirbeln Staub auf, werfen unsere Rucksäcke immer wieder in den Sand. Lkws donnern an uns vorbei. Die Sonne brennt noch immer heiß.

Wir warten lediglich zehn Minuten, dann steigen drei junge Männer aus einer Limousine. Kamran, Sardarzada und Faraz Ali sind Studenten an der hiesigen Universität und bieten uns spontan an, uns die nächsten 126 Kilometer bis nach Nawabshah zu bringen. Dabei haben sie gar kein Ziel, sondern fahren gegen die Langeweile durch die Gegend. Während der Fahrt werden die Jungs nicht müde, nach unseren Reiseplänen zu fragen. Sie nennen uns immer neue Sehenswürdigkeiten. Die meisten davon befinden sich jedoch in militärisch abgeriegelten Zonen oder den Landesteilen, die wir nicht auf eigene Faust besichtigen dürfen. Dazu gehören vor allem der Nordwesten, die Gebiete um Peschawar, aber auch der Westen entlang der afghanischen Grenze. Der Einfluss der pakistanischen Regierung ist dort sehr begrenzt. Es herrschen Stämme und Klans, von denen oft nicht klar ist, auf welcher Seite von Gut und Böse sie stehen.

Nawabshah, vier Fahrstunden nördlich von Karatschi gelegen, befindet sich am Indus und gilt als das Herz von Sindh. Hier wachsen Zuckerrohr und Bananen, das Klima ist heiß und trocken. Verbunden mit dem Rest des Landes ist die Stadt durch die Fernstraße, die sich von Karatschi kommend bis weit in den Norden nach Islamabad und Lahore erstreckt. Selten hält jemand an der Abzweigung, und noch seltener steigt jemand aus. Ausländer sieht man hier nie. Da ist es nicht verwunderlich, dass unsere Ankunft Aufmerksamkeit erregt. Wieder stehen wir im Staub, warten auf eine weitere Mitfahrgelegenheit. Kamran und seine Freunde sitzen in einiger Entfernung in ihrer Limousine. Für sie, wie für viele andere, ist es undenkbar, dass uns tatsächlich jemand vom Straßenrand mitnehmen könnte. Dabei sind sie selbst doch Teil unserer Geschichte. Bereits nach wenigen Minuten hat sich unsere Anwesenheit herumgesprochen. An einem nahen Teestand, der gerade noch leer war, versammeln sich nun gut 20 Männer, jung und alt. Sie alle starren in unsere Richtung, fixieren jede unserer Bewegungen. Wir sehen Vollbärte, sonnengegerbte Haut, dunkle Augen. Die Gesichter sind ausdruckslos. Immer enger schiebt sich die neugierige Gruppe um uns, bis wir beinahe nicht mehr zu sehen sind. Dennoch sind wir uns ihrer guten Absichten sicher. Es ist ihre Neugierde, die Tatsache, dass hier nie Ausländer zu sehen sind, und der Umstand, dass sie absolut keine Ahnung von dem haben, was wir hier machen, was ihre ungeteilte Aufmerksamkeit auf uns lenkt.

Plötzlich tauchen Kamran, Sardarzada und Faraz Ali in ihrem Wagen wieder auf. Sichtlich besorgt sind sie davon überzeugt, dass hier kein guter Ort für uns sei. Also beschließen sie, uns weitere 87 Kilometer bis nach Moro zu fahren. Ihre Angst um uns lässt uns lächeln. Dennoch sind wir dankbar, steigen ein und setzen die gemeinsame Fahrt fort. Nach wenigen Kilometern halten wir und lassen uns für einen heißen, stark gezuckerten Chai am Straßenrand auf staubigen Plastikstühlen nieder. Wir erfahren mehr über das Auto unserer Freunde. Die Limousine gehört Kamrans Vater, einem Advokaten aus Hyderabad. Damit auch jeder erkennt, wer auf der Straße unterwegs ist, prangt vorne am Kühler eine große Plakette: Advocate – High Court. Bisher war die Plakette mit einem Stück Stoff abgedeckt, doch nun gibt Kamran die Aufschrift frei. Sie verleiht dem Fahrer der Limousine eine Art Superkraft auf pakistanischen Straßen. Im Angesicht der Autorität wagt es die Polizei nicht, das Fahrzeug aus dem Verkehr zu ziehen. Freie Fahrt!

Ungestört setzen wir unseren Weg fort und erreichen gegen 17 Uhr Moro. Diesmal verabschieden wir uns tatsächlich von den drei Studenten. Es dauert nicht lange, bis wir erneut von einer Traube von neugierigen Passanten umgeben sind. Die Straße haben wir schon länger nicht mehr im Blick. Stattdessen versuchen wir, den Männern um uns herum mit Gesten klarzumachen, dass es ganz und gar hinderlich ist, wenn sich so viele Menschen um uns versammeln.

Es ist ein Mann aus Islamabad, der unsere missliche Situation erkennt und uns in fließendem Englisch vorschlägt, uns zur nächsten Mautstation außerhalb der Stadt zu bringen. An der Mautstation zeigen lediglich ein paar Obstverkäufer ihr Interesse. Aus geflochtenen Körben bieten sie den vorbeikommenden Fahrzeugen süße Bananen an. Uns machen sie vier Früchte zum Geschenk, dann gehen sie wieder ihrer Wege. Langsam senkt sich die Sonne dem Horizont entgegen, es herrscht kaum Verkehr. Zwei Mal hält ein Polizeiwagen, Beamte fragen nach dem Woher und Wohin. Beide Male befürchten wir, wieder einmal stundenlang verhört zu werden. Doch niemand bereitet uns Probleme.

Endlich, gegen 18 Uhr, stoppt ein Jeep. Zwei Männer und ihr Fahrer sind auf dem Weg von Karatschi nach Lahore und können uns tatsächlich für die ausstehenden 519 Kilometer bis nach Bahawalpur bringen. Ein paar Pausen unterbrechen die gemeinsame Fahrt, wir sprechen wenig. Einer der beiden Männer ist ununterbrochen mit seinem Smartphone beschäftigt, der andere schläft hauptsächlich, und auch uns fallen immer wieder die Augen zu. Die Nacht bricht über uns herein. In den Scheinwerferkegeln auf dem Asphalt sehen wir den löchrigen Mittelstreifen der Fahrbahn an uns vorbeifliegen. Gegen 4.30 Uhr, nach mehr als zehn Stunden, erreichen wir die Abfahrt nach Bahawalpur. Strömender Regen ergießt sich über uns, als wir im Dunkeln unsere Rucksäcke aus dem Kofferraum des Geländewagens zerren und unter dem Vordach eines Teehäuschens absetzen. Zwei Rikschafahrer schlürfen heißen Chai, und als einer von ihnen sein Glas geleert hat, fahren wir mit ihm hinein in die Stadt.

Wir suchen eine Unterkunft, haben jedoch kein Glück. Entweder sind die Hotels unverschämt teuer, ausgebucht, oder sie vermieten ihre Zimmer erst gar nicht an ausländische Gäste. Bis zum Morgengrauen bleiben wir erfolglos. Gegen sechs Uhr sitzen wir unter einem Vordach, als uns eine Polizeistreife passiert. Die Beamten bauen sich wichtig vor uns auf. Ihrer Meinung nach sei es ganz unmöglich, dass wir alleine durch die Straßen ziehen würden – viel zu unsicher. Ohne Polizeibegleitung sollten wir nicht unterwegs sein. Ihren Service für unsere Sicherheit empfinden wir aber als freiheitsberaubend. Außerdem wurde uns von offizieller Seite versichert, dass nur in der Provinz Belutschistan ein Polizeischutz unumgänglich sei. Und wir in den weiteren Provinzen, für die unsere Touristenvisa gelten, keinerlei Problemen dieser Art ausgesetzt sein würden. Wir sind nach Bahawalpur gekommen, um uns die Schätze eines kulturellen Erbes anzuschauen. Die Nawabs, Herrscher und Fürsten in vergangenen Jahrhunderten, errichteten hier viele Paläste und Monumente, die noch heute das Stadtbild schmücken. Sie regierten in ihrem eigenen autonomen Fürstengebiet, bis sie sich 1947 dem neu gegründeten Staat Pakistan anschlossen. Doch von der Schönheit Bahawalpurs bekommen wir nichts zu Gesicht. Stattdessen diskutieren wir mit den Polizisten. In Quetta haben wir bereits gelernt, dass Begleitschutz nicht heißt, dass wir tatsächlich begleitet werden. Wir wären vor allem von der Bereitschaft der Beamten, sich zu bewegen, abhängig.

Die Staatsdiener, im Besonderen die Polizei, haben in Pakistan einen durchaus schlechten Ruf. Die Menschen fürchten sich vor den Autoritäten und haben allen Grund dazu. In seiner noch jungen Geschichte musste das Land bereits drei Militärputsche miterleben, die stets autokratische Machthaber nach sich zogen.

Zensur der Presse, Verhaftungswellen und Hausarreste haben sich im kollektiven Gedächtnis des Landes verankert und sind auch jetzt, in liberaleren Zeiten, noch immer präsent. Das Demokratieverständnis in Pakistan ist bis heute zerbrechlich. Demokratisch gewählte Regierungen ziehen immer wieder militärische Umstürze nach sich. Selten folgen zwei Legislaturperioden aufeinander, die in freien, unabhängigen Wahlen zustande kommen. Auch heute, da Pakistan offiziell eine Demokratie ist, hält das Militär im Hintergrund noch immer die Zügel in der Hand. Viele Pakistanis halten ihr Land deshalb auch für eine Militärdiktatur im demokratischen Gewand. Doch das Militär mischt sich nicht nur in die Politik. Es besitzt auch Universitäten und Industrien, Banken und Fluggesellschaften. Es ist eines der größten Wirtschaftsunternehmen des Landes; politisch und finanziell mächtig.

So misstrauisch wie die Einheimischen beäugen auch wir die zwei Polizisten vor uns, stimmen dann aber letzten Endes der Polizeieskorte zu, da wir diese leidige Diskussion in den frühen Morgenstunden beenden wollen. Wir lassen uns von den Polizisten mit dem Versprechen in ihren Streifenwagen locken, dass sie uns erst einmal in einem Hotel absetzen. Es wird das letzte Mal sein, dass wir in Pakistan dem Wort eines Polizisten vertrauen. Denn kurz darauf stehen wir nicht vor einem Hotel, sondern vor einer Polizeiwache, wo bereits ein Fahrzeug darauf wartet, uns aus der Stadt zu bringen. Unser Protest verhallt ungehört. Die Entscheidung ist zu unseren Ungunsten gefallen. Wir müssen die Stadt verlassen. Von einem Aufenthalt mit Polizeieskorte ist nun nicht mehr die Rede. Bahawalpur bleibt für uns ein Geheimnis, das wir nicht lüften dürfen. Offiziell dient unser Abtransport natürlich nur unserer eigenen Sicherheit. Doch wir fühlen, dass es vielmehr um die Bequemlichkeit der Polizisten geht, die keine Lust darauf haben, Ausländer durch die Stadt zu begleiten.

Als wir die Distriktgrenze Bahawalpur-Multan erreichen, wartet bereits ein Polizeifahrzeug aus Multan auf uns. Wir werfen den Beamten aus Bahawalpur böse Blicke zu und sehen unser Vorhaben, nach Indien zu trampen, nun ernsthaft bedroht. Doch so leicht geben wir nicht auf. Wir erklären den Beamten aus Multan, dass wir ihre Hilfe nicht in Anspruch nehmen wollen und unseren Weg lieber per Anhalter fortsetzen. Doch die Männer folgen uns in etwa fünf Metern Abstand zu Fuß. So schleichen vier Beamte in dunklen Uniformen und Gewehren hinter uns her, und selbst der Fahrer ihres Dienstwagens, eines Pick-ups, wagt nicht, uns zu überholen. Ungefähr einen Kilometer bilden wir diesen ungewöhnlichen Entenmarsch, bis wir auf einer Brücke eine erneute Diskussion anfangen. Wir wollen nicht verfolgt werden, schon gar nicht von einer Horde Polizisten. Die Chance, eine Mitfahrgelegenheit zu ergattern, sinkt in dieser Konstellation gegen null. Die Beamten verstehen nichts. Ihnen ist absolut schleierhaft, warum wir nicht mit ihnen in die Polizeistation nach Multan fahren wollen. Uns ist aber bewusst, dass wir so eine dauerhafte Polizeibegleitung innerhalb Multans nicht werden umgehen können. Von der Fantasielosigkeit abgesehen, sind die Beamten jedoch ausgesprochen höflich. Unsere Beschwerden kontern sie mit freundlichem Lächeln und – wie sollte es anders sein – dem Hinweis auf unsere Sicherheit.

Noch während wir sprechen, nähert sich ein zweites Polizeifahrzeug. Weitere Beamte mischen sich in das Gespräch und reden nun gleichzeitig und aufgeregt auf uns ein. An eine echte Verständigung ist nicht zu denken. Müde und frustriert entscheiden wir uns schlicht und einfach dazu, auf einer Grünfläche hinter der Brücke unser Zelt aufzuschlagen. Da wir in der letzten Nacht nicht geschlafen haben, verkriechen wir uns vor den Augen der Polizisten in unsere eigenen Zeltwände. Vier Stunden später stecken wir die Köpfe wieder aus unserem Zelt und starren auf einen Stuhlkreis. Ungefähr zehn Polizisten sitzen mit ihren Gewehren vor uns, und auch ihr Vorgesetzter, der Divisionschef, ist da. Mittlerweile ist es Nachmittag, die Sonne brennt heiß auf uns herab. Überraschend freundlich kommen wir mit den Beamten ins Gespräch. Zusammen überlegen wir, wie es nun mit uns weitergeht. Unsere Erklärung, dass wir per Anhalter unterwegs sind und bereits von Deutschland bis hierher getrampt seien, findet der Oberpolizist zwar spannend, bescheinigt uns aber zugleich, dass damit nun Schluss sei. In Pakistan könne man so nicht reisen. Die Stunden vergehen, ohne dass wir auf einen gemeinsamen Nenner kommen. Dann, als die Sonne bereits den Horizont küsst, bekommen wir plötzlich und ohne weitere Begründung die Erlaubnis zum Trampen. Doch es ist zu spät. Den ganzen Tag war nur wenig Verkehr, und in den letzten Stunden fuhr nur eine Handvoll Autos an uns vorbei. So entschließen wir uns, die Nacht im Zelt zu bleiben. Drei Polizisten, unser persönlicher Sicherheitstrupp, quartieren sich im Hotel nebenan ein, bewachen uns aus der Entfernung. Das Hotelmanagement spendiert uns ein Abendessen: Fladenbrot, Linsen und Gemüse. Im Zelt fallen wir bald in tiefen, erschöpften Schlaf. Traumlos vergehen die Stunden.

Trotz der Zusagen vom Vorabend will man uns am nächsten Tag nicht gehen lassen. Das gestern Zugesagte gilt plötzlich nicht mehr. Die Polizisten beobachten uns vom Dach einer Garage aus. Da uns der Hunger plagt, gehen wir, wie selbstverständlich begleitet von zwei Beamten, ins nächste Dorf, wo wir auf dem Markt Tomaten, Zwiebeln und Pasta kaufen. Wieder vor unserem Zelt, kochen wir – unter den amüsierten Augen der Polizisten – auf unserem Gaskocher ein leckeres Süppchen. Zwei junge Mädchen bringen uns aus einem nahe liegenden Teestand einen dampfenden Chai, beäugen uns gründlich und kichern unentwegt. Im Gespräch werden sie dann immer mutiger, deuten auf unsere improvisierte Mahlzeit und laden uns sogar ein, doch bald mal bei ihnen zu Hause zu Mittag zu essen. Dann klingelt das Telefon. Der Oberpolizist, mittlerweile zurück in seinem Büro, möchte wissen, ob wir nun bereit seien, unsere verrückte Anhalter-Idee aufzugeben. Wir hingegen konfrontieren ihn mit seinem uns gestern gegebenen Versprechen. Er grummelt, plötzlich gar nicht mehr freundlich, dass wir Tage und Wochen in unserem Zelt verbringen würden, wenn wir nicht mit der Polizei kooperierten.

Der Tag verstreicht. Am Nachmittag ist es der Oberpolizist, der keine Lust mehr auf dieses Spiel hat. Genervt erteilt er uns die Erlaubnis zu trampen, nicht ohne jedoch die Warnung hinterherzuschieben, dass wir von nun an nicht mehr auf die Polizei hoffen sollten, egal, was passiere. Beides vernehmen wir mit Freude. Einige Zeit später sitzen wir im Wagen eines Großgrundbesitzers aus Multan, der mit seinem Sohn (und seinem Fahrer) zurück in die Heimatstadt fährt. Die Erträge riesiger Ländereien, vor allem Mangoplantagen, haben ihn reich gemacht.

Multan erreichen wir gegen 17 Uhr. In der knapp 1000 Kilometer nördlich von Karatschi mitten im Bundesstaat Punjab gelegenen Stadt wollen wir Rana Ikram treffen. Über Couchsurfing haben wir uns angemeldet, und nun freuen wir uns vor allem darauf, keine Polizisten mehr sehen zu müssen. Doch lange hält diese Vorfreude nicht an. Wieder gelangen wir in den Radar der örtlichen Behörden. An einem Kreisverkehr in Multan steigen wir aus und werden schon von der Polizei erwartet. Wohin wir wollen, fragen sie, was wir hier machen und wie lange wir bleiben. Wir geben vage Antworten und rufen Rana Ikram an, erklären unserem Gastgeber die Situation. Wenig später treffen wir Mahmud, einen Freund Rana Ikrams, der uns zur Wohnung unseres Gastgebers geleiten soll. Auch er muss sich den Fragen der Polizei stellen, deren Anwesenheit immer unangenehmer wird. Drei Männer in Uniform bestehen darauf, uns zu begleiten. In der Wohnung angekommen, öffnet uns Rana Ikram die Tür. Er lächelt fröhlich, doch wir bemerken seine Anspannung. Auch er fühlt sich in Gegenwart der Beamten unwohl, die sich mit uns in die Wohnung unseres Gastgebers drängen. Das Unwohlsein Rana Ikrams ist nicht unbegründet: Sofort machen es sich die Polizisten bequem, lümmeln auf dem Bett unseres Gastgebers, fordern Essen und Getränke, machen den Fernseher an und werden tatsächlich bewirtet. Gespräche auf Urdu, die wir nicht verstehen, werden geführt. Ab und an entstehen minutenlange Gesprächspausen, in denen sich die Polizisten noch ungehöriger benehmen und sich die Stirn unseres Gastgebers in besorgte Falten legt. Wir sind dagegen stille Beobachter. Niemand spricht mit uns, und so bleibt uns nur, die Körpersprache zu deuten. Da ist der dicke Alte mit den grauen Haaren und dem gewaltigen Schnurrbart, der sich mit ausgestreckten Beinen rauchend und furzend in Rana Ikrams Bett räkelt. Ein schmieriges Grinsen zieht sich durch sein Gesicht. Ein anderer Typ, wesentlich jünger, doch nicht weniger herablassend, macht es sich breitbeinig auf einem Stuhl nahe der Tür bequem, stützt sich mit verschränkten Armen auf die Rückenlehne. Wir teilen uns mit Rana Ikram eine schmale Pritsche. Uns gegenüber befindet sich der ranghöchste Beamte, der mit gebleckten Zähnen durchs Zimmer spaziert. Er ist es, der das Wort führt und manchmal auch ein paar Brocken in englischer Sprache in unsere Richtung wirft. Die Nachbarschaft sei nicht sicher, behauptet er, und außerdem dürften wir uns nur mit einer Polizeieskorte in der Stadt bewegen.

Geschlagene drei Stunden geben sie sich ihrer Großkotzigkeit hin, die meiste Zeit herrscht unangenehmes Schweigen, nur unterbrochen von gelegentlichen Essenswünschen der Beamten, für die Rana Ikram beflissen den benachbarten Kiosk aufsucht. Dabei passiert nichts, gar nichts. In der letzten Stunde reden sie nicht einmal mehr. Irgendwann werden wir aus dem Zimmer gebeten. Spätestens jetzt ist auch uns klar, um was es hier eigentlich geht. Die Halunken der pakistanischen Polizei wollen Bestechungsgeld kassieren. Nach einer halben Stunde treffen wir Rana Ikram wieder. Etwas geknickt erklärt er, dass wir nicht bei ihm bleiben könnten. Es sei ihm nicht möglich gewesen, die Polizei zu überzeugen.

»Wie viel wollten sie haben?«, fragen wir und erhalten als Antwort nur ein schwaches Lächeln.

Wir verstehen, sprechen nicht mehr vom Versagen des Staatsapparates. Doch wir fühlen uns bestätigt: Pakistans Polizei ist keine Behörde, mit der wir zu tun haben wollen.

Rana Ikram wollte nicht zahlen, und wir sind ihm dankbar dafür, auch wenn es bedeutet, dass unser Aufenthalt in Multan anders verläuft, als wir es uns vorgestellt hatten. Mit der Polizei verabreden wir, dass wir wenigstens zusammen in der Stadt zu Abend essen können. Auf der Ladefläche eines Polizeitransporters werden wir ins Zentrum gekarrt und verschwinden dort in der Anonymität einer beliebigen Fast-Food-Filiale. Zwischen Pommes und Chicken Wings erzählt uns Rana Ikram von seinen Erfahrungen mit der Polizei. Vor einiger Zeit habe er wegen eines Couchsurfers schon mal Besuch von den Behörden bekommen. Erst nachdem sie sich verabschiedet hatten, habe er bemerkt, dass mit den Beamten auch sein Fahrrad verschwunden war.

Nach dem Abendessen bringt uns die Polizei zu einem Hotel. Der Zimmerpreis ist schwindelerregend, und wir werden das Gefühl nicht los, dass ein gewisser Teil davon als Provision an die Polizisten abgeführt werden muss. Beim Einchecken fällt den Beamten »plötzlich« ein, dass Pakistans Premierminister am nächsten Tag die Stadt besuchen werde und deshalb kein Personal zur Verfügung stehe. Für die nächsten 48 Stunden dürfen wir das Hotelzimmer folglich nicht verlassen. Wir könnten, so grinst der schmierige Beamte, die Stadt aber auch sofort mit einer Polizeieskorte verlassen. Verwunderlich, dass den Beamten erst nach fünf Stunden einfällt, dass morgen das Staatsoberhaupt in der Stadt erwartet wird. Wir fragen nach und werden umgehend aus der Stadt geschmissen. Plötzlich ist der Ton rau. Befehle werden in unsere Richtung gebellt, und gegen 22 Uhr sitzen wir in einem klapprigen Geländewagen, der uns aus der Stadt hinaus in Richtung Norden chauffiert.

Multan, die Stadt der Heiligen, die Stadt der Sufis, die Stadt der Schreine bekommen wir genauso wenig zu Gesicht wie Bahawalpur. Wir sehen weder die Reste des berühmten Sonnentempels, vor dem schon Alexander der Große stand, noch die Einflüsse der Ismailis, der Moguln oder der Hindus. Wir können uns nur noch von Rana Ikram verabschieden und uns für all die Unannehmlichkeiten entschuldigen, die unser kurzer Besuch mit sich brachte. In einer windigen, regnerischen Nacht-und-Nebel-Aktion werden wir nach Islamabad eskortiert. Für die 560 Kilometer benötigen wir die ganze Nacht. Immer wieder wechseln wir das Fahrzeug, 15 verschiedene werden es sein, bevor wir Islamabad erreichen. Immer wieder nicken wir vor Müdigkeit ein – sind wir doch bereits vor drei Tagen aus Karatschi aufgebrochen – und werden regelmäßig nach wenigen Minuten geweckt. Die letzte Übergabe zieht sich hin. In einer kleinen Lehmhütte sitzen wir auf einer Pritsche, trinken Chai und warten auf unsere Eskorte. Draußen hat der Regen nachgelassen, die Sonne geht langsam auf. Wenige Kilometer vor der Hauptstadt geht unserem letzten Polizeifahrzeug dann plötzlich das Benzin aus. Etwas Komödienhaftes mischt sich in das Drama der letzten Tage. Da stehen wir nun mit leerem Tank am Straßenrand in der Vorstadt, und nach einigem hilflosen Beratschlagen setzen die Beamten uns schließlich in ein Taxi und schicken uns auf den breiten, gepflegten Straßen hinein in ihre Hauptstadt. Gegen sieben Uhr morgens tauchen wir in die Planstadt ein. Wenigstens sind wir so unsere Polizeibegleitung los.

Zu diesem Zeitpunkt wissen wir noch nichts über Islamabad, den symmetrischen Stadtplan und die kryptischen Adressen, die die Stadt prägen. Stattdessen wollen wir vom Taxifahrer ins Zentrum gebracht werden, hoffen wir dort doch am ehesten, eine Unterkunft und etwas zu essen zu finden. Doch der Fahrer zuckt nur mit den Achseln. Von einem Zentrum hat er keine Ahnung – natürlich nicht, doch das verstehen wir erst später. Der Kompromiss heißt McDonald's. Als uns der Taxifahrer dort vor dem Sicherheitsdienst absetzt, der die Unterböden der Karosserien mit Spiegeln nach Bomben absucht, treffen wir Tariq. Der junge Student nimmt sich unser an. Von ihm erfahren wir, dass Islamabad gar kein Zentrum besitzt, sondern in mehrere Sektoren entlang parallel verlaufender Hauptstraßen eingeteilt ist. Gemeinsam frühstücken wir Burger und suchen dann ein Hotel in einem der benachbarten Sektoren. Tariq kommt unseretwegen zu spät zu einem Treffen mit seinem Professor, wünscht uns aber noch im Weggehen eine schöne Zeit in Islamabad. Nichts steht dem im Weg; zumindest nichts, was eine Uniform trägt.

Islamabad – Pakistans moderner Hochsicherheitstrakt

In Islamabad verlassen wir gefühlt Pakistan. Vom chaotischen Verkehr ist nicht mehr viel übrig. Die Straßen sind breit und sauber, Parks und Grünflächen lockern die Betonödnis auf, wildes Marihuana wächst entlang ganzer Straßenzüge in der Stadt. Die umherziehenden Eselskarren sind verschwunden. Stattdessen finden wir westliche Cafés, Fast-Food-Ketten und Restaurants – ein Einfluss der vielen ausländischen Diplomaten und Expats. Islamabad ist geprägt von Ordnung und Regelmäßigkeit. Als sich die pakistanische Regierung in den 1950er-Jahren dazu entschließt, Karatschi als Hauptstadt abzulösen, wird in wenigen Jahren eine Planstadt aus dem Boden gestampft – Islamabad. Der mehrspurige Kashmir Highway durchschneidet die Stadt exakt in der Mitte. Adressen sind kryptisch: Man wohnt in G-11/3 st. 110 #112 oder F-7/4 st. 28 #20. Jeder Sektor ist um einen eigenen Markt angeordnet, in dem alles Wichtige erledigt wird: einkaufen, essen, Haare schneiden. Islamabad ist der symmetrische Stolz des Landes.

Ein richtiges Stadtzentrum gibt es dagegen nicht. Wer ausgehen möchte, den verschlägt es in die besser gestellten Sektoren F-7 und F-6. Der Khosar Market ist fest in ausländischer Hand. Kaffeehausketten und teure Restaurants reihen sich hier aneinander, ein privater Sicherheitsservice und Videokameras überwachen den Parkplatz davor. Taschenkontrollen sollen vor Terroristen schützen. Es heißt sogar, dass in einem der Lokale Pakistanis nicht willkommen sind, sie seien schlecht für das Geschäft. Stattdessen schlürfen hellhäutige Diplomaten und Anzugträger ihre Frappuccinos. Doch nicht nur Expats begegnen uns in Islamabad. Wir treffen Studenten, angehende Grafiker, Webdesigner und Kommunisten. Eines Abends sitzen wir in einer dunklen Dreizimmerwohnung. In Pakistan herrscht Energienotstand. Elektrizität gibt es nur für zwei Stunden am Stück, dann wird der Strom für eine Stunde abgeschaltet. Lichter gehen aus, Computerbildschirme erlöschen, das Wi-Fi-Signal verschwindet: Zeit für Gespräche. Mit Murad, Politikdoktorand an der Militärakademie, und Muhammad, einem jungen Grafikstudenten, werden wir politisch. Die beiden Studenten Anfang 30 nehmen dabei kein Blatt vor den Mund. Die Regierung sei vom Militär gelenkt, das Land versinke in Korruption auf allen Ebenen, Kontrollinstanzen gebe es keine. Probleme werden mit Geld gelöst. Wer kein Geld hat, der hat Probleme.

Unweigerlich kommen wir auf Pakistans Image als Terrorstaat zu sprechen und erfahren Delikates. Der Terrorismus im Staat war lange Zeit Teil der Bildungspolitik. Von der US-amerikanischen Hilfsorganisation USAID finanziert, wurden in den 1980er-Jahren Millionen ideologisch aufgeheizte Schulbücher im Land verteilt, die den Dschihad, den heiligen Krieg, propagierten. Während in deutschen Klassenzimmern mit Äpfeln und Birnen gerechnet wurde, multiplizierten pakistanische Schüler mit Bomben und Maschinengewehren. Sie sollten vorbereitet werden, als junge Mudschahedin in den Krieg gegen die Sowjetunion zu ziehen. Aus heutiger Sicht ging dieser Schritt für die westliche Welt gewaltig nach hinten los. Auch Murad und Muhammad erinnern sich noch immer an damalige Aufgabenstellungen: Wenn du zehn Bomben hast und eine zündest ...

Mittlerweile sind sie und viele ihrer Kommilitonen desillusioniert. Pakistan bietet ihnen keine Möglichkeiten. Doch das Land verlassen können sie auch nicht. Der pakistanische Pass ist nicht viel wert in der Welt, liegt im internationalen Vergleich nur vor Irak und Afghanistan.

An einem warmen Vormittag wandern wir durch die Margalla Hills. Die grün bewachsene Hügelkette im Norden der Stadt ist durchzogen von mehreren Wanderwegen und verspricht eine herrliche Aussicht auf Islamabad. Hauptstädter verbringen hier ihre Wochenenden. Wir genießen die Natur, bis wir auf halber Strecke von zwei Soldaten aufgehalten werden. Es geht nicht weiter. Keine Erklärung. Nachfragen unerwünscht. Wir vermuten, dass irgendein General oder Politiker in einem nahen Restaurant zu Mittag isst. Derlei Triviales liegt meistens zugrunde.

Richtig genießen können wir das Unterwegssein in Islamabad nicht. Denn überall wimmelt es von Sicherheitskräften und Check Posts. Vor jedem Café und jedem Restaurant warten mindestens zwei Sicherheitskräfte, um uns gründlich zu kontrollieren. Immer wieder betonen sie, dass es unserer Sicherheit dienen würde – wir fühlen uns jedoch eher als potenziell Verdächtige. Manche ausländischen Lokale gleichen regelrechten Festungen.

Unangenehm sind diese »Sicherheitsaktionen« für uns vor allem durch die arrogante Einstellung des Sicherheitspersonals. Als wir mit unseren Rucksäcken auf einer Bank in einem der bessergestellten Sektoren sitzen, kommt plötzlich ein Typ auf uns zu und fängt selbstgefällig und kommentarlos an, unser Hab und Gut zu untersuchen. Erst als wir uns empört zeigen, gibt er sich als Angestellter eines Sicherheitsdienstes aus. An seinem Aussehen ist das jedoch nicht zu erkennen.

Die diplomatische Enklave im Osten der Stadt, in der sich fast alle Botschaften und Konsulate hinter einem hohen Sicherheitszaun befinden, sticht besonders hervor. Hierhin gelangt man nur durch mehrere Check Posts und Sicherheitskontrollen. Pro Besuch der Enklave wird nur eine Genehmigung für eine Botschaft erteilt. Ein Shuttleservice bringt die Besucher zu ihrer gewünschten Botschaft und holt sie von dort auch wieder ab. Auf dem Weg zur indischen Botschaft, in der wir unsere Visa für die Weiterreise beantragen, ziehen Cafés und Bankautomaten durch unser Blickfeld. Wir sehen die verschiedensten Flaggen im Wind wehen: China, Kuwait, Saudi-Arabien, Finnland. Auf einer Fläche, so groß wie 21 Fußballfelder, lassen die USA gerade ihre neue Botschaft errichten. Hier werden vermutlich nicht nur Visafragen geklärt. Es gibt kaum einen Grund für die Diplomaten, ihren Hochsicherheitstrakt zu verlassen. Hier wird sogar gefeiert. Die kanadische und französische Botschaft unterhalten

jeweils einen eigenen Club mit Livemusik und Alkoholaus-
schank – Eintritt nur für Ausländer.

Islamabad ist komfortabel, perfekt, um ein paar Tage abzu-
schalten. Doch der Stadt fehlt das Besondere. Für uns ist Islamabad kein Ort, der lange in Erinnerung bleibt. Abwechslung verspricht uns dagegen Rawalpindi. Liebevoll Pindi genannt, gilt
die Stadt als hässliche Schwester Islamabads. Beide Städte liegen so nah beieinander, dass kaum ein Blatt Papier zwischen sie
passt. Dort, wo die eine Stadt endet, beginnt die nächste. Doch
während Islamabad mit ihrer Aufgeräumtheit und der hübschen
Langeweile aufwartet, ist Rawalpindi chaotisch, schmutzig, ver-
rucht. Die hässliche Schwester ist die wesentlich charismati-
schere. Dorthin machen wir uns auf den Weg.

Rawalpindi – verrucht, verrückt, verhaftet

Rawalpindi ist staubig und laut. Hupender Verkehr zwängt sich
ununterbrochen durch die überfüllten Straßen der Stadt. Kleine
Gassen und heruntergekommene Häuser prägen das Bild. Fliegende Händler verkaufen Obst und Gemüse auf riesigen im-
provisiert zusammengehämmerten Holzkarren. Ganze Straßenzüge sind gesäumt von Sockenverkäufern und Blumenbindern.
Hier gibt es alles, von Abführmitteln bis Zahnersatz. Chai Wallahs hetzen von einer Straßenseite zur anderen, um ihre Ware
möglichst heiß zum nächsten Kunden zu bringen. Jeder macht
hier seine Geschäfte.

Wir lernen Babar kennen. Der Mann mit dem freundlichen
Gemüt und dem dicken Schnauzer lässt es sich nicht nehmen,
uns sein ganz persönliches Rawalpindi zu zeigen – und das
liegt tief in der dunklen Unterwelt. Babar, bis vor Kurzem Im-
mobilienmakler, träumt schon seit seiner Kindheit von Mafia-

geschichten. Während Gleichaltrige Feuerwehrmann oder Polizist werden wollten, hatte Babar nur einen Wunsch: Pate sein. Doch die Karriere im Familiengeschäft, so merkt Babar, entspricht nicht seinem Naturell. Babar ist kein Krimineller, sondern nur ein Sympathisant. Er zieht sich aus dem Geschäft zurück, doch die Mafia bleibt ihm treu. Noch immer trifft er sich mit Paten und Oberhäuptern der Klans. Auch wir bekommen während unserer Zeit mit Babar die Gelegenheit, mit einem der Mafiabosse Rawalpindis betrunken am Tisch zu sitzen. Unsere neue Bekanntschaft zahlt sich direkt aus: Plötzlich arbeitet der Schneider viel schneller, und beim Obsthändler zahlen wir nur noch die Hälfte.

Doch das bleibt nicht unser einziger Kontakt mit der Unterwelt. Babar verschweigt uns kein dunkles Geheimnis der Stadt. Korruption bei Bauprojekten? Da drüben! Illegaler Verkauf von Schmuggelware? Hier entlang! Drogen und Prostitution? Zwei Straßen weiter! Über allem steht die Mafia mit ihrer parallelen Gesetzgebung. Bei einem unserer Spaziergänge bleiben wir vor riesigen Mauern und einer Menschenmenge stehen, die sich vor einem verschnörkelten, eisernen Tor drängt. Dutzende Männer haben sich hier versammelt. Sie tragen Blumenketten und kiloschwere Schachteln voller Süßigkeiten in ihren Händen. Auch Babar wird ein Blumenkranz in die Hand gedrückt. Wir befinden uns kurz vor der öffentlichen Gratulation zur Ernennung eines Senators. Das schwere Eisentor öffnet sich und gibt den Blick auf ein riesiges Grundstück frei. Rosengärten, Springbrunnen, Alleen – und am Ende der lang gezogenen Auffahrt eine säulenumringte Villa. Die Menge strömt auf das Grundstück. Es regnet Konfetti, und ein älterer Herr mit schwarz gefärbtem Haar und tief liegenden braunen Augen nimmt lächelnd Glückwünsche entgegen, wird von allen Seiten mit Blumenketten geschmückt. Der neue Senator.

Wer in Pakistan zum Senator ernannt wird, so flüstert uns Babar zu, hat nur selten eine starke politische Laufbahn hinter sich. Stattdessen ist jede Menge Geld geflossen. Etwa elf Millionen US-Dollar kostet ein Senatorenposten für die Regierungspartei. Das ist eine stolze Summe, die von niemandem allein getragen werden kann. Wer also Senator werden möchte, der sucht sich Sponsoren, und er sucht in allen Ecken, auch in den dunklen. Die öffentliche Gratulation ist weniger eine Feier für den neu ernannten Senator als vielmehr eine Vorstellung seiner Finanziers. Draußen vor der Villa werden Getränke ausgeschenkt, Häppchen serviert. Wir schauen uns auf dem Gelände um und finden uns bald vor der riesigen Eingangstür zur Villa wieder. Bedienstete hetzen hinein und wieder hinaus, ein paar Gäste versammeln sich in der Vorhalle, und auch wir treten ein. Plötzlich eilt ein Mann herbei, verspricht uns Chai und schickt uns energisch in nach Geschlechtern getrennte Säle. Ich finde mich in einem kolossal eingerichteten Wohnzimmer wieder. Ölgemälde hängen an der Wand, ein Kristallleuchter strahlt von der Decke, dicke Teppiche dämpfen meine Schritte, schwere Polstermöbel stehen in der Mitte des Raumes. Es ist totenstill, doch ich bin nicht allein. Ungefähr 20 Männer sitzen um mich herum, alte und junge, im feinen Anzug oder Lederjacke. Die meisten tragen Schnurrbärte, buschig oder dünn gestutzt. Was sie eint, ist der finstere Blick. Ich lasse mich auf dem einzigen freien Platz auf einer Couch nieder, wage ein freundliches »Salam« und lächle schüchtern in die Runde. Keine Reaktion – und wenn doch, dann nur, weil einige finstere Blicke noch etwas grimmiger werden. Unruhig rutsche ich hin und her, fühle mich fehl am Platz und suche das Weite, noch bevor mich der versprochene Chai erreicht.

Im Nebenzimmer treffe ich Babar in einem vergoldeten samtbezogenen Ohrensessel sitzend. Hinter ihm faucht ein ausgestopfter Leopard vom Beistelltisch, davor steht ein Familienfoto. Als ich von der merkwürdigen Konstellation, aus der ich gerade flüchtete, erzähle, bricht Babar in Gelächter aus. Ich saß, so erfahre ich, zwischen den wichtigsten Mafiabossen Rawalpindis und Vertretern verschiedenster Klans. Sie alle haben den neuen Senator finanziell unterstützt und sind hier, um daran zu erinnern, wem der Senator seinen Posten verdankt. Tatsächlich huscht der Senator wenig später an uns vorbei ins Zimmer der Männer, und kurz danach verlässt die Gruppe geschlossen die Villa. Rawalpindi raubt uns den Atem!

Nach ein paar Tagen sitzen wir in Babars Arbeitszimmer und essen zu Abend. Zusammen mit Emma aus Finnland und Patrick aus Hamburg, ebenfalls Couchsurfer, sind wir heute erstaunlich still und ernüchtert. Der Grund dafür ist simpel und idiotisch zugleich. Beim Versuch ein Schulweg-Schild vor einer Schule zu fotografieren, wird Emma von Polizisten verhaftet. Beinahe den ganzen Tag sitzen sie und Babar, den sie um Hilfe bittet, in einer Polizeiwache im Kreuzverhör, werden über Stunden hinweg ausgefragt. Doch warum diese Strenge? Im Dezember 2014 stürmen die Taliban ein Schulgebäude im rund 170 Kilometer entfernten Peschawar, im Nordwesten Pakistans. 130 Schulkinder werden in einem blutigen Massaker getötet. Es ist der schlimmste Terrorakt in der Geschichte des Landes. Seitdem stehen Schulen im ganzen Land unter besonderer Beobachtung. Scharfschützen lauern auf den Dächern, und natürlich ist das Fotografieren der Anlagen strengstens verboten. Nichtsdestotrotz plant Emma, selbst ernannte Fotografin, eine Fotoreihe über pakistanische Schulen nach den Anschlägen von Peschawar – selbstverständlich ohne Genehmigung der Autoritäten. Und so kommt, was kommen muss ... Erst am Abend dürfen Babar und Emma die Polizeiwache verlassen. Jetzt, während des gemeinsamen Abendessens, sind sie noch immer von den Geschehnissen des Tages geschlaucht. Doch noch bevor wir den letzten Bissen hinuntergeschluckt haben, steht plötzlich die Polizei wie ein zehnköpfiger Drache in unserer Mitte. Die Beamten erwischen uns völlig unvorbereitet. Allein Babar scheint mit dem Besuch der Männer und Frauen gerechnet zu haben. Er ist der Einzige aus unserer Gruppe, der einigermaßen unbefangen reagiert, als die Beamten mit ihren Remington-Flinten und finsteren Blicken ins Haus stürmen. Es ist kurz vor 22 Uhr, wir sind hundemüde, aber nun beginnen die Autoritäten mit ihrer Hausdurchsuchung. Wir sind den Polizisten suspekt. Sie sind grob, unfreundlich, herablassend. Im Befehlston lassen sie uns wissen, dass wir gerade dabei sind, unsere Freiheit einzubüßen. In ihren Augen sind wir Kriminelle. Da passt es ins Bild, dass sie uns vier Ausländer in einem riesigen mehrstöckigen Haus auffinden, das von nur einem einzigen Pakistani, Babar, bewohnt wird. Etwa zehn leer stehende Betten befinden sich in dem Gebäude verteilt. Für die Beamten ist die Sache klar: Sie sind gerade dabei, eine Spionagezelle auszuheben. Vier Agenten und ein Mittelsmann sind ihnen ins Netz gegangen. Dabei ist Babar lediglich leidenschaftlicher Couchsurfer und Gastgeber.

Dass wir harmlose Touristen sein sollen, können sich die Polizisten jedoch nicht vorstellen, und so starten sie einen mehrstündigen Untersuchungsmarathon. Wir müssen alle elektronischen Geräte abgeben: Laptops, Kameras, Handys, Festplatten. Akribisch betrachten die Beamten Tausende Bilder auf unserer Kamera und unseren Festplatten. Wir sehen uns mit Fragen konfrontiert, die wir nicht beantworten können. Wer sind all diese Menschen, mit denen wir auf den Bildern posieren? Wir starten eine Erklärung, versuchen den Beamten begreiflich zu machen, dass wir per Anhalter reisen und mit jeder Mitfahrgelegenheit ein Foto schießen. Aber wer diese Personen sind, wo sie wohnen, welchem Beruf sie genau nachgehen? – Wir zucken nur mit den Achseln. Natürlich tragen diese dürftigen Informationen nicht dazu bei, unsere Lage zu verbessern. Stattdessen glauben die Polizisten, eine Spur gefunden zu haben. Unsere Notizbücher wecken ebenfalls Interesse. In ihnen finden die Beamten zahlreiche pakistanische und iranische Telefonnummern, die wir auf der Straße von Mitfahrgelegenheiten und freundlichen Helfern zugesteckt bekommen haben. Auch das macht uns weiter verdächtig. Wir werden getrennt voneinander verhört. Die Stimmung ist bedrohlich, aggressiv.

Mittlerweile gehen die Beamten dazu über, auch uns zu verdächtigen, Fotos von Schulen geschossen zu haben, obwohl wir nicht einmal in der Nähe eines Schulgebäudes waren. Sie halten uns für Finnen und brüllen immer aggressiver, je häufiger wir ihre Fragen mit Nein beantworten. Sie bezichtigen uns weiterhin der Lüge. Auch der deutsche Reisepass stimmt die Beamten nicht um. Zu ärgerlich, dass in dem Dokument nirgendwo das Wort »Germany« vermerkt ist.

Schließlich untersuchen die Beamten erneut unsere Festplatten. Wieder klicken sie Tausende Fotos an. Ich fühle immer mehr, dass die Beamten uns hinhalten wollen. Ihre Aktionen und Fragen drehen sich im Kreis, ihre ganze Art ist zermürbend. Ich kann mich schon länger nicht mehr zusammenreißen und Freundlichkeit suggerieren. Meine Antworten auf sich wiederholende Fragen schrumpfen zu genervten, dahingemurmelten Wortfetzen. Es ist mittlerweile weit nach Mitternacht. Beinahe glücklich scheinen die Polizisten zu sein, als sie unsere Sportkamera mit der stoßsicheren Hülle entdecken. Für die Beamten ist sie der endgültige Beweis unserer Spionagetätigkeit. Das Verhör wird zielgerichteter: Seit wann wir mit Drohnenkameras handeln? Ob wir eine Genehmigung für den Einsatz der Kamera hätten? Die Engstirnigkeit der Beamten ist erschreckend.

Andererseits rettet dieser Umstand meine Laune: Ich muss lachen über die Vorstellung, dass ich Spionageausrüstung in Terrorgebiet schmuggeln würde. Unsere Antworten sind dagegen so banal wie ehrlich, und schon bald vergeht den Polizisten die Lust an weiteren Fragen. Sie führen ja eh ins Nichts. Stattdessen entwickeln besonders die weiblichen Beamten reges Interesse an unseren Pflegeprodukten, die sie während der Taschenkontrollen finden. Ganz unverhohlen wollen sie Lippenstifte und Mascara geschenkt bekommen, so als wären wir gute Freunde.

Emma, der wir diese besondere Abendunterhaltung verdanken, zeigt sich während der gesamten Untersuchung sehr kleinlaut. Noch einmal wird es in dieser Nacht verzwickt, als ein Polizist in ihrem Rucksack eine externe Festplatte entdeckt, die sie nicht zur Untersuchung herausrücken wollte. Ein Umstand, der uns weitere Stunden auf den Beinen hält. Erneut wird unser Gepäck kopfüber geleert, jeder Reißverschluss ein weiteres Mal geöffnet, sämtlicher Inhalt herausgeschüttelt. Gegen drei Uhr morgens lässt uns die Polizei endlich in Ruhe, nur um uns drei Stunden später erneut zu wecken und mit sofortiger Wirkung des Hauses zu verweisen. Doch viel schlimmer erwischt es Babar. Wir, die Couchsurfer, sind einfach zu viele Ausländer im Haus eines Pakistanis. Dass dieser Pakistani auch noch mehrere Betten besitzt, in denen er offensichtlich Fremde beherbergt, wirkt auf die Polizisten beinahe wie ein Schuldeingeständnis. Erneut beweisen die Beamten ihre Fantasielosigkeit. Natürlich fällt ihnen nichts anderes ein, als jede Menge Illegales zu vermuten, wenn Ausländer und Einheimische zusammentreffen. Konsequent konfiszieren sie Babars Haus. Ab sofort und auf unbestimmte Zeit darf er lediglich sein Büro benutzen und muss in ein Hotel ziehen. Wir können nichts tun, weder für unseren Gastgeber noch für uns selbst, und mit gesenkten Blicken und einem resignierten »Allah hafiz« verabschieden wir uns. Es ist Babars vorerst letzte Zeit in Rawalpindi. Vier Wochen später zieht er nach Karatschi. Doch auch in der Megametropole am Arabischen Meer bleibt er nur ein paar Monate, dann kehrt er Pakistan den Rücken. Mittlerweile lebt Babar in Südostasien.

Auch wir lassen Rawalpindi hinter uns und wollen so viele Kilometer wie möglich zwischen uns und die pakistanische Polizei bringen. Wir fliehen zurück ins nahe Islamabad, wo wir für ein paar Tage verschnaufen, dann machen wir uns auf den Weg in die Berge. Über den Karakorum Highway gelangen wir tief hinein ins Himalajagebirge.

Pakistans Northern Area – unterwegs zwischen Hindukusch, Karakorum und Himalaja

Wir verlassen Islamabad in den frühen Morgenstunden. Auf der Rückbank eines Land Rovers fahren wir ins knapp 30 Kilometer entfernte Taxila. Dort halten wir dem Verkehr unser Schild auf Urdu entgegen. Recht schnell findet sich ein Fahrer, der bereit ist, uns bis ins 15 Kilometer entfernte Hasan Abdal zu bringen. Hier beginnt der Karakorum Highway (KKH), der das pakistanische Hochgebirge bis an die chinesische Grenze durchschneidet. Von Hasan Abdal reisen wir mit einem hageren, groß gewachsenen Mann im weißen Shalwar Kamiz. Ein weiß-grauer Bart umspielt Kinn und Wangenknochen, auf der Nase trägt er eine eckige Sonnenbrille. Die ganze Erscheinung rundet eine große Schiebermütze ab. Zunächst sprechen wir kaum miteinander. Doch als die Allee höher steigt, lockert sich das bis hierhin ernste Gemüt des Fahrers. Zunächst spricht er zusammenhanglos. Erzählt uns von den Gefahren in den Bergen, von Erdrutschen, isolierten Tälern, Terrorgruppen und Banden. Aber die eigentliche Aussage lautet: Habt keine Angst, mit mir seid ihr sicher!

Unser Fahrer ist ein Großgrundbesitzer aus der Region, ein Landlord. Er gehört zu einem der Klans, die, wenn auch weder demokratisch gewählt noch durch die aktuelle Regierung bestimmt, ähnliche Macht wie Minister und Staatsbeamte besitzen. Sie schlichten Auseinandersetzungen, regeln das Zusammenleben, strafen, loben, maßregeln. Sie sind Gesetz und ausführende Gewalt in einem. Das Recht ist hier noch immer eng mit dem Boden verbunden. Grundbesitz bedeutet Stärke. Die pakistanische Regierung hat in den Bergen nur wenige Möglichkeiten, sich durchzusetzen, und ist daher auf die Landlords, die Klans und Stämme angewiesen, die in der Gegend viel mehr Autorität ausüben.

Immer höher windet sich die Straße in Richtung der mächtigen schneebedeckten Gipfel. Bevor wir ins Gebirge eindringen, durchqueren wir einen brisanten Ort. Nur 50 Kilometer von Islamabad entfernt, erreichen wir Abbottabad, die Stadt, in der am 2. Mai 2011 eine US-Spezialeinheit Osama bin Ladens Anwesen stürmt und den Kopf der Terrororganisation Al-Qaida nach kurzem Feuergefecht erschießt.

Nach einer Stunde und weiteren 25 Kilometern erreichen wir Mansehra, wo wir uns vom Großgrundbesitzer verabschieden, der uns einen Zettel mit seinem Namen und einer Telefonnummer zusteckt. Sollten wir auf unserer Reise durch die Berge in Schwierigkeiten geraten, sollen wir zuerst ihn anrufen. Gegen Mittag warten wir am Ortsausgang, um ins 120 Kilometer entfernte Besham zu trampen. Weit im Hintergrund erstreckt sich die schneebedeckte Kette des Karakorumgebirges, zu der neben dem K2, dem zweithöchsten Berg der Welt, noch drei weitere Achttausender und 63 eigenständige Siebentausender gehören. Schon nach wenigen Minuten hält ein älterer Herr in weißem

Shalwar Kamiz, Nasser. Sein Ziel ist Chilas. Gemeinsam machen wir uns auf die Reise.

Der Weg in den Norden, durch die Berge ist naturgemäß ein schwieriger. Schmale, von Erdrutschen stark beschädigte Straßen halten uns im Tempo zurück. Unser Geschwindigkeitsrausch setzt bereits bei 40 Stundenkilometern ein. Oft schlottern uns angesichts des katastrophalen Weges die Knie. Erst am Abend erreichen wir Besham, wo wir im Innenhof eines Hotels unser Zelt aufschlagen dürfen. Nasser quartiert sich in einem der Zimmer ein. Am Abend essen wir gemeinsam im hoteleigenen Restaurant. Wir essen fettiges Ziegenfleisch und Rotis mit Dal, einer Linsensuppe.

Mit Sonnenaufgang befinden wir uns erneut auf dem Karakorum Highway, der höchstgelegenen Fernstraße der Welt. Unter uns fließt der Indus in Richtung Arabisches Meer, und um uns herum erheben sich faszinierende Berghöhen. Imposante Massive wie der Nanga Parbat, der Killerberg, stechen in den Himmel. Die drei höchsten Gebirgsketten der Welt – Hindukusch, Karakorum und Himalaja – treffen in der Nähe des Highways aufeinander. Hinter Besham führen immer schlechter werdende Straßen weiter hinein in die Berge. Es gibt viel zu sehen: steile Felshänge, scharfe Kanten, schneebedeckte Gipfel, ein senkrecht abfallender Abgrund unmittelbar neben der viel zu schmalen Fahrbahn, Gerölllawinen und das azurblaue Band des Flusses.

Erst am frühen Abend erreichen wir Chilas und verabschieden uns nach fast zwei Tagen gemeinsamer Fahrt von Nasser. Wieder wollen wir im Innenhof eines Hotels zelten, bestaunt von den Männern des Ortes. Eingehüllt in ihre weiten Shalwar Kamiz und dicken Wolldecken streichen sie mit ihren rauen, wettergegerbten Händen über die glatte Zeltplane. Freundlich nicken sie uns zu, tuscheln miteinander, wagen schüchterne Blicke ins

Innere unserer mobilen Behausung. Doch bereits fünf Minuten später zwängen sich drei Polizisten durch die bereits angeschwollene Menschenmenge und verkünden, dass wir hier nicht campen dürften. Wieder dient ihnen unsere Sicherheit als einziges Argument. Wir sind derlei Diskussionen leid. Doch die Beamten bleiben hartnäckig, erzählen, was für geeignete Ziele wir für Scharfschützen wären und reden ebenfalls auf den Hotelmanager ein. Mehr aus Besorgnis um den Hotelmanager, dem wir Umstände bereiten, als aus Angst beziehen wir letztendlich ein schummriges Zimmer, dessen moderne Holztür von einem Polizisten bewacht wird. Unsicher fragen wir nach, ob wir denn am nächsten Morgen ohne Begleitschutz weiterreisen könnten. Kein Problem, uns stehe es frei, überall hinzugehen, entgegnet uns der ranghöchste Beamte.

Tatsächlich machen wir uns am nächsten Morgen unbehelligt von der Polizei auf den Weg. Etwa eine halbe Stunde wandern wir entlang des Karakorum Highways, staunen über die uns umgebenden Berge und Schluchten, bis ein Pick-up hinter uns hält und vier Polizisten von der Ladefläche springen. Wir dürften nicht ... unsere Sicherheit! Die Männer wollen uns zurück nach Chilas bringen. Die Zusage, dass wir uns frei bewegen dürften, entpuppt sich als neue Lüge der pakistanischen Polizei. Uns schwant Unheil. Mit den Polizisten auf die Ladefläche des Pickups zu steigen, wirkt für uns bedrohlicher als alles andere. Auf unsere Frage, ob wir verhaftet seien, schütteln die Polizisten nur die Köpfe. Wir seien frei, könnten gehen, wohin wir wollten, sollten ihnen aber dennoch sofort Folge leisten. Mehr Informationen benötigen wir nicht. Wir setzen unseren Weg fort, lassen die verdutzten Polizisten hinter uns. Die Polizisten lassen uns zunächst ohne Widerworte ziehen. Wir laufen 50 Meter, dann 100, dann 150. Alles okay, denken wir noch. Doch dann donnert der Pick-up an uns vorbei und blockiert die Straße vor uns. Wir kommen nicht vorbei. Auf der einen Seite befindet sich die felsige Wand, auf der anderen Seite der steile Abhang. Noch im gleichen Augenblick attackieren uns die Polizisten. Es ist der Moment, in dem die Beamten ihre demokratischen Hüllen fallen lassen und das machen, was sie offensichtlich am besten können: prügeln!

Es geht alles ganz schnell: Die vier Polizisten und der Fahrer des Pick-ups zerren uns zu ihrem Wagen. Brutal heben sie uns in die Luft, werfen uns wie Gepäckstücke auf die Ladefläche. Unseren Versuch, uns zu wehren, beantworten sie mit Faustschlägen und Fußtritten. Polizeigewalt geht auf uns nieder. Fünf Männer gegen uns beide – Frau und Mann. Rücklings auf der Ladefläche liegend, immer noch die Rucksäcke umgeschnallt, verteidigen wir uns instinktiv, doch das provoziert die Polizisten noch mehr. Schlagstöcke kommen zum Einsatz, gehen auf Arme und Beine nieder. Einer der Helden reißt uns an den Haaren. Wir haben verloren. Wahrscheinlich dauert die Auseinandersetzung nur ein paar Minuten, doch es kommt uns wie ein ewiger Kampf vor. Wildes Geschrei und Geheul; Wehklagen, vielleicht auf beiden Seiten, ganz sicher aber bei uns. Dann jault der Motor auf, und wir rollen zurück nach Chilas. Auch während der Fahrt schikanieren uns die Beamten weiter mit Fußtritten und Schlägen, bis wir die ersten Häuser erreichen und unsere Misshandlung endlich aufhört. Es bleibt genug Zeit für uns, unserem Gegenüber genüsslich ins Gesicht zu spucken. Eine Reaktion, die psychologisch erklärt werden kann, aber unsere Situation nicht gerade verbessert. Mit viel Geifer tut sich der Getroffene hervor, schreit uns »I will kill you« entgegen. Sein schwarzer lockiger Bart zittert vor Erregung, Schaum tritt ihm vor den Mund.

Vor der Polizeistation in Chilas hält der Pick-up. Der Typ, der uns eben noch töten wollte, reißt die Schultern seiner Uniform kaputt und behauptet verächtlich, dass er uns dafür verantwortlich machen würde. Das Lachen der anderen Polizisten ist das Schauerlichste, was wir an diesem Tag hören werden. Dann verschwinden unsere Peiniger. Wir bleiben allein auf der Ladefläche zurück und werden nun von anderen Polizisten aus der Wache umringt. Ob unseres geschundenen Aussehens wirken sie zumindest erschrocken. Sie bieten uns Wasser und Schatten gegen die brennende Sonne. Noch immer strömt jede Menge Adrenalin durch unsere Körper. Jeder in Uniform gehört für uns zur selben Brut. Ich finde ein Büschel Haare auf der Ladefläche und stelle überrascht fest, dass es mir gehört. Erst dann spüre ich den pochenden Schmerz an meinem Hinterkopf.

Es dauert, aber wir werden zu irgendeinem Oberkommandeur geführt. Im schicken Büro steht ein großer Mahagonitisch, davor eine lederne Couch, auf die wir uns setzen sollen. In der Ecke hängt ein Spiegel. Ein blutendes Ebenbild schaut mich mit wahnsinnigen Augen an. Bin ich das?

Alles Weitere ist eine Farce. Der Oberkommandeur ist ausgesprochen nett, entschuldigt sich für das Geschehene. Er bezeichnet die örtlichen Polizisten als ungebildete Wilde. Er sei hierher versetzt worden, habe aber Frau und Kind zurückgelassen, weil hier in Chilas nur Wahnsinnige herumlaufen würden. Doch dann geht er dazu über, dass ja eigentlich alles unsere Schuld sei. Es war seine Anweisung, unter deren Ausführung wir mit Schlagstöcken von der Straße geholt wurden. Ein Anruf bei der deutschen Botschaft bringt zunächst das gute Gefühl, eine offizielle Stelle eingeschaltet zu haben. Doch der Kontakt in den folgenden Tagen ist ernüchternd.

Die Botschaft rechtfertigt unsere Misshandlung damit, dass sie unserer Sicherheit gedient hätte: »Wir gehen davon aus, dass die Übergriffe, denen Sie ausgesetzt waren, im Zusammenhang damit stehen, dass die Regierung den Sicherheitsorganen die strikte Weisung erteilt hat, alles in ihren Kräften Stehende dafür zu tun, dass kein Ausländer Opfer von Kriminalität, terroristischer Gewalt oder Entführung wird.« Wir könnten uns außerdem einen Anwalt nehmen und die Polizisten wegen Körperverletzung verklagen, aber das – um unsere Sicherheit zu gewährleisten – doch bitte erst, wenn wir das Land verlassen hätten. Das Leben schreibt Geschichten, die kann man sich nicht ausdenken!

Den Rest des Tages verbringen wir im besten Hotel des Ortes, auf Kosten der Polizei. Wahrscheinlicher ist es jedoch, dass niemand für unser Zimmer bezahlt und das Hotelmanagement stattdessen genötigt wird, uns aufzunehmen. Eine kleine Maßnahme der Autoritäten, um uns zu beruhigen. Am Abend, Stunden nach dem Angriff, setzen sich unerwartet drei Männer während des Essens zu uns an den Tisch. Mit einem mulmigen Gefühl schauen wir uns an, als sie sich als Beamte des Innenministeriums ausgeben. Sie nehmen noch einmal unsere Geschichte zu Protokoll, lassen sich unsere Wunden, Blutergüsse und zerrissene Kleidung zeigen, registrieren die Namen der verantwortlichen Polizisten. Raji Wali ist der einzige Name, den ich bis heute nicht aus dem Gedächtnis streichen kann. Es ist der Polizist, der gedroht hat, uns zu töten, der voller Hass und mit bösartigem Lachen die Schultern seiner Uniform zerriss und uns dafür büßen lassen wollte. Die Beamten vom Innenministerium versprechen in leisem, peinlich berührtem Ton, sich der Sache anzunehmen.

Am nächsten Morgen nimmt uns ein junger Mann mit auf die Fahrt nach Gilgit. Er ist auf dem Weg ins Krankenhaus, wo seine Frau wenige Tage zuvor ein Kind gebar. Drei Stunden benötigen wir für die 133 Kilometer lange Strecke. Es geht entlang beängstigender Felshänge und der mächtigen Schlucht, die der Indus im Lauf der Zeit durch das Gebirge fräste. In Raikot, etwa eine Stunde von Chilas entfernt, machen wir einen kurzen Halt. Hier könnte man hinauf zu einem alpinen Hochplateau, mit fantastischem Ausblick auf die Bergriesen Nanga Parbat und Rakaposhi. Atemberaubend schön soll es dort sein, doch 2013 erschossen Extremisten eine Gruppe Bergsteiger aus der Ukraine und China. Seitdem ist das Plateau eine Sperrzone für ausländische Touristen.

Als wir Gilgit erreichen, beginnt es zu regnen. Zwei lange Tage bleibt es ungemütlich. Zwei Tage, in denen wir uns erholen und die Ereignisse aus Chilas verarbeiten können. Es gelingt uns leichter als gedacht. Einquartiert direkt über dem Basar, dringen die unterschiedlichsten Geräusche und Gerüche zu uns herüber. Motorräder knattern über die staubigen Straßen, Obst- und Gemüsehändler sitzen in kleinen Hütten.

In einem dunklen Verschlag hängen massige Fleischbrocken von der Decke. Ein junger Mann, der über seinem Shalwar Kamiz einen Pullover trägt, auf dem die US-amerikanische Flagge abgebildet ist, zerteilt mit einer Axt und einem Küchenmesser das Fleisch auf einem Holzblock. Bunte Stoffe werden in Metern verkauft. Hutmacher nähen aus grober Wolle die typischen runden, abgeflachten Pakols, die Gilgit-Hütte, die überall in den Bergen getragen werden. In Garküchen spritzt heißes Fett aus tiefen Metallbottichen.

Überall lächelt man uns entgegen. Ein Gemüsehändler lädt uns zum Tee ein, weil er sich geehrt fühlt, dass wir ein Foto von ihm machen wollen. Gilgit zählt zu den bedeutendsten Handelsorten im Gebirge. Auf einem unserer Streifzüge, die uns auch an das Ufer des Gilgit, eines Zuflusses des Indus, führen, treffen wir Abid. Der junge Mann Mitte 20 kommt aus Gilgit, hat jedoch in Islamabad und Lahore studiert und ist nun wieder zurück in seinen geliebten Bergen. Abid müsste eigentlich in seinem Büro sitzen, aber es gäbe sowieso keine Arbeit, sagt er, und so verbringen wir den Tag gemeinsam. Abid ist Beamter, arbeitet für die Regierung und langweilt sich täglich.

Dabei sind Beamtenberufe in Pakistan begehrt. Sie versprechen ein sicheres und langfristiges Einkommen für wenig Aufwand. Doch Abid flucht. Er könne gar nicht genug Chai trinken und Freunde in sein Büro einladen, um die tägliche achtstündige Arbeitszeit zu überbrücken. Gegen die Langeweile hat er die Moderation einer zweistündigen Sendung des lokalen Radiosenders übernommen. Einmal wöchentlich ist Abid im Radio zu hören. Themen recherchiert er im Büro. Doch selbst das reicht nicht aus. Mittlerweile überlegt er, ein Fernstudium zu beginnen – so viel Zeit sei noch immer ungenutzt. Dabei liegen die Hürden für eine Beamtenstelle sehr hoch, die Einstellungstests sind nur schwer zu bestehen. Hunderte bewerben sich auf eine freie Stelle, und allein den besten Köpfen des Landes gelingt die Aufnahme. Doch ihr Potenzial bleibt ungenutzt, wird verschwendet. Statt Herausforderungen finden sie nur Langeweile. Trotzdem werden diese Jobs als die besten des Landes gewertet. Entspanntes Rumsitzen wird mit viel Geld und großen Sicherheiten vergütet.

Wir sitzen gemeinsam im Garten seines Elternhauses oberhalb der Stadt. Haschisch qualmt aus Abids Zigarette. Früher wollte er nie einen Beamtenberuf annehmen. Zu viel Korruption, zu viel Ungerechtigkeit, zu viel falsche Ehrfurcht gegenüber der Position, beklagte er. Doch an dem Tag, als die Polizei ihn mit Haschisch im Auto erwischte und ihn unbehelligt davonkommen ließ, nur weil er den Ausweis eines Beamten vorzeigen konnte, änderte sich seine Meinung. Nun genießt Abid die Vorteile, die das korrupte System ihm zugeschoben hat. Natürlich ist es ungerecht, aber niemand ändert etwas, auch Abid nicht.

Drei Tage bleiben wir in Gilgit, bevor wir unsere Reise auf dem Karakorum Highway fortsetzen. Seit mehreren Tagen befinden wir uns bereits im Hochgebirge zwischen steil aufragenden, schroffen Felshängen und tiefen Schluchten. Doch nun öffnen sich die Berge. Etwa 100 Kilometer hinter Gilgit erreichen wir das Hunza-Tal, eines der malerischsten Täler Asiens. Hunderte Aprikosen- und Mandelbäume tragen rosafarbene und weiße Blüten. Dahinter ragen massive schneebedeckte Sechs- und Siebentausender empor. Mythen und Legenden ranken sich um die Region. Von einer besonderen Langlebigkeit der Menschen ist die Rede. Hunza gilt als Tal der Hundertjährigen. Seinen Bewohnern wird eine außergewöhnliche Gesundheit nachgesagt. In Karimabad, Hunzas Hauptort, richten wir uns ein.

Was die Natur hier schuf, ist in seiner Schönheit nur schwer zu beschreiben. Unter uns, dort wo die vielen Aprikosen- und Mandelbäume blühen, schlängelt sich der Hunza, der namengebende Fluss, durch das Tal. Karimabad und das Baltit-Fort, ein Königspalast aus dem 13. Jahrhundert, stechen aus den grün leuchtenden Feldern hervor. Dahinter, an den unteren Berghängen, ebbt das Meer der rosafarbenen und weißen Blüten langsam ab, bis nur noch die Braun- und Beigetöne des nackten Felsens zu sehen sind. Darüber glitzern schneebedeckte Bergkuppen und raue Gletscher. Auch der 7788 Meter hohe, eisige Rakaposhi gehört zu ihnen.

Wir treffen Mumtaz, einen jungen Naturkundelehrer der örtlichen Schule. Viel sei in der 7000-Einwohner-Stadt nicht los, erklärt er. Doch dem begeisterten Kricketspieler wird es dennoch nicht langweilig. Jede freie Minute verbringt er mit seinen Freunden auf dem nahen Kricketfeld; einem Schotterplatz, auf dem einst Material für den Straßenbau abgetragen wurde. Bis zum Sonnenuntergang fliegt der dunkelrote Korkball durch die Luft – dann lädt uns Mumtaz ein, ihn ins nahe Casino zu begleiten. Wir stutzen ungläubig: Ein Casino im Paradies? Die Spielhalle ist das Foyer eines heruntergekommenen Hotels. Stimmengewirr dringt zu uns herüber, Lachen; Würfel rollen über die Tische, Karten fliegen von links nach rechts, Spielfiguren klacken auf Spielbretter. Es wird Tee serviert. Glücksspiel ist im muslimischen Pakistan eigentlich untersagt, doch hier geht es nicht um Black Jack und Roulette, sondern um Mühle, Dame und Mensch ärgere dich nicht. Mit Mumtaz versuche ich mich an einer Partie Dame und muss mich bereits nach wenigen Zügen geschlagen geben. Die Spiele sind pfeilschnell. Bis spät in die Nacht geht es so weiter. Klack, klack, klack in irrsinnigem Tempo – jeden Abend, jedes Jahr.

Wir verlassen Karimabad entlang des Karakorum Highways in Richtung Norden. Doch schon nach ein paar Dutzenden Kilometern endet die Straße vor einem ausufernden See, dem Attabad-See. Von einem gewaltigen Erdrutsch blockiert, staut sich der Hunza-Fluss 2010 zu einem gigantischen Wasserreservoir. Umliegende Dörfer werden ganz oder teilweise überflutet, Felder vernichtet. Der Weg in den Norden ist zerstört, der Karakorum Highway verschwindet auf einer Länge von 25 Kilometern in den Fluten. Heute setzen Langboote über den schmalen See und befördern Passagiere und Waren über elf Kilometer auf die andere Seite. Etwa 40 Minuten dauert die Überfahrt. Wer mit dem Auto über den See setzen muss, dem steht ein wackeliger Balanceakt bevor. Auf zwei Planken, die im 90-Grad-Winkel über den Langbooten liegen, wird das Fahrzeug ausgerichtet – gesichert nur mit ein paar Steinen, die die Räder blockieren.

Hinter dem Attabad-See ist der ohnehin schon geringe Verkehr merklich ruhiger. Doch wir haben Glück und gelangen mit ein paar Einheimischen bis nach Passu. Verstreut stehen die Häuser in der Wildnis der rauen Berge. Von hier wollen wir in das Seitental Shimshal, 50 Kilometer abseits des Karakorum Highways, trampen. Das Dorf lockt uns mit dem Versprechen der Abgeschiedenheit, Yakherden und ursprünglichen Lebensweise der Bewohner. Doch auf der staubigen Piste, die zwischen gigantischen Felswänden in Haarnadelkurven entlangführt, ist außer uns niemand unterwegs. So laufen wir durch die enge Schlucht hinein in die Berge, immer entlang des Shimshal, des gleichnamigen Flusses. Wir sind völlig unvorbereitet, rechnen nicht damit, eine weite Strecke zu Fuß zurückzulegen. Wir haben kaum Proviant dabei. Auch die Gaskartusche für unseren Campingkocher ist schon lange aufgebraucht. Doch wir bleiben allein auf der Straße. Als die Sonne untergeht und es empfindlich kalt wird, beginnen wir, trockenes Reisig einzusammeln. Mit ein bisschen Holz, das wir am Wegrand finden, entzünden wir ein Feuer, kochen spärliche Pastareste und kriechen zitternd in unsere Schlafsäcke.

Am nächsten Morgen machen wir uns früh wieder auf den Weg, schleppen uns vorbei an Gletscherzungen, Gerölllawinen und tonnenschweren Gesteinsbrocken. Unsere Mägen knurren, die Höhensonne verbrennt unsere Gesichter, und bis nach Shimshal liegen noch mehr als 40 Kilometer vor uns. Als die Sonne bereits hinter der Bergkette verschwindet, ist noch immer kein einziges Auto an uns vorbeigefahren. Langsam plagen uns ernste Zweifel, wie wir die eiskalte Nacht überstehen sollen. Brennmaterial haben wir schon länger nicht mehr gesehen. Um uns erhebt sich nichts als nackter Fels. Doch als unsere Not am größten scheint, hören wir ein fernes Motorengeräusch. Tatsächlich erreicht uns kurz vor Einbruch der Dunkelheit ein Fahrzeug auf dem Weg nach Shimshal und nimmt uns mit.

In Shimshal ist das Leben schwierig. Ein paar Dutzend niedrige Häuser stehen zwischen erdigen Feldern verstreut. Die beschwerliche Straße durch das Gebirge endet im Zentrum des Dorfes. Fußwege gibt es nicht. Der Boden ist trocken, die Nächte sind eiskalt. Wer hier überleben will, muss hart arbeiten. Es gibt keine Wasserleitungen, keine Heizungen und kein dauerhaft funktionierendes Stromnetz. Nur im Sommer, wenn die Gletscherschmelze einsetzt, produziert ein kleines Wasserkraftwerk Elektrizität. Leben in Shimshal besteht vor allem darin, die Felder zu bestellen und mühsam Wasser vom Fluss zu holen. Feuerholz muss kilometerweit herangeschafft werden. Bauern treiben riesige Schaf-, Ziegen- und Yakherden durch das Tal zu ihren Weidegründen. Und dennoch: Die Menschen in Shimshal genießen etwas ganz Besonderes. Beinahe jeder ist ein Bergsteiger. Hier gibt es eine eigene Bergsteigerschule, und stolz erzählt man sich, dass die besten Kletterer in diesem kleinen Tal auf 3100 Höhenmetern geboren werden.

Auf unserem Weg durch das 2000-Seelen-Dorf werden wir von Niamat angesprochen. Der junge Mann lädt uns zu seiner Familie nach Hause ein. Gerade bäckt seine Schwägerin auf der heißen Metallplatte eines niedrigen Ofens Brot. Um die Feuerstelle herum versammelt sich die Familie. Niamat reicht uns Chai, den wir dankend annehmen – Shukria. Sein Haus besteht aus einem einzigen Zimmer. An der hinteren Wand befindet sich ein kleiner Küchenschrank, daneben ein Schlaflager. Der Wohnbereich wird durch ein einziges Loch im Flachdach über dem Ofen erhellt. Fenster gibt es nicht. In einem Regal stapeln sich Haushaltsutensilien und ein paar Bücher. Auf dem Boden liegen zahlreiche Kissen und Decken. Hier isst, schläft und lebt die Familie. Das kleine Kofferradio in der Ecke wird mit Batterien betrieben. Über ein Solarpanel werden Taschenlampen geladen. Strom gibt es erst wieder in ein paar Wochen – dann beginnen die Gletscher zu schmelzen. Wir erfahren, dass Niamat und sein jüngerer Bruder Mansoor pakistanische Geschichte geschrieben haben.

2013 sind sie die ersten Pakistanis, die erfolgreich eine Alpinski-Expedition im eigenen Land unternehmen. Die beiden Abenteurer erklimmen in sechs Stunden den Gipfel des 6050 Meter hohen Manglik Sar, nur um in weiteren 17 Minuten auf ihren Skiern bis hinab zum Basislager zu rasen. Innerhalb von fünf Tagen bezwingen sie drei weitere Sechstausender und hinterlassen mit ihren Skiern tiefe Spuren im Pulverschnee. Rekord!

Nach zwei Tagen, in denen wir das Tal erkunden, Gletscher besteigen und noch weitere Male von Bauern und Bäuerinnen zum Tee eingeladen werden, kehren wir zurück zum Karakorum Highway. Auf unserer letzten Etappe in Richtung Norden wollen wir bis zur chinesischen Grenze vordringen. Am Khunjerab-Pass, in knapp 4700 Metern Höhe, treffen Pakistan und China aufeinander. Es ist der höchste befestigte Grenzübergang der Welt. Doch auf dem Weg dorthin leiden wir erneut an den Folgen des aufgestauten Attabad-Sees und dem kaum vorhandenen Verkehr. Von Passu, zurück auf dem Karakorum Highway, nach Sost gelangen wir noch mit drei freundlichen Telekommunikationsingenieuren. Doch dann sitzen wir fest. 85 Kilometer vor der Grenze kommt uns kein einziges Auto mehr entgegen. Ausgestattet mit einem Schild auf das wir die Worte »China« und »Khunjerab« schreiben, stehen wir am Straßenrand. Doch außer einem Polizisten vor einer geschlossenen Schranke ist niemand da.

Ganze drei Tage warten wir. Nur Langstreckenbusse auf dem Weg nach China oder Sammeltaxis machen sich gelegentlich auf den Weg bis zum Pass und darüber hinweg. Privater Verkehr ist schlicht nicht vorhanden. Als wir gerade aufgeben wollen, kommen Theo und Sereen, zwei abenteuerlustige Reisende aus Neuseeland und England, mit ihrem Auto des Weges. Auch ihr Ziel ist der Khunjerab-Pass. Sie sind mit einem eigenen Fremdenführer und einem Fahrer unterwegs. Höher und höher steigen wir. Die Luft wird merklich dünner; es wird kalt. Schnee und Eis breitet sich zu beiden Seiten der Straße aus. Ein Murmeltier huscht in einiger Entfernung durch den Schnee, Steinböcke klettern über unmöglich erscheinende Pfade von Felsvorsprung zu Felsvorsprung. Als wir den Khunjerab-Pass erreichen, will es der Zufall, dass bereits eine chinesische Reisegruppe dort eingetroffen ist. Witzigerweise halten sie uns für echte Pakistanis und sind ganz erpicht darauf, mit uns für Erinnerungsfotos zu posieren. Unsere Erklärungsversuche gehen in der überschwänglichen Aufregung der Chinesen unter, und so agieren wir als Botschafter unseres Gastgeberlandes.

Auf 4693 Metern liegt ein dicker Schneeteppich über der zerklüfteten Landschaft. Nicht weit von uns erheben sich die mächtigen Gipfel des Karakorum und des Hindukusch, die hier aufeinandertreffen. So nah wie hier waren wir dem blauen Himmel über uns selten. Ein massives Tor repräsentiert die Grenze zwischen den beiden Ländern. Von den Chinesen errichtet, verdeutlicht es den Anspruch auf Vorherrschaft im Gebirge, denn auch der Karakorum Highway ist allein von chinesischen Bauunternehmern und Arbeitern geplant und errichtet.

Vom Khunjerab-Pass kehren wir wieder zurück, überqueren den Attabad-See, trampen erneut durch die Berge bis nach Chilas. Es ist bereits 17 Uhr, als wir unseren persönlichen Ort des Schreckens erreichen, an dem wir auf keinen Fall die Nacht verbringen wollen. Wir winken sämtlichen Lkw-Fahrern, bis ein alter Redford-Truck hält. In seinem Inneren sitzen bereits drei Männer, doch für uns und unser Gepäck ist auch noch Platz. Gemeinsam rollen wir in Richtung des 320 Kilometer entfernten Mansehras. Doch unsere Fahrt wird bereits nach wenigen Metern unterbrochen. An der Polizeistation in Chilas werden wir kontrolliert und müssen den Platz in der Fahrerkabine nun mit einem Polizisten teilen, der uns für einige Stunden begleiten wird.

In der Fahrerkabine werden wir auf der holprigen Straße kräftig durchgeschüttelt, kommen nur langsam voran. Für die ersten 60 Kilometer der Reise benötigen wir acht Stunden. Dazu dröhnt ohrenbetäubende Bollywood-Musik aus den knackenden Lautsprechern. Der Fahrer, berauscht vom Haschisch der Berge, schreit mit schriller Stimme immer wieder Unverständliches in unsere Richtung. Schlafen werden wir in dieser Nacht nicht. Als wir den Polizisten nach etlichen Kilometern wieder absetzen, laden uns der Lkw-Fahrer und seine Begleiter zum Abendessen ein. Brüderlich essen wir Sabzi, ein Gemüsecurry, Dal und Rotis vom selben Teller. Dann setzen wir unsere Fahrt fort. Immer wieder passieren wir Kontrollposten. Die jeweiligen Beamten können überhaupt nichts mit uns anfangen. Meistens glauben sie nicht, dass wir per Anhalter in einem Schwertransporter mitfahren. Es vergehen endlos lange Minuten, in denen unsere Pässe gedreht, auf- und zugeschlagen, herumgereicht und ahnungslos angeglotzt werden. Erst nach einer Viertelstunde lassen uns die Beamten gehen. An jedem Kontrollposten erleben wir das Gleiche.

Völlig übermüdet erreichen wir gegen 12.30 Uhr Mansehra. Mehr als 18 Stunden haben wir in der Fahrerkabine des Lkws verbracht und dabei lediglich 320 Kilometer zurückgelegt. Es dauert eine weitere Stunde, bevor wir in einen Pkw steigen, der bis nach Islamabad fährt. Gegen 16 Uhr erreichen wir die von Hitze geplagte Planstadt.

Lahore ist Lahore und auch ein bisschen Indien

Als wir Lahore, nur wenige Kilometer vor der indischen Grenze, erreichen, ist die Sonne schon lange hinter dem Horizont verschwunden, doch noch immer herrschen etwa 35 Grad. Für uns, die wir gerade aus einer Höhenlage von knapp 5000 Metern kommen, ist das ein kräftiger Schlag. Wir laufen gegen eine Hitzewand.

Draußen auf der Straße versuchen ein paar Hijras an einer Ampel ihr Bettlergeschick. Sie sind die Transvestiten des Subkontinents – stark geschminkt, stecken in den Frauenkleidern Männer, die oft als Eunuchen wahrgenommen werden. Fordernd klopfen sie an die Fensterscheiben der Autos. Es heißt, die frechen Gestalten können Segnungen und Flüche aussprechen, weshalb sie überall angstvoll respektiert werden. Den Segen gibt es bereits für ein paar Rupien, den Fluch meistens gratis. Es gibt niemanden, der nicht seine Geldbörse zückt, und auch unser Fahrer öffnet das Fenster einen Spalt und hält den Hijras eilig einen Schein entgegen.

Mani und Shareez, zwei junge Studenten, nehmen uns bei sich auf. Ihre Zweizimmer-WG teilen sie sich mit Meero und Hamzar. Ein Deckenventilator wirbelt die heiße Luft in der Wohnung durcheinander und wirkt dabei wie ein Fön. Mani und Shareez sind ein Herz und eine Seele, die beiden lachen ständig, und wenn sie sich zu sehr langweilen, dann prügeln sie sich – nur so zum Spaß.

Wir rauchen Wasserpfeife, Manis größtes Hobby und liebster Zeitvertreib. Doch sobald der Ruf des Muezzins ertönt, kehrt respektvolle Ruhe in der Wohnung ein. Dann breiten unsere Gastgeber ihre Gebetsteppiche aus und knien andächtig vor ihrem Gott nieder.

In Lahore ist es heiß. Täglich steigt das Quecksilber auf 40 Grad und mehr. Lethargisch ausgestreckt auf dem Zimmerboden lassen wir uns vom Leben der beiden Studenten erzählen. Mani und Shareez bewundern unsere Freiheit. Für sie selbst ist derlei unvorstellbar. Shareez berichtet, dass er nicht einmal von Lahore nach Islamabad fahren könne, ohne seinen Vater um Erlaubnis zu fragen. Die Familienbande in Pakistan sind ausgesprochen stark. Der Vater ist das Oberhaupt. Sein Wort ist Gesetz. Da bleibt nicht viel Platz für individuelles Handeln.

Schließlich raffen wir uns endlich auf und erkunden Lahore. Die Stadt liegt nur 30 Kilometer von der indischen Grenze entfernt und ist Hauptstadt des seit der Loslösung Pakistans von Indien ebenfalls geteilten Bundesstaates Punjab. Hier ist es noch ein bisschen chaotischer als im Rest des Landes.

Lahore hat eine ereignisreiche Geschichte. Die Stadt ist voller architektonischer Zeitzeugen, die von der britischen Kolonisation und den Herrschern längst vergangener Jahrhunderte berichten. Die Altstadt, umringt von alten Stadtmauern, ist noch immer das lebendige Zentrum. Wir gelangen durch das Delhi-Tor, einen von 13 Eingängen, in die Altstadt. In den schmalen Gassen wimmelt es von Händlern und Käufern, Warenträgern und Schaulustigen.

Lahores Altstadt ist seit jeher ein Symbol für Reichtum und Macht. Der Legende nach wurde die Stadt vor 4000 Jahren von Loh, Sohn des Hindugottes Rama, gegründet. Die Moguln errichteten hier wunderschöne Moscheen, Paläste und Gärten. Sie bauten Lahore zu einem der bedeutendsten islamischen Zentren auf dem Subkontinent aus. Theologen, Philosophen, Mystiker, Dichter und Künstler wurden vom Ruf der Stadt angezogen. Später hinterließen die Sikh ihre Spuren, bevor die Briten die Kontrolle übernahmen. Lahore ist ein Schmelztiegel und heute das kreative Herz des Landes.

Wir besuchen die Festung Shahi Qila, Lahores Weltkulturerbe, gleich nebenan erhebt sich die Bashahi-Moschee, die einst
als größte Moschee der Welt gefeiert wurde. Im riesigen Innenhof ist es brütend heiß. Nur auf ein paar dicken Gummimatten,
die in schmalen Wegen über den steinernen Platz führen, halten
wir es aus, ohne uns die Füße zu verbrennen. Schnell sehnen wir
uns nach Manis WG-Zimmer zurück.

Spät am Abend, als die gleißende Sonne schon hinter den
Horizont gerutscht ist, lässt auch die Hitze etwas nach. Die letzte
Glut verbrennt auf dem Keramikkopf der Wasserpfeife, und weil
wir uns nun, im Schatten der Nacht, tatsächlich etwas Bewegung
zutrauen, streunen wir schon bald durch die Nachbarschaft.

Nur wenige Kilometer östlich von Lahore befindet sich die
Grenze zu Indien. Seit der Unabhängigkeit und Teilung herrschen politische Spannungen zwischen den Atommächten Pakistan und Indien, die oft gnadenlos und stets zum Leidwesen
der Zivilbevölkerung ausgetragen wurden. An der Wagah-Attari-
Grenze findet diese politische Feindschaft einen kreativen Ausdruck in der Grenzschließungszeremonie. Jeden Abend findet
hier die wohl unterhaltsamste aller Militärparaden statt. Hoch-
gewachsene Soldaten in herausgeputzten Uniformen stolzieren
auf und ab, präsentieren den Grenzbeamten im Nachbarland
ihre vermeintliche Stärke. Überspitzt und auf beiden Seiten bis
ins Detail synchronisiert. Die ultimative Geste ist der High Kick,
bei dem ein Bein hoch über den Kopf geschleudert wird. So
malträtieren sie die Luft, die, wahrscheinlich aus dem Nachbarland kommend, ebenso zum Feind erklärt wird. Hochgerissene
Fäuste und wilde Gesten gehören ebenso zum Repertoire. Monty
Python hätte es nicht besser arrangieren können.

Auf beiden Seiten sind Hunderte, wenn nicht Tausende
Schaulustige anwesend. Anheizer im Flaggen-Outfit machen
Stimmung, motivieren ihre Landsleute, möglichst viel Lärm zu

machen, um es »denen da drüben« ordentlich zu zeigen. Ohrenbetäubend schrillt *Pakistan Zindabad* – »Lang lebe Pakistan« durch die Luft und wird von einem brachialen *Hindustan Zindabad* – »Lang lebe Indien« beantwortet. Immer wieder springen die vom Patriotismus ergriffenen Massen von ihren Sitzen. Es geht heftig zu. Nach einer Stunde voller Geschrei und Drohungen ist die Vorstellung vorbei, und es passiert endlich das, worum es sich die ganze Zeit gedreht hat. Die Grenze wird geschlossen. Langsam und gleichmäßig werden auf beiden Seiten die Nationalflaggen eingezogen. Dann schließlich schütteln ein pakistanischer und ein indischer Offizier einander kurz, energisch und vermutlich schmerzhaft die Hände. Die Grenztore fallen krachend in ihre Schlösser. Die Zeremonie ist beendet.

Wenn nun ein Pakistani oder ein Inder über den niedrigen Grenzzaun schauen würde: Er würde sein Ebenbild erblicken. Die Feindschaft, die beide Nationen zumindest politisch trennt, würde wohl ihren Nährboden verlieren. Auf beiden Seiten sind es die gleichen Menschen, die gleiche Mentalität, die gleiche Sprache, Punjabi. Doch statt zu schauen, kaufen sie lieber Zeremonie-DVDs, Mousepads und Tassen mit Bildern der Soldaten. Morgen beginnt der Zirkus von Neuem. Morgen sind wir in Indien.

Epilog

Es war ein langer Weg! 234 Tage liegen zwischen dem letzten gemeinsamen Frühstück bei Mama und Indien. 234 Tage, die uns 19 207 Kilometer von der Heimat entfernt haben. Die Sonne steht senkrecht über dem kleinen indischen Grenzort Attari, wiegt so schwer wie das Gewicht unserer Rucksäcke, die wir nun von Pakistan hinüber nach Indien schleppen. Unter dem milden Blick Mahatma Gandhis gehen wir die ersten Schritte auf indischem Boden. Kurz darauf versperrt eine Schranke die Straße. Vor einem kleinen Häuschen steht, breitbeinig und mit verschränkten Armen, ein Soldat. Eine goldumrandete Pilotenbrille verdeckt seine Augen. Weiter unten formen die akkurat frisierten Spitzen eines präzise geschnittenen Schnurrbartes einen perfekten Haarkreis zu beiden Seiten des Mundes. Begeistert starre ich auf die buschige Architektur, bis mich ihr Träger lächelnd anspricht.

»*Where are you from?*«, fragt er, und in meinem Kopf wirbeln Dutzende Antworten umher.

Wo kommen wir her? Mit welchen Worten werden wir den 185 Mitfahrgelegenheiten gerecht, die es uns ermöglichten, bis nach Indien zu gelangen? Wie fassen wir die acht Länder zusammen, die wir seit dem Verlassen Deutschlands durchquert haben? Wie beschreiben wir die Gastfreundschaft in der Türkei, die Menschen im Iran, das Leben in Pakistan?

»Germany«, lautet unsere knappe Antwort.

Der Soldat gibt sich damit zufrieden, winkt uns weiter. Wir erledigen die Einreise. Wieder einmal liegt ein fremdes Land vor uns. Alles beginnt von vorn. Alles ist neu.

Lust auf mehr Eindrücke?

Der QR-Code, der mit einem mobilen Endgerät gescannt werden kann, führt zu zusätzlichem Filmmaterial. Dieses ist auch unter https://www.piper.de/reise-nach-indien-buch abrufbar.